Beck'sche Schwarze Reihe
Band 213

HERRAD SCHENK

# Die feministische Herausforderung

*150 Jahre Frauenbewegung in Deutschland*

VERLAG C. H. BECK MÜNCHEN

CIP-Kurztitelaufnahme der Deutschen Bibliothek

*Schenk, Herrad:*
Die feministische Herausforderung: 150 Jahre
Frauenbewegung in Deutschland / Herrad Schenk. –
München: Beck, 1980.
  (Beck'sche Schwarze Reihe: Bd. 213)
  ISBN 3 406 06013 7


ISBN 3 406 06013 7

Einbandentwurf von Rudolf Huber-Wilkoff, München
Umschlagbild: ‚Walpurgisnacht'-Demonstration in München 1977
(Süddt. Verlag)
© C. H. Beck'sche Verlagsbuchhandlung (Oscar Beck), München 1980
Satz: Georg Appl, Wemding – Druck: aprinta, Wemding
Printed in Germany

# Inhalt

# Zur Fragestellung und zum eigenen Erkenntnisinteresse

Als ich mich vor einigen Jahren einer Feministinnengruppe anschloß, wußte ich von der Frauenbewegung um die Jahrhundertwende nichts weiter, als daß sie existiert hat. Das Thema ‚Frauenbewegung' wurde in der Schule nicht behandelt und kam in keinem der Geschichtsbücher vor, die ich über das 19. Jahrhundert gelesen hatte. Es blieb auch in der Flut soziologischer Veröffentlichungen unerwähnt, die in den 60er Jahren zur ‚Rolle der Frau in der Industriegesellschaft' erschienen. Selbst die spezielle ‚Soziologie sozialer Bewegungen', mit ihrer breitgefächerten Literatur über den Sozialismus, über faschistische und nationale Bewegungen, aber auch über religiöse und chiliastische Bewegungen, zeigte gegenüber der Frauenbewegung eine merkwürdige Gleichgültigkeit.[1] – Eine vom männlichen Erkenntnisinteresse geprägte Wissenschaft, die die Frauendebattierclubs nicht der Untersuchung wert befand? Oder vielleicht auch eine besondere Eigenart der Frauenbewegung, die sie von anderen sozialen Bewegungen unterscheidet?

In der Frauengruppe verbrachten wir viel Zeit damit, unsere Vorstellungen von Feminismus zu klären, uns über Ziele und Strategien auseinanderzusetzen. Wir grenzten uns von Marxistinnen und von Gleichberechtigung fordernden Frauen in den ‚etablierten' politischen Institutionen ab. Aber wir fragten nicht nach der Ideengeschichte der Frauenbewegung. Erst als ich mehr oder weniger durch Zufall in einem fünfzig Jahre alten Buch auf genau die Feminismus-Definition stieß, von der ich glaubte, wir hätten sie ganz neu entwickelt, wurde mir der Mangel an Geschichtsbewußtsein innerhalb der Frauenbewegung selbst in vollem Umfang klar. – Was bedeutet es für eine soziale Bewegung, wenn sie – obschon mehr als hundert Jahre alt – nicht an ihre eigene Vergangenheit anknüpft? Ist vielleicht mangelndes historisches Bewußtsein, Diskontinuität in der Ideenentwicklung, ein besonderes Merkmal der Frauenbewegung, das sie z. B. von der Arbeiterbewegung unterscheidet?

Inzwischen ist auch in der Frauenbewegung mit der historischen Auseinandersetzung begonnen worden. In jüngster Zeit sind einige Anthologien mit alten Texten und Reprints von Klassikern des Feminismus erschienen.[2] Allerdings überwiegen zur Zeit noch die reinen Materialsammlungen. Die Arbeiten aus der ersten Frauenbewegung zeigen zum Teil, in den Schwerpunkten wie in den Argumenten, verblüffende Ähnlichkeiten mit der heutigen Diskussion. Aber es gibt in der Gegenwart auch ganz neue Ideen, die in der Frauenbewegung um die Jahrhundertwende nicht einmal ansatzweise auftreten. – Deutet das erste auf unveränderte Problemkonstellationen, das andere auf sozialen Wandel hin?

Wie überhaupt ist es zur Entstehung einer Frauenbewegung gekommen? Die Geschichte der Frauenunterdrückung ist wesentlich älter als die der Frauenbewegung; warum hat sich erstmals im 19. Jahrhundert bei einer größeren Zahl von Frauen ein kollektives Bewußtsein ihrer Unterdrückung hergestellt? Und wenn es im 19. Jahrhundert ökonomische und juristische Gründe für das Entstehen einer Frauenbewegung, demzufolge auch reale Forderungen gab – was ist dann mit der Neuen Frauenbewegung? Sind nicht längst die meisten Gleichberechtigungsforderungen eingelöst oder überholt? In den 50er und frühen 60er Jahren lösten Begriffe wie ‚Emanzipation‘ bei den meisten Frauen nur ein Gähnen aus – was hat dann plötzlich zu dieser neuen Welle der Frauenbewegung geführt? Haben die heutigen Feministinnen etwas mit den ehemaligen Frauenrechtlerinnen gemeinsam? Haben sie überhaupt konkrete Forderungen, wie die Frauen um die Jahrhundertwende?

Einige dieser Fragen will dies Buch zu beantworten versuchen. Die hundertfünfzigjährige Geschichte der Frauenbewegung und ihrer Idee von Frauenbefreiung soll auf dem Hintergrund der sich verändernden Gesellschaft dargestellt und analysiert werden.

Teil I gibt einen Überblick über die historische Entwicklung, sowohl die der sozialen Rolle der Frau als auch die der Frauenbewegung. Die Kapitel über die soziale Situation der Frauen im 19. und 20. Jahrhundert (I.1. und I.3) bilden jeweils in sich geschlossene Komplexe, die – verhältnismäßig knapp gehaltene – Hintergrundinformationen für die Einschätzung der ‚älteren‘ (I.2) und der ‚neuen‘ Frauenbewegung (I.4) liefern sollen. Bei diesem Aufbau ist eine gewisse zeitliche Überschneidung unvermeidbar: Kapitel I.1 behandelt die soziale Situation der Frau im 19. Jahrhundert, die Geschichte der ersten Frauenbewegung beginnt Mitte des 19. Jahrhunderts und wird zusammenhängend bis zu ihrem Ende 1933 geschildert; Kapitel I.3 setzt noch einmal in der Zeit nach dem ersten Weltkrieg an und verfolgt die Veränderungen in der Situation der Frauen bis in die Gegenwart; die Geschichte der Neuen Frauenbewegung beginnt in der Bundesrepublik Ende der sechziger Jahre.

In Teil II geht es um Kontinuität und Veränderung der Bewegung und ihrer Ideengeschichte. Die Frauenbewegung um die Jahrhundertwende und die von heute werden einander gegenübergestellt und Gemeinsamkeiten und Unterschiede herausgearbeitet. Wer waren – soziologisch gesehen – die Trägerinnen der Bewegung damals und heute (II.2)? Wie wurden und werden die zentralen Probleme des weiblichen Lebenszusammenhangs (Sexualität – Mutterschaft – Familie – Beruf) beurteilt (II.3)? Welches Verhältnis bestand und besteht zwischen den Ambitionen der Frauenbewegung einerseits und sozialistischen Frauenbefreiungsideen (II.4) sowie konservativen Familienbewahrungsideen andererseits (II.5)? Welche feindseligen Umweltreaktionen löste die erste Frauenbewegung, welche die heutige aus (II.6)? Welche Beziehungen bestehen zwischen der Neuen Frauenbewegung und anderen sogenannten alternativen Bewegungen der Gegenwart (II.7)?

In Teil III will ich Ansätze zu einer allgemeinen Theorie des Feminismus entwickeln: In welche Richtung soll die Gesellschaft sich verändern (III.1), und auf welchem Weg sollen diese Veränderungen sich vollziehen (III.2)?

Während im ersten Teil weitgehend Fakten vermittelt werden, geht in den zweiten Teil sehr viel mehr bewertende Deutung ein; die Ansätze zu einer feministischen Theorie schließlich sind ein subjektiver Versuch, ein allgemeines Konzept für die verschiedenen sehr heterogenen Bestrebungen und Aktivitäten in der gegenwärtigen Frauenbewegung zu finden.

Auf einige Besonderheiten will ich noch aufmerksam machen. Diese Arbeit bezieht sich nur auf deutsche Verhältnisse, obwohl die Frauenbewegung ein übernationales Phänomen ist und gerade ein Vergleich der radikaleren oder gemäßigteren Erscheinungsformen, der thematischen Schwerpunkte, des nationalen Kontextes in verschiedenen Ländern interessante Aufschlüsse über ihre soziologischen Hintergründe und ihre Bedeutung im sozialen Wandel geben könnte. Diese Fragestellung ist aber in sich so komplex, daß sie kaum in einem einzigen Kapitel hätte abgehandelt werden können; sie hätte den Rahmen dieses Buchs gesprengt.[3] So ist es bei gelegentlichen Querverweisen auf die Frauenbewegungen anderer Länder geblieben. Zur Darstellung der Ideen und Aktivitäten der heutigen Feministinnen wurde infolgedessen fast nur Material aus der deutschen Frauenbewegung verwendet, obwohl es – im Gegensatz zur Jahrhundertwende – eine breite Rezeption vor allem amerikanisch/englischer Feminismus-Literatur gibt.[4] Implizit gehen solche theoretischen Ansätze natürlich in die Feminismus-Konzeption der letzten beiden Abschnitte ein.

Ein besonderes Problem besteht in der Einschätzung von Tendenzen in der gegenwärtigen Frauenbewegung. Nicht nur, daß sie erst ein Jahrzehnt besteht und sich in ständiger Veränderung befindet – während die erste Frauenbewegung drei Generationen umfaßte und als abgeschlossenes historisches Phänomen betrachtet werden kann, über das, wenn auch spärlich, Sekundärliteratur vorliegt. Die erste Frauenbewegung hatte auch eine formale Organisationsstruktur, die es möglich macht, Programme, Äußerungen gewählter Vertreterinnen als repräsentativ anzusehen. Im Gegensatz dazu können nur vorsichtige Aussagen über *die* heutige Frauenbewegung gemacht werden. Sie ist in sich sehr heterogen, es gibt keine repräsentative Plattform oder Vertretung, und es ist schwierig zu sagen, welches Gewicht Büchern, Aufsätzen, Äußerungen einzelner Frauen oder Frauengruppen beigemessen werden soll. Die schriftlichen Äußerungen müssen keineswegs übereinstimmen mit den Ideen der Mehrheit der Frauen und Frauengruppen, die sich als Feministinnen empfinden und nicht schriftlich äußern. Bei meinen Verallgemeinerungen gehe ich von meinen eigenen Erfahrungen innerhalb der Frauenbewegung aus; es ist gut möglich, daß ich dabei zu voreiligen oder falschen Schlüssen komme. Ich riskiere diese Verallgemeinerungen trotzdem, weil ich es für wichtig halte, soziale Phänomene auch dann zu analysieren, wenn sie noch im Fluß sind, nicht erst und nur dann, wenn sie bereits abgeschlossen sind – gerade dann, wenn ich selbst von ihnen betroffen bin. Ein Zweck dieses Buchs ist für mich erfüllt, wenn andere solche möglicherweise voreiligen und falschen Schlüsse korrigieren und die Diskussion weiterführen.

In meiner Ausbildung zur Sozialwissenschaftlerin habe ich gelernt, daß die – zeitliche und emotionale – Distanz zu einem Thema die beste Voraussetzung zu dessen angemessener wissenschaftlicher Behandlung sein soll. Ich habe diese Distanz nicht; die Darstellung erhebt keinen Anspruch darauf, wertneutral zu sein. Sie ist geprägt von meinem eigenen Erkenntnisinteresse, mir über das Woher und das mögliche Wohin einer sozialen Bewegung klar zu werden, deren Ziele mir wichtig sind. Sie ist darüber hinaus beeinflußt von dem Wunsch, dem ahistorischen Denken in der Frauenbewegung entgegenzuwirken, mögliche Sackgassen der Entwicklung aufzuzeigen und Zukunftsperspektiven zur Diskussion zu stellen. In diesem Sinn ist die Arbeit für Feministinnen und Beobachter(innen) der Frauenbewegung zugleich geschrieben.

Viele Ideen dieses Buchs sind mit den Frauen der Bonner Theoriegruppe, mit Agnes, Anneliese, Barbara, Brigitta, Dietlinde, Ele, Heidi und Karen, gemeinsam entwickelt oder durch sie angeregt worden. Auch die Gespräche mit Hannes und Werner waren sehr wichtig. Ich hoffe, daß alle mit dem Ergebnis zufrieden sind.

# I. Frauenfrage und Frauenbewegung –
## geschichtliche Entwicklung

### 1. Die soziale Situation der Frauen im 19. Jahrhundert

Das vorindustrielle Europa lebte überwiegend von der Landwirtschaft. Die Familie war die Produktionseinheit, in der die Arbeit organisiert wurde. Alle Familienmitglieder, Männer und Frauen, arbeiteten hart, nicht selten am Existenzminimum, von frühester Kindheit an bis zum Tod, oder bis Krankheit und Gebrechlichkeit die Arbeitsfähigkeit zunichte machte. Die Ehe war eine ökonomische Zweckgemeinschaft, an die Voraussetzung gleichen Besitzes geknüpft, und eine unabdingbare Notwendigkeit für Bauern wie Handwerker, die ohne die Arbeitskraft und die speziellen Fertigkeiten einer Ehefrau ihren Betrieb nicht führen konnten. Weil die Ehe aber weitgehend Privileg der Besitzenden war, blieb die Heiratsquote in vorindustriellen Zeiten niedrig.[1]

Für Frauen waren die Lebensbedingungen wahrscheinlich noch härter als für Männer, denn bis zum 17. Jahrhundert war die durchschnittliche weibliche Lebenserwartung niedriger als die männliche. Da Mädchen in der Regel nicht erben konnten, bot ihnen die Heirat eine gewisse ökonomische Sicherheit. Konnte die Familie keine Mitgift für sie aufbringen, blieben sie ihr Leben lang Magd bei Fremden oder einem verheirateten Bruder; ihre Situation war dann besonders ungünstig, weil unverheiratete Frauen die schwersten Arbeiten zugeteilt bekamen und außerdem die schlechteste Ernährung erhielten, so daß sie die ersten Opfer von Krankheit und Hungersnot wurden; unverheiratete Frauen hatten eine deutlich niedrigere Lebenserwartung als verheiratete. Konnten Frauen heiraten – im nordwestlichen Europa im allgemeinen erst nach dem 25. Lebensjahr –, so ging es ihnen etwas besser, doch dann kamen Schwangerschaften und Geburten mit ihrem Risiko zur Alltagsarbeit hinzu.

Verbreitet ist noch die Vorstellung, im vorindustriellen Europa sei die Dreigenerationenfamilie mit sehr vielen Kindern typisch gewesen. In Wirklichkeit waren die meisten Haushalte nur wenig größer als in der Gegenwart. Da die Frauen spät heirateten, vermutlich wegen der schlechten Ernährung unregelmäßige Monatszyklen hatten und früher in die Wechseljahre kamen, war die Fruchtbarkeit insgesamt nicht hoch; hinzu kamen die zahlreichen Fehl- und Totgeburten und die außerordentlich hohe Säuglingssterblichkeit. Da außerdem die Kinder oft schon mit etwa zehn Jahren das Haus verließen, um anderswo zu arbeiten, war zu einem gegebenen Zeitpunkt immer nur eine kleine Personenzahl anwesend. Die Dreigenerationenfamilie war selten, weil nur wenige Leute ein hohes Lebensalter erreichten, mehr noch, weil so spät geheiratet wurde – in manchen Gegenden mußte der ‚Jungbauer‘ mit der eigenen Heirat warten, bis sein Vater starb oder sich auf das Altenteil zurückzog.

Auf dem Land herrschte eine ausgeprägte Trennung der Geschlechtsrollen. Frauen waren grundsätzlich für das Haus zuständig, halfen aber in Zeiten stärkeren Arbeitsanfalls, z. B. während der Ernte, auch auf dem Feld mit. Die Arbeit im Haus war allerdings weitaus umfangreicher als heute: Neben dem Kochen und Waschen gehörte die Geflügelzucht und der Gemüsegarten dazu, das Einmachen von Früchten und Konservieren von Fleisch, Bakken, Kerzenziehen und Seifensieden, lange Zeit nicht nur die Herstellung und Ausbesserung von Kleidungsstücken, sondern auch das Spinnen und Weben, außerdem das Melken und in manchen Gegenden die Milchverarbeitung, das Buttern und die Käseproduktion.

In der zweiten Hälfte des 18. Jahrhunderts setzten dann im westlichen Europa die Veränderungen ein, in deren Verlauf sich die agrarisch-handwerkliche Gesellschaft allmählich zur Industriegesellschaft umformte. Die Bevölkerung wuchs enorm; eine verstärkte Wanderung vom Land in die Stadt begann; neue Produktionsformen lösten die alten ab; Fabriken machten für immer weitere Bevölkerungskreise außerhäusliche Erwerbsarbeit notwendig; die Industriearbeiterschaft und die neue bürgerliche Mittelschicht entstanden; die Familie verlor ihre Bedeutung als Arbeitseinheit; nicht nur die Beziehungen zwischen Familie und Gesellschaft, sondern auch die zwischen den Familienmitgliedern änderten sich.

In Deutschland vollzog sich die Industrialisierung später als beispielsweise in England; noch Anfang des 19. Jahrhunderts war es fast reines Argrarland. Zwischen 1800 und 1850 wuchs seine Bevölkerung (in den Grenzen von 1914) um etwa 40%, von 24,5 Mill. auf 35,4 Mill. Einwohner; erst in den 40er Jahren bildeten sich die typischen Merkmale kapitalistischer Wirtschaftsweise heraus.

Im 19. Jahrhundert blieb die Landwirtschaft der wichtigste Beschäftigungssektor für Frauen, die als mithelfende Familienangehörige oder als Mägde arbeiteten. Ihre Arbeitsbedingungen unterschieden sich zwar regional, blieben aber denen in vorindustriellen Zeiten insgesamt recht ähnlich.[2]

Während des Umschichtungsprozesses zur Industriegesellschaft gewann die Heimarbeit, Überrest der alten Produktionsform des Verlagssystems, zunehmend an Bedeutung. Die Heimarbeit ernährte in einigen Gegenden ganze Familien; öfter noch war sie für verheiratete Frauen und Kinder Nebenerwerbsquelle neben der Landwirtschaft oder der Fabrikarbeit des Mannes. Sie hat sich bis ins 20. Jahrhundert in Bereichen gehalten, für die industrielle Massenproduktion sich nicht lohnt. Der Vorteil der Heimarbeit bestand darin, daß sie im Familienzusammenhang betrieben werden konnte, daß sie sich mit der Anwesenheit im Haushalt und der Kontrolle der Kinder verbinden ließ und daß – ausreichende Bezahlung vorausgesetzt – das Arbeitstempo selbst bestimmt werden konnte. In der Frühphase der Industrialisierung war die Heimarbeit zum Teil einträglicher als die Arbeit in der Landwirtschaft; zum Ende des Jahrhunderts hin verschlechterten sich jedoch Arbeitsbedingungen und Einkommen immer mehr; Anfang des 20. Jahrhunderts war die Lebenssituation der Heimarbeiterinnen erbärmlicher als die der Fabrikarbeiterinnen.[3]

Die zweitgrößte Gruppe der weiblichen Beschäftigten, neben den in der Landwirtschaft tätigen, waren im 19. Jahrhundert die Dienstboten. Wie in allen westeuropäischen Ländern erfolgte auch in Deutschland in der ersten Phase der Industrialisierung eine enorme Expansion des Arbeitsmarktes für häusliches Personal, vor allen in städtischen Haushalten. Der häusliche Dienst entwickelte sich zum reinen Frauenberuf.

Das Dienstmädchen ist bisher weniger untersucht worden als die Fabrikarbeiterin; dabei ist es nicht nur als typischer Frauenberuf des 19. Jahrhunderts wichtig, sondern es hat wahrscheinlich auch eine zentrale Rolle für den sozialen Wandel gespielt.[4] Der Beruf des Dienstmädchens wurde meist von jungen ledigen Frauen ergriffen, die anfangs überwiegend vom Land kamen, später auch von Töchtern kleiner Handwerker oder Arbeiter. Er hatte eine hohe regionale und auch eine gewisse vertikale Mobilität; ein Aufstiegsberuf war er deswegen, weil die Unterbringung bei der Herrschaft mit Kost und Logis selbst bei schlechtester Bezahlung kleine Ersparnisse ermöglichte, die über Jahre hinweg zur Aussteuer zusammengelegt werden konnten. Mit der Aussteuer und den im Mittelklassehaushalt erworbenen Fertigkeiten war das Dienstmädchen eine relativ begehrte Partie für jeden Arbeiter, möglicherweise auch für einen kleinen Handwerker oder Kaufmann. Mit den hausfraulichen Fertigkeiten verinnerlichte das Dienstmädchen in der Regel auch die Werte und Normen der neuen Mittelklasse – Fleiß, Sparsamkeit, Häuslichkeit –, die dann auch das eigene Familienleben bestimmten. Auf diese Weise kam ihm eine wichtige Vermittlerrolle bei der Verbreitung der neuen Mittelklassenormen zu, für die es in der männlichen Berufswelt kein Äquivalent gibt.

Die Arbeitsbedingungen des Dienstmädchens waren alles andere als rosig: Bei seiner Ernährung wurde oft geknausert, Wohnbedingungen und Hygiene waren meist katastrophal, die Arbeitszeit im Gegensatz zur Fabrik ungeregelt; die bis zum Ende des ersten Weltkriegs gültige Gesindeordnung – bis 1900 sogar mit einem ‚Züchtigungsrecht‘ der Herrschaft – benachteiligte das Dienstmädchen gravierend. Auch der erhoffte soziale Aufstieg durch Heirat war keineswegs gesichert: Dienstmädchen wurden häufig vom

Hausherrn sexuell ausgebeutet und fanden, mit unehelichem Kind, keine Anstellung mehr, so daß ihnen manches Mal nichts anderes übrig blieb als der Weg in die Prostitution. Ende des Jahrhunderts machten ehemalige Dienstmädchen einen großen Anteil an den Prostituierten aus.[5]

Trotz dieser negativen Bedingungen zogen viele Mädchen der ländlichen und städtischen Unterschicht den Dienstmädchenberuf dem der Fabrikarbeiterin vor; vermutlich, weil ihnen das persönliche Verhältnis zwischen Arbeitnehmer und Arbeitgeber lieber war als die anonymeren Verhältnisse in der Fabrik.

Der Beruf des Dienstmädchens nimmt eine besondere Zwischenstellung zwischen ‚modernen‘ und ‚traditionellen‘ Formen der Frauenarbeit ein. Gegenüber der vorindustriellen Frauenarbeit in der Landwirtschaft und der Heimarbeit ist der Dienstmädchenberuf ‚modern‘, weil die Arbeit nicht mehr von der Herkunftsfamilie organisiert wird; bei seiner Wanderung in die Stadt löste das Dienstmädchen sich weitgehend von seinem Milieu, sorgte selbst für die eigene Aussteuer und traf eine von der Familie nicht mehr beeinflußte Partnerwahl. Mit der Frauenarbeit in der Fabrik teilt der häusliche Dienst eine prinzipielle Unvereinbarkeit von Mutterschaft und Erwerbstätigkeit; beide Berufe konnten nur in der Übergangszeit bis zur Ehe ausgeübt werden. Gegenüber der Fabrikarbeit ist der Dienstmädchenberuf trotzdem noch ‚traditionell‘, weil der herkömmlich weibliche, nämlich der familienbezogene und häusliche Rahmen der Arbeit beibehalten wird.

Die hohe Bewertung des persönlichen Bezugs bei der Arbeit spielte auch weiterhin für die Berufswahl der Frauen eine entscheidende Rolle. In der zweiten Hälfte des 19. Jahrhunderts stagnierte die Zahl der Dienstboten und nahm dann stetig ab, die Arbeitsbedingungen verschlechterten sich, das Lohnniveau blieb unverändert niedrig. An die Stelle des Dienstmädchens trat die Verkäuferin als neuer begehrter weiblicher Aufstiegsberuf.

Die Zahl der Frauen in den Fabriken ist während des ganzen 19. Jahrhunderts wesentlich niedriger als in der Landwirtschaft und im häuslichen Dienst. Noch 1865 gab es in Preußen fast doppelt so viel Dienstboten wie ‚Handarbeiterinnen in Werkstätten und Läden'; um die Jahrhundertwende waren nur etwas mehr als ein Viertel aller gewerblichen Arbeiter in Deutschland Frauen.

In der Frühphase der Industrialisierung arbeiteten Frauen auch in der Fabrik oft noch mit Mann und Kindern gemeinsam; später wurde die Arbeit an den Maschinen zunehmend rationalisiert und auch die Kinderarbeit zurückgedrängt. Das hatte Konsequenzen für die verheiratete Arbeiterfrau, die in der zweiten Hälfte des 19. Jahrhunderts gegenüber der ledigen jüngeren Arbeiterin seltener wurde. Fabrikarbeit der verheirateten Frau bedeutete, bei 6 Arbeitstagen mit oft mehr als zwölfstündiger Arbeitszeit, die fast gänzliche Zerstörung des Familienlebens. (Noch 1900 betrug die durchschnittliche Arbeitszeit in den Fabriken 10–12 Stunden; erst 1908 wurde für Frauen eine maximale Arbeitszeit von 10 Stunden gesetzlich eingeführt.) Kinder mußten von Nachbarn, Verwandten oder älteren Geschwistern betreut werden und sich in frühem Alter selbst versorgen; konsequenterweise blieb auch die Kinder- und Säuglingssterblichkeit in den Arbeiterfamilien längere Zeit höher als in der Mittelschicht. Die Fabrikarbeit der Frauen konzentrierte sich zu Ende des Jahrhunderts auf einige wenige Branchen, vor allem die Textil- und Bekleidungsindustrie, später zusätzlich auf die Papier-, Nahrungs- und Genußmittelindustrie, die bezeichnenderweise ein besonders niedriges Lohnniveau hatten.

Eine allgemeine Auswirkung der fortschreitenden Industrialisierung, mit der immer breitere Bevölkerungskreise betreffenden Trennung von Arbeitsplatz und Wohnung, war die Schaffung zusätzlicher Arbeitsplätze für unverheiratete jüngere Frauen bei gleichzeitiger Verschlechterung der Arbeitschancen für verheiratete Frauen mit Kindern. Die Folgen davon bekamen Familien der vermögenslosen Schichten zu spüren, die auf den Zusatzerwerb der Ehefrau angewiesen waren; besonders schlimm war die Situation von Frauen mit Kindern, wenn der Ehemann als Ernährer ausfiel.

Mit der Industrialisierung entstanden nicht nur neue Formen der Frauenarbeit, sondern auch die städtische Mittelklasse, deren Frauen nicht außerhäuslich erwerbstätig waren. Sie stellten ein völlig neues Phänomen dar, denn ihre Tätigkeit war nur noch auf die Hauswirtschaft bezogen, in der nicht mehr produziert wurde; außerdem kam – als neue Aufgabe – die Kindererziehung hinzu. Allerdings war auch im 19. Jahrhundert die im Haushalt anfallende Arbeit noch wesentlich umfangreicher als in der Gegenwart: Die Zubereitung der Mahlzeiten war aufwendiger (noch gab es beispielsweise keine käuflichen Konserven); täglich mußte Feuer gemacht werden (Streichhölzer kamen erst in der zweiten Hälfte des Jahrhunderts in Gebrauch, vorher mußte Feuer geschlagen oder die Glut bewahrt werden); heißes Wasser und Kohle mußten geschleppt werden u. a. m. Die fortschreitende Verbesserung der Haushaltsgeräte erleichterte zwar einen Teil der Hausarbeit, aber parallel dazu wuchsen die Ansprüche an Wohnkomfort, Sauberkeit und die Qualität der Mahlzeiten.

Der typische Mittelklassehaushalt hielt mindestens ein Dienstmädchen, das für die schmutzigsten und anstrengendsten Arbeiten zuständig war; doch im unteren Mittelstand blieb auch für die Hausfrau selbst noch reichlich Arbeit. Im gehobenen Mittelstand dagegen, in den Haushalten der Fabrikanten, höheren Regierungsbeamten und Offiziere, der Kaufleute und Ärzte, gab es zahlreiches und spezialisiertes Personal: Köchin und Küchenmädchen, Zimmermädchen, Kindermädchen, Erzieherin. Die ‚Hausfrau‘ hatte sich nur noch um die Organisation und Überwachung des Arbeitsablaufs zu kümmern.

Obwohl sich diesen Lebensstil nur ein kleiner Teil der Bevölkerung leisten konnte, wurde er zum Statusmerkmal der Mittelklasse. Im verarmten Mittelstand wurde lieber am Essen gespart, als dem Dienstmädchen gekündigt; körperliche, schmutzige oder bezahlte Arbeit war für die Ehefrauen und Töchter des Bürgertums unstatthaft und mußte, falls gar nicht mehr vermeidbar, zumindest nach außen hin sorgfältig verborgen werden. Verschiedentlich verrichteten Mittelklassefrauen sogenannte ‚verschämte Näharbeit‘, heimlich, oft nachts betriebene kommerzielle Näherei, die für das Auge von Besuchern schnell mit der standesgemäßen dekorativen, aber unnützen Stickerei vertauscht wurde.

Die Töchter des Bürgertums hatten bis zum Ende des Jahrhunderts nur wenige Möglichkeiten zur außerhäuslichen Erwerbsarbeit; sie konnten lediglich Gouvernante oder Gesellschafterin werden, beides schlecht bezahlte und allgemein bemitleidete Zwitterpositionen zwischen ‚besserer Familie‘ und Dienstbotendasein. Erst spät im 19. Jahrhundert wurde der Krankenschwestern- und der Lehrerinnenberuf für Frauen der Mittelschicht standesgemäß; noch später entstanden, mit der Ausdehnung von Geldwesen, Handel und Verkehr, die neuen Angestelltenberufe.

Das neue Frauenideal des Mittelstandes ist von einer ambivalenten Bewertung des Müßiggangs bestimmt. Vor dem Aufstieg des Mittelstandes war Muße, das Pflegen geselliger Kontakte, Reisen, Jagen, Kulturgenuß u. ä., ein Privileg des Adels. Das aufstrebende Bürgertum ist geprägt vom Geist der protestantischen Ethik, die rastloses Bemühen und ständige Anstrengung für immer neu gesetzte Ziele vorschreibt und der Genuß und Muße ganz wesensfremd sind. So kommt es in den neuen Rollenerwartungen an die Frau zum Konflikt zwischen der Nachahmung des Adels – Muße als Statussymbol zur Unterstreichung der gesellschaftlichen Bedeutung des Bürgertums – und der der protestantischen Ethik eigentümlichen Bewertung der Muße als unmoralisch. Die Frau aus dem Bürgertum soll einerseits müßig sein wie ehedem der Adel, d. h. sie soll nicht den Mühen und Kämpfen des Erwerbslebens ausgesetzt sein, in denen sich der bürgerliche Mann bewähren muß; sie soll aber keineswegs Muße im Sinne der verwerflichen Untätigkeit zeigen, sondern sich um das Wohlergehen ihrer Familie kümmern; genauso rastlos, wie sich der Mann im Geschäft abmüht, soll sie sich um die Zufriedenheit von Mann und Kindern, die Wohlerzogenheit der Dienstboten, den häuslichen Ablauf bemühen. – Während die Mittelschichtsfrau im Laufe des 19. Jahrhunderts mehr und mehr von ihren früheren produktiven Tätigkeiten abgibt, wird ihr – aufgrund der verinnerlichten Einstellung, daß Muße und Beschäftigung mit der eigenen Person unmoralisch seien – ein ständiges Mehr an Verantwortlichkeit für das psychische Befinden ihrer Familie zugeschrieben. Auch das sozialkaritative Engagement vieler Frauen des gehobenen Bürgertums hängt mit der ambivalenten Bewertung der Muße zusammen.[6]

Das Familienleben in der neu entstandenen Mittelschicht entwickelt, im Zusammenhang mit der neuen Rolle der Frau, fundamental andere Züge als das in der vorindustriellen Gesellschaft. Es findet nicht nur eine allgemeine Abgrenzung der Familie als dem – positiv bewerteten – Bereich des Privaten gegenüber der rauhen und bösen Welt des Erwerbslebens, der Politik und Öffentlichkeit statt, sondern auch die Mutter-Kind- und die Ehegattenbeziehung verändern sich in einer Weise, die am besten mit den Stichworten ‚Emotionalisierung‘ und ‚Intimisierung‘ etikettiert ist.[7]

In der vorindustriellen Gesellschaft war die Beziehung zwischen Mutter und Kind weniger intensiv und emotional. Babies wie Kleinkinder waren weitgehend sich selbst überlassen; der Arbeitsalltag ließ nicht zu, daß sich die Eltern länger mit ihnen beschäftigten, außerdem wäre es bei der hohen Säuglingssterblichkeit eine ständige Qual gewesen, wenn man sein Herz zu sehr an sie gehängt hätte. Kinder wurden grundsätzlich unter pragmatischen Gesichtspunkten gesehen, als Erben, Arbeitskräfte oder zukünftige Alterssicherung. – Mit der Auslagerung der Produktionsfunktion aus der Familie und der allmählichen Freistellung der Mittelklassefrauen beginnt sich die Form der Mutter-Kind-Beziehung zu entwickeln, die uns heute so geläufig ist, daß wir sie für die einzig ‚natürliche‘ halten. Plötzlich ist es verpönt, Säuglinge – wie in weiten Teilen Westeuropas bis zum Ende des 18. Jahrhunderts üblich – zum Stillen an bezahlte Ammen zu geben. Kleinkinder werden nicht mehr, zu Bündeln geschnürt, an Haken aufbewahrt, während die Eltern ihrer Arbeit nachgehen, sondern auf eine neue Weise gewickelt, die ihnen viel mehr Bewegungsfreiheit gibt, aber auch mehr Aufsicht verlangt. Sie werden nicht mehr als kleine wilde Tiere angesehen, die beizeiten gezähmt werden müssen, sondern als Individuen, deren Bedürfnissen man soweit wie möglich nachkommen sollte. Während es vor dem 18. Jahrhundert die Kindheit als eigene Lebensphase nicht gab – Kinder arbeiteten mit, sobald sie über ihre Arme und Beine verfügen konnten –, kommen nun Kinderspielzeug, Kinderkleider, Kinderbücher auf, parallel dazu die Anforderung an die ‚gute Mutter‘ als der immer gegenwärtigen, liebevollfürsorglich auf ihr Kind bezogenen Person. Die Entwicklung der Mutter-Kind-Beziehung und der Kindheit als eigener Lebensphase läuft also parallel. Sie beginnt in der Mittelschicht; in der ländlichen und städtischen Unterschicht, wo die Frauen bis zur Erschöpfung in den Erwerbsprozeß eingespannt sind, setzt sie sich erst viel später, im 20. Jahrhundert durch.

Auch die Beziehung zwischen den Ehegatten macht eine Entwicklung der Individualisierung und Emotionalisierung durch. Neben den früher allein entscheidenden Gesichtspunkten des gleichen Vermögens und der gleichen sozialen Herkunft tritt nun das Erfordernis der Zuneigung, die eine immer wichtigere Voraussetzung zur Eheschließung wird. Der Einfluß der Herkunftsfamilie auf die Partnerwahl nimmt allmählich ab. Die selbstbestimmte Wahl des Ehepartners setzt sich in der Unterschicht eher durch als in der Mittelschicht, denn schon die in den Frühphasen der Industrialisierung vom Land in die Stadt wandernden Industriearbeiter und -arbeiterinnen suchten sich ihre Ehepartner individuell, nach persönlicher und sexueller Neigung aus, da sie ohnehin kein Vermögen besaßen, das eine Rolle hätte spielen können. Die Emotionalisierung innerhalb der Ehe wiederum nimmt in der Mittelschicht ihren Ausgang, wo die Arbeitsteilung zwischen dem Mann als dem Ernährer, der in die feindliche Erwerbswelt hinaus muß, und der Frau als der Gestalterin des familiären Binnenbereichs die Regel wird.

Beide Entwicklungstendenzen, die Emotionalisierung der Muter-Kind- und der Mann-Frau-Beziehung, haben sich seit ihren Anfängen im 19. Jahrhundert verstärkt und dauern bis in die Gegenwart hinein an. Sie haben inzwischen normativen Charakter für alle sozialen Schichten gewonnen.

## 2. Die erste Frauenbewegung

### 2.1 Überblick über den Verlauf

Die Anfänge der ersten Frauenbewegung regen sich in Deutschland Mitte des 19. Jahrhunderts – gerade als sich die gesellschaftlichen Strukturveränderungen abzeichnen, die die Industrialisierung begleiten. Die Idee des Feminismus ist älter; sie wurzelt im Gedankengut der französischen Revolution und weiter zurück in der Aufklärung: ein konsequentes Weiterdenken der Menschenrechte, die als bloße Männerrechte formuliert waren. Was Frankreich schon in den 90er Jahren des 18. Jahrhunderts erlebte – aktive Teilnahme von Frauen an der Revolution, Gründung politischer Frauenclubs –, vollzog sich, in bescheidenerem Ausmaß, auch in Deutschland im Zusammenhang mit der Revolution von 1848. Doch sind es nicht mehr als erste Anzeichen einer Frauenbewegung, die bald wieder versanden.

Eine kontinuierliche Entwicklung der deutschen Frauenbewegung beginnt 1865 mit der Gründung des Allgemeinen Deutschen Frauenvereins (ADF), die noch von den Pionierinnen der Vormärzzeit ausgeht. Für die erste Generation, bis in die 90er Jahre, steht die ,Bildungs- und Erwerbsfrage' im Vordergrund.

In den 90er Jahren tritt die Frauenbewegung in eine neue Phase ein. Äußerlich wird dies durch die Gründung des Bundes Deutscher Frauenvereine (BDF) markiert, der als Dachorganisation den immer mehr, aber auch immer divergenter werdenden Frauenvereinen einen formalen Rahmen gibt. Auch der ADF, der bisher in etwa die deutsche Frauenbewegung darstellte, schließt sich dem BDF an, in dem gemeinnützige und sozialkaritative Vereine in der Überzahl sind. Aber in den 90er Jahren bildet sich in der deutschen Frauenbewegung auch ein radikaler Flügel, der um die Jahrhundertwende tonangebend wird. Die radikalen Frauen bringen neue Probleme zur Sprache: die Situation der Prostituierten (,Sittlichkeitsfrage'), die gesellschaftliche Stellung der ledigen Mütter und allgemeinere Fragen der Sexualmoral (,Neue Ethik'). Durch die Radikalen wird die Kampagne für das Frauenstimmrecht gestartet, die die Zeit vor dem ersten Weltkrieg bestimmt. Während die Aktivitäten des radikalen Flügels das Bild der Frauenbewegung in der Öffentlichkeit prägen, befassen sich die zahlreichen ,gemäßigten' Vereine mit weniger umstrittenen Themen und Tätigkeiten. Eine wichtige Rolle nimmt die Sozialarbeit im weitesten Sinn ein; führende Frauen des gemäßigten Flügels entwickeln den Gedanken von der Frauenbewegung als einer ,Bewegung organisierter Mütterlichkeit', die den Frauen in diesem Sinne eine Einflußsphäre außerhalb der Familie verschaffen solle. Auch die Bemühungen um eine Verbesserung der Mädchenbildung, sowie eine Veränderung der Rechtsstellung der verheirateten Frau gehen weiter. – Nach 1908 verlieren die radikalen Frauen wieder an Einfluß; die Gemäßigten setzen sich durch und bestimmen die Politik der Frauenorganisation für die nächsten beiden Jahrzehnte.

Wenn von der ersten deutschen Frauenbewegung gesprochen wird, so ist damit im allgemeinen die erst durch den ADF und später durch den BDF repräsentierte überkonfessionelle, ,bürgerliche' Frauenbewegung gemeint, die auch in dieser Arbeit im Mittelpunkt steht. Um die Jahrhundertwende entwickeln sich daneben noch die Varianten der ,sozialistischen' oder ,proletarischen' und der konfessionellen Frauenbewegung.

Die sozialistische Frauenbewegung hat ihre Wurzeln in verschiedenen Arbeiterinnenvereinen der 1870er bis 1890er Jahre, die sich aber durchaus noch als Teil der ,allgemeinen' Frauenbewegung fühlten. In der Zeit der Sozialistenverfolgung geraten die Arbeiterinnenvereine unter starken polizeilichen Druck, sie werden immer wieder aufgelöst und erfahren nur wenig Unterstützung von anderen Frauenvereinen, die sich, dem preußischen Vereinsgesetz getreu, aller politischen Betätigung enthalten. In den 1890er Jahren kommt es dann zur Spaltung zwischen ,bürgerlichen' und ,sozialistischen' Frauen, die sich nunmehr als Teil der sozialdemokratischen Partei verstehen.

Die konfessionellen Frauenverbände entstehen um die Jahrhundertwende als Reaktion auf die eigentliche, die nicht-konfessionell gebundene Frauenbewegung. Es geht ihnen im wesentlichen darum, eine Synthese zwischen den Ideen der Frauenbewegung und ihrer eigenen Weltanschauung oder Glaubenshaltung herzustellen. Mit dem Aufbau eigener Frauenorganisationen wollen sie die einerseits kirchlich gebundenen, andererseits aber auch von Gedanken der Frauenbewegung infizierten Frauen im religiösen Einflußbereich halten. Von protestantischer Seite wird der Deutsch-Evangelische Frauenbund (1899) gegründet, von katholischer Seite der Katholische Frauenbund Deutschlands (1904). –

Nachdem der gemäßigte Flügel im BDF dominiert, gibt es zunehmend Übereinstimmung zwischen der konfessionellen und der nicht-konfessionellen (bürgerlichen) Frauenbewegung.

In der Weimarer Republik wird der Bund Deutscher Frauenvereine zunehmend konservativer und nationalistischer. Der radikale Flügel hat sich gänzlich aufgelöst. Im BDF bestimmen zunächst sozialkaritativ ausgerichtete Vereine, später immer stärker Frauenberufsorganisationen und Hausfrauenvereine. Der Charakter einer sozialen Bewegung verliert sich mehr und mehr. Zuletzt ist der BDF nur noch eine Organisation verschiedener, keineswegs kämpferischer Interessengruppen, die den Ideenstand des gemäßigten Flügels aus der Zeit des ersten Weltkriegs bewahrt. Nach der nationalsozialistischen Machtübernahme lehnt der BDF die ,Gleichschaltung', den Anschluß an die NS-Frauenfront, ab und löst sich auf.

## 2.2 Frauenaktivitäten im Vormärz

Die Frauenfrage ist seit Anfang des 19. Jahrhunderts in gebildeten Kreisen Deutschlands im Gespräch gewesen, unter anderem, weil die Schriften von sozialen Utopisten wie St. Simon und Fourier, die die Gleichheit der Geschlechter fordern, auch hier gelesen wurden. In der Phase des Vormärz gab es einige Frauen, die den Prozeß allgemeiner Politisierung und sozialer Bewußtwerdung sehr intensiv miterlebten und sich dann spezifischen Frauenproblemen zuwandten. Die Ansätze zu einer Frauenbewegung in dieser ersten Phase sind eng mit der Person von Louise Otto (später Otto-Peters, 1819–1895) verbunden, die als Publizistin zahlreiche Essays zur Frauenfrage verfaßte und die als engagierte Schriftstellerin mit sozialkritischen Romanen und politischer Lyrik weite Kreise erreichte.

In diesen ersten kurzlebigen Ansätzen sind die Bestrebungen der Frauen noch sehr global und diffus. Wenn die ,,Teilnahme der weiblichen Welt am Staatsleben"[1] gefordert wird, dann ist damit nicht nur die Gleichstellung der Frau mit dem Mann in persönlicher, wirtschaftlicher und politischer Hinsicht gemeint, also: mehr

Bildung, Berufstätigkeit, aktive Teilhabe am öffentlichen Leben. Die Forderung nach einer Verbesserung der sozialen Situation der Frau ist vielmehr eingebettet in den Wunsch nach Weltverbesserung überhaupt. Alle Aktivitäten atmen den Geist des ‚Völkerfrühlings‘: sie sind getönt von politischem Romantizismus und sozialem Idealismus. Nicht die ‚Gelehrtheit‘ der Frauen wird angestrebt, sondern ihre Persönlichkeitsbildung im Sinne einer moralischen und charakterlichen ‚Höherentwicklung‘. Diese Art der Bildung und ein soziales Engagement sollen die sozialen Klassengegensätze und das von Luise Otto und gleichgesinnten Frauen stark empfundene soziale Elend vermindern helfen.

In dieser Atmosphäre werden zahlreiche Frauenvereine gegründet, politische Clubs, vor allem aber auch soziale Hilfsvereine: Vereine „zum Wohle der handarbeitenden Schwestern“,[2] unter denen die für Dienstboten am häufigsten sind, Vereine, die sich um verwahrloste Kinder, um hilfsbedürftige Frauen kümmern, Sonntagsschulen für Mädchen. In Hamburg entsteht die ‚Frauenhochschule‘.

Louise Otto unterstützt in ihrer 1849 erstmals erscheinenden ‚Frauen-Zeitung‘ alle Bestrebungen dieser Art. Unter dem Motto „Dem Reich der Freiheit werb’ ich Bürgerinnen“ formuliert sie für ihre Zeitung ein Programm, das der Gesamtheit der Frauenaktivitäten dieser ersten Phase vorangestellt sein könnte:

„Wir wollen unser Teil fordern:

a) das Recht, das Rein-Menschliche in uns in freier Entwicklung aller unserer Kräfte auszubilden,

b) und das Recht der Mündigkeit und Selbständigkeit im Staat.

Wir wollen unser Teil verdienen:

c) wir wollen unsere Kräfte aufbieten, das Werk der Welterlösung zu fördern, zunächst dadurch, daß wir den großen Gedanken der Zukunft: Freiheit und Humanität (was im Grunde zwei gleichbedeutende Worte sind) auszubreiten suchen in allen Kreisen, welche uns zugänglich sind,

. . .

d) daß wir nicht vereinzelt streben, nur jede für sich, sondern vielmehr jede für alle,

e) und daß wir vor allem derer zumeist uns annehmen, welche in
   Armut, Elend und Unwissenheit vergessen und vernachlässigt
   schmachten."[3]

Die ‚Frauen-Zeitung' fällt 1852 der Reaktion zum Opfer. Die
Hamburger Frauenhochschule, mit ihrem für damalige Verhältnisse hohen Niveau und breitgefächerten Lehrangebot, geht nach
kurzer Blütezeit ein, weil die finanziellen Grundlagen fehlen. Von
den vielen Initiativen aus dem Vormärz bleiben nur wenige erhalten, die ausschließlich sozialer Wohltätigkeit gelten.

Louise Otto und einige andere ‚Achtundvierzigerinnen' (u. a.
Henriette Goldschmidt, Lina Morgenstern, Auguste Schmidt) sind
auch ein gutes Jahrzehnt später bei der Gründung des Allgemeinen
Deutschen Frauenvereins führend. So haben die Ansätze von 1848
immerhin Weichen für die weitere Entwicklung der deutschen
Frauenbewegung gestellt.

## 2.3 Die Frauenbildungs- und Frauenberufsbewegung

In der zweiten Hälfte des 19. Jahrhunderts wird die Frauenfrage
dringlicher; in der Mittelschicht wächst die Zahl vermögensloser
Frauen, die auf eigenen Erwerb angewiesen sind, aber weder über
eine Berufsausbildung, noch über einen Zugang zum Arbeitsmarkt
verfügen. In dieser Situation bilden sich an verschiedenen Orten
Vereine, die die Bildungsvoraussetzungen für Frauen verbessern
wollen und deren Recht auf Arbeit fordern. 1865 schließen sich
einige solcher Vereine zum Allgemeinen Deutschen Frauenverein
zusammen. Louise Otto hat die Gründungsversammlung nach
Leipzig einberufen; erstmals wird hiermit in Deutschland eine Versammlung dieses Ausmaßes von Frauen organisiert, von einer Frau
geleitet. Weibliche Autonomie, „der Grundgedanke, ... dem
weiblichen Geschlecht zu helfen durch eigene weibliche Kraft",[4]
war eine der tragenden Ideen des ADF; Männer konnten konsequenterweise nur Ehrenmitglieder werden.

Etwa gleichzeitig mit dem ADF (1866) entsteht in Berlin der
‚Verein zur Förderung der Erwerbsfähigkeit des weiblichen Geschlechts', in der Abkürzung nach seinem Präsidenten ‚Lette-Ver-

ein' benannt. In seiner praktischen Zielsetzung steht er dem ADF nah. Doch unterscheidet ihn von diesem nicht nur die Tatsache, daß er unter männlichem Vorsitz arbeitet (anfangs sind alle 20 Mitglieder des leitenden Ausschusses Männer), sondern auch die Art, wie dort die Frauenfrage verstanden wird. Weibliche Erwerbstätigkeit wird pragmatisch als Hilfe im sozialen Härtefall gesehen, als Maßnahme gegen das wirtschaftliche Elend der unversorgten Frauen. Der Lette-Verein distanziert sich jedoch explizit von jeder darüber hinausgehenden, weiter verstandenen Emanzipation. „Was wir nicht wollen, und niemals, auch nicht in noch so fernen Jahrhunderten wünschen und bezwecken, ist die politische Emanzipation und Gleichberechtigung der Frauen", erklärt Präsident Lette.[5]

Der Lette-Verein übernimmt 1869 die Leitung eines von ihm herbeigeführten Zusammenschlusses ‚Verband deutscher Frauenbildungs- und Erwerbsvereine', dem der ADF nicht beitritt; er ist anfangs dem ADF in Mitgliederzahl und Finanzstärke überlegen. Ab der Mitte der 70er Jahre arbeiten beide Vereinsgruppen immer häufiger miteinander.

Bis in die 80er Jahre ist die Arbeit der Frauenbildungs- und Erwerbsvereine überwiegend an praktischen Nahzielen und Selbsthilfemaßnahmen ausgerichtet. Einzelne, meist berufsbezogene Einrichtungen sollen die ‚Erwerbsfähigkeit' der Frauen verbessern; so entstehen Handels-, Gewerbe-, Telegraphinnen- und Sekretärinnenschulen, Koch- und Haushaltungsschulen für Dienstmädchen, eine weibliche Arbeitsnachweisstelle und gelegentlich Bazare für die Ausstellung weiblicher Arbeitserzeugnisse.

Neben dieser praktischen Tätigkeit entwickelt der ADF nach und nach auch allgemeinere Vorstellungen über die Verbesserung der Mädchen- und Frauenbildung. Die Diskussion solcher Vorstellungen wird durch feindselige Reaktionen der Öffentlichkeit, vor allem auch der Schulbehörden und maßgeblicher Männer im Bildungswesen, erschwert. Noch 1872 formuliert die ‚Hauptversammlung von Dirigenten und Lehrenden der höheren Mädchenschulen' das Bildungsziel für Mädchen in der folgenden Weise: „Es gilt, dem Weibe eine der Geistesbildung des Mannes in der Allge-

meinheit der Art und der Interessen ebenbürtige Bildung zu ermöglichen, damit der deutsche Mann nicht durch die geistige
Kurzsichtigkeit und Engherzigkeit seiner Frau an dem häuslichen
Herde gelangweilt und in seiner Hingabe an höhere Interessen
gelähmt werde".[6]

In den 80er Jahren bilden sich drei allgemeinere Forderungen der
Frauenbewegung heraus: Verlangt werden erstens eine grundlegende Reform der höheren Mädchenschule, die das wissenschaftli-
che Niveau heben soll, zweitens der Zugang der Frauen zum Universitätsstudium und zu 'akademischen Berufen und drittens eine
Reform der Lehrerinnenausbildung sowie ein größerer Einfluß der
Lehrerinnen auf die Mädchenbildung.

Eine der engagiertesten Kämpferinnen um die Verbesserung der
höheren Mädchenschule ist Helene Lange (1848–1930). Sie wird
erstmals 1888 durch ihre ,Gelbe Broschüre' bekannt, eine pole-
misch geschriebene Kritik des Mädchenschulwesens, die ihre Berliner Lehrerinnengruppe gemeinsam mit einer der üblichen Petitionen dem preußischen Kultusministerium und dem Abgeordne-
tenhaus überreicht. Die ,Gelbe Broschüre' enthält eine neue
Schärfe des Tons, die den früheren Petitionen des ADF, in denen
sanft und erfolglos um Abschaffung der Mißstände gebeten
wurde, ganz fehlte. Auch diese Petition bleibt erfolglos, aber sie
ruft Unruhe bei bei den Schulbehörden, neue kämpferische Aktivitäten in der Frauenbewegung wach.

1890 wird aus dem Berliner Lehrerinnenkreis heraus der Allgemeine Deutsche Lehrerinnenverein gegründet, bald die größte und
in den nächsten Jahren eine der wichtigsten Organisationen innerhalb der Frauenbewegung. Helene Lange ist eine der führenden
Figuren in diesem Verein; sie betreibt die Einrichtung der ersten
,Realkurse' für Frauen in Berlin, die 1893 in Gymnasialkurse umgewandelt werden; 1896 bestehen die ersten sechs Mädchen ihr
Abitur. Die Kurse werden durch Spenden von Frauenvereinen fi-
nanziert, die Lehrerinnen unterrichten ehrenamtlich. Sie erreichen
eine öffentliche Anerkennung ihrer Kurse, aber es geschieht staatlicherseits nichts, sie finanziell zu unterstützen oder nun offiziell
Mädchengymnasien einzurichten.

Das Frauenstudium wurde schon 1872 im ADF erstmals diskutiert, zu diesem Zeitpunkt ergingen auch die ersten Petitionen an
die Regierungen, die allesamt unbeantwortet blieben. Die Frauenforderungen waren äußerst vorsichtig; das Studium wurde nicht
etwa generell, unter Berufung auf ein Recht auf Bildung, sondern
zunächst nur für bestimmte Fächer verlangt, in denen mit dem
geringsten Widerstand der Gegner gerechnet wurde. Auch die Ar-
gumentationsweise schloß antizipierend bereits die Reaktion einer
frauenfeindlichen Öffentlichkeit ein: So wurde das Medizinstu-
dium verlangt, weil dem ‚weiblichen Schamgefühl‘ in vielen Fällen
nicht zuzumuten sei, einen männlichen Arzt zu konsultieren; in
ähnlicher Weise wurden ausgebildete Juristinnen verlangt, weil nur
sie in ‚weiblichen Belangen‘ die Interessen ihrer Geschlechtsgenos-
sinnen angemessen vertreten könnten.

Während der ADF in Bezug auf das Frauenstudium eher zurückhaltend ist, nimmt sich der neue, 1888 in Weimar gegründete
‚Frauenverein Reform‘ besonders aktiv der Frage des Frauenstu-
diums an. Er überschüttet bereits kurz nach seiner Gründung alle
zuständigen Stellen mit Petitionen und erreicht immerhin so viel
Aufmerksamkeit, daß das Frauenstudium 1891 erstmals im Reichstag verhandelt wird. Es findet nur zwei Befürworter – einer von
ihnen ist August Bebel –, alle anderen Abgeordneten nutzen die
Gelegenheit, ein paar Heiterkeitserfolge über die ‚Blaustrümpfe‘ zu
erzielen.[7]

Ab 1896 jedoch werden auf den zunehmenden Druck der Frauen
hin an einigen Universitäten Gasthörerinnen zugelassen. Die Bedingungen sind äußerst diskriminierend: Studentinnen brauchen
erstens die Genehmigung des Kultusministers, zweitens die des
Rektors der Universität und drittens eines jeden Professors, bei
dem sie hören wollen – alle drei können ohne besondere Angabe
von Gründen ablehnen. Die Sache hat noch einen weiteren Haken:
Der Gasthörerinnenstatus wird unabhängig vom Abitur, nur nach
Lust und Laune der Genehmigenden vergeben. Dadurch wird natürlich die mühsam erlangte Qualifikation wieder abgewertet.[8]

Die Reformpläne, die die Frauenbewegung zur Lehrerinnenausbildung entwickelt, beziehen sich vor allem auf eine Vereinheitli-

chung des Stoffs und eine Erhöhung des wissenschaftlichen Niveaus. Die minderwertigere Ausbildung der Lehrerinnen an speziellen Lehrerinnenseminaren diente den Schulbehörden zur Rechtfertigung der schlechteren Bezahlung und der diskriminierenden Stellenvergabe: Lehrerinnen unterrichteten in der Regel nur an Privatschulen oder der Unterstufe öffentlicher höherer Mädchenschulen. Eines der wichtigsten Ziele der ersten Frauenbewegung ist die Kontrolle der Mädchenbildung durch die Lehrerinnen, die Sicherung des ‚weiblichen Elements' im Erziehungsprozeß. In diesem Punkt begegnen ihr auch die stärksten Widerstände. „Die Schule kann ihre Aufgabe nur dann in befriedigender Weise lösen", heißt es in einer antifeministischen Schrift, „wenn, gleichwie in der Familie Vater und Mutter, so in der Schule Lehrer und Lehrerinnen sich in gemeinsamer Arbeit beteiligen, und zwar in der Art, daß auf der unteren Stufe der weibliche, auf der oberen Stufe der männliche Einfluß überwiegt ... Die Leitung der öffentlichen höheren Mädchenschule gebührt dem Manne."[9]

1908 endlich bringt eine offizielle Neuregelung des höheren Mädchenschulwesens Ordnung in das Chaos, das durch ministerielle Verschleppungstaktik einerseits, zahlreiche bruchstückhafte Ansätze und private Initiativen andererseits entstanden war. Das Ergebnis ist die Festschreibung der 13jährigen Schulzeit mit einem Zweig, der zum Abitur führt, das wiederum zur Immatrikulation berechtigt (immer noch ohne Anspruch auf die Zulassung zu staatlichen oder kirchlichen Prüfungen, Doktorprüfungen und Habilitationen!).

Es kann als ein gewisser Erfolg der Frauenbewegung angesehen werden, daß zu einer Vorbereitungskonferenz für die Neuregelung (1906) vom Kultusministerium auch Vertreterinnen der Frauenbewegung (unter ihnen Helene Lange und Gertrud Bäumer) eingeladen werden; in den Reformbestimmungen von 1908 werden ihre Konzeptionen zum Teil berücksichtigt, wenn auch im Lehrplan die wissenschaftlichen Fächer immer noch unterrepräsentiert sind. Dem besonders wichtigen Ziel ‚Sicherung des Einflusses der Lehrerinnen auf die Mädchenbildung' sind die Frauen dagegen nicht viel nähergekommen: Mit der Klausel, daß ein Unterricht durch weibliche *und* männliche Lehrende in allen Schulstufen anzustreben sei, daß aber auf keiner Stufe der Anteil der männlichen Lehrenden unter einem Drittel liegen dürfe, bleibt der Männereinfluß auf das höhere Mädchenschulwesen gewährleistet (natürlich gibt es keinerlei vergleichbare Beteiligung der Lehrerinnen am Unterricht in den Jungenschulen).

Wahrscheinlich ist die ältere Frauenbewegung auf dem Sektor der Bildungsreform am erfolgreichsten gewesen. Zwar ist es schwierig, wenn nicht unmöglich, den direkten politischen Einfluß abzuschätzen, den ihre Existenz auf einzelne Entscheidungen von Schulbehörden und Kultusministerien ausübte. Ihre Wirksamkeit auf diesem Sektor bestand vielleicht ganz einfach darin, daß sie über mehrere Jahrzehnte hinweg bildungspolitische Konzeptionen entwickelte (die im Gegensatz zu anderen Ideen in der Frauenbewegung zumindest relativ einheitlich waren) und diese immer wieder vortrug. Zudem waren viele Lehrerinnen in der Frauenbewegung engagiert oder zumindest von ihrem Gedankengut beeinflußt – auch dies durfte mit dazu beigetragen haben, daß sie ein gesellschaftspolitischer Faktor wurde, der bei der Reform der Mädchenbildung nicht einfach übergangen werden konnte.

Die praktischen Maßnahmen zur berufsbezogenen Fortbildung, die in der Anfangszeit des ADF eine besonders wichtige Rolle gespielt hatten, treten in den 90er Jahren gegenüber den Forderungen, die das allgemeinbildende Schulwesen betreffen, in den Hintergrund. Der vom Lette-Verein geführte ,Verband deutscher Frauenbildungs- und Erwerbsvereine' löst sich 1894 auf, teils weil seine Funktionen im wesentlichen erfüllt sind – die Berufsausbildungssituation hat sich verbessert –, teils weil ähnliche Aufgaben nun von den immer zahlreicher werdenden spezifischen Frauenberufsorganisationen übernommen werden. Zu den ältesten und wichtigsten Frauenberufsorganisationen gehört neben dem Allgemeinen Deutschen Lehrerinnenverein der 1889 von Minna Cauer gegründete ,Kaufmännische und gewerbliche Hilfsverein für weibliche Angestellte'. In den 90er Jahren und Anfang des neuen Jahrhunderts entstehen noch zahlreiche weitere Berufsverbände für Frauen.

## 2.4 Die ‚Sittlichkeitsfrage‘ und die ‚Neue Ethik‘

Mit der Gründung der Dachorganisation ‚Bund Deutscher Frauenvereine‘ (1894) scheint äußerlich ein Schritt zu größerer Einheit der
Frauenbewegung getan; in Wirklichkeit bildet der BDF jedoch nur
einen formalen Rahmen für die bisher noch relativ einheitlichen,
aber gerade in dieser Phase stärker auseinandergehenden Einzelbe-
strebungen. War bis in die 80er Jahre hinein die deutsche Frauenbewegung praktisch mit dem Allgemeinen Deutschen Frauenverein
gleichzusetzen, wobei die Bildungsfrage das gemeinsame zentrale
Thema darstellte, so vollzieht sich in den späten 80er und frühen
90er Jahren ein ‚Wachstumsschub‘: neue, aktive, verjüngte Vereine, neue Themen. Die herkömmlichen Schwerpunkte – Bildung,
Rechtsstellung, soziale Wohlfahrt – werden zwar, vor allem in den
älteren Vereinen, beibehalten, aber die Front der Auseinandersetzungen, sowohl innerhalb der Frauenbewegung wie zwischen
Frauenbewegung und Öffentlichkeit, verlagert sich auf die Diskussion der ‚Sittlichkeitsfrage’, der ‚Neuen Ethik‘, des Frauenstimmrechts. Diese Auseinandersetzungen, kontrovers und emotional
geführt, bestimmen die beiden nächsten, die beiden kämpferisch-
sten Jahrzehnte in der Geschichte der ersten Frauenbewegung.[10]

Die ‚Sittlichkeitsfrage’ hat in Deutschland, im Verhältnis etwa
zu England und den USA, erst relativ spät Bedeutung erlangt –
und nie ganz dieselbe wie dort. In England gründet Josephine
Butler schon 1875 eine ‚Internationale Abolitionistische Föderation,[11] die sich mit Problemen der Prostitution und der Sexualmoral befaßt. In Deutschland versucht erstmals 1880 Gertrud Guillaume-Schack, das Thema in dem von ihr gegründeten ‚Deutschen
Kulturbund‘ aufzugreifen. Sie stößt auf starken Widerstand, sowohl bei den Frauen in der Bewegung, für die das ‚schmutzige‘
Thema so tabuisiert ist, daß sie auch verbal nicht damit in Berührung kommen wollen, wie bei der Behörde, die ‚Erregung öffentlichen Ärgernisses‘ zum Anlaß nimmt, Gertrud Guillaume-Schacks
Vorträge polizeilich aufzulösen und schließlich ganz zu verbieten.
Wegen ihrer guten Beziehungen zu den Arbeiterinnenvereinen, die

mehr Interesse an den Zusammenhängen zwischen Prostitution und sozialer Not zeigen, macht sich Gertrud Guillaume-Schack darüberhinaus ‚sozialistischer Umtriebe' verdächtig. Der ‚Kulturbund' wird 1886 aufgelöst; Gertrud Guillaume-Schack wandert nach England aus.

1889 wird das Thema Prostitution von Hanna Bieber-Böhm wieder aufgegriffen. Ihr Ansatz in der ‚Sittlichkeitsfrage' ist konservativ, aber noch immer gilt die bloße Beschäftigung mit dem Gegenstand schon als revolutionär. Hanna Bieber-Böhm verlangt die Abschaffung der Bordelle und eine harte Bestrafung der Prostituierten.

Als 1898 in der Reichsregierung neue Pläne zu einer strikteren Kontrolle der Prostituierten (sogenannte ‚Lex Heinze') diskutiert werden, bildet sich in der Frauenbewegung eine Gruppierung, die nicht mehr mit Hanna Bieber-Böhms Vorstellungen übereinstimmt, sondern die Ideen der ‚Internationalen Abolitionistischen Föderation' vertritt. Diese Frauen werden zum Kern des nun entstehenden radikalen Flügels in der deutschen Frauenbewegung. Wie die englischen Abolitionisten lehnen sie sowohl den staatlich reglementierten Bordellbetrieb als auch die Bestrafung der Prostituierten ab. Für sie steht die Anklage der doppelten Sexualmoral der Männer im Mittelpunkt: Die Prostituierten gelten als Abschaum der Gesellschaft, aber die staatlich geduldeten Bordelle leben von der Kundschaft zum Teil wohlangesehener Männer, deren sozialer Status durch den Verkehr mit den Prostituierten keinerlei Einbuße erleidet (Bordellbesuche gehören beispielsweise zum festen Ritual zahlreicher Studentenverbindungen). Die Abolitionisten sehen die Prostituierten als Opfer der Armut und der sexuellen Ausbeutung durch die Männer; statt zu ihrer Bestrafung rufen sie zur Hilfe auf. Die Lösung des gesellschaftlichen Problems Prostitution wird zum einen in der Abschaffung materieller Not gesehen, die die Frauen erst zu diesem Gewerbe treibt, zum anderen in einer Selbsterziehung und Selbstkontrolle auf Seiten der Männer: Die Männer werden aufgefordert, auch selber nach den moralischen Standards zu leben, die sie den Frauen auferlegen, also auf außereheliche Geschlechtsverkehr zu verzichten.

Die Anhängerinnen der abolitionistischen Richtung werden zu den Radikalen der deutschen Frauenbewegung, weil sie umstrittene Themen aufgreifen und sich nicht scheuen, die Öffentlichkeit zu schockieren, die mit der Prostitution lebt, aber nicht über sie spricht. Zu den Anhängerinnen des Abolitionismus gehören Minna Cauer (1841–1922) und Anita Augspurg (1858–1943), denen es gelingt, Hanna Bieber-Böhm aus dem Vorstand des Vereins ‚Frauenwohl' zu verdrängen, der zunächst Bieber-Böhms Einstellung zur Prostitution geteilt hatte. Ab 1899 wird die Politik dieses Vereins, der in der Frauenbewegung eine wichtige Rolle spielt, von den Radikalen bestimmt.

Die abolitionistische Bewegung breitet sich schnell aus; ihre Hochburgen werden Hamburg und Berlin. Der Hamburger Zweig macht sich bald wegen seiner spektakulären Aktionen unter der Führung von Lida Gustava Heymann (1868–1943) einen Namen. In dieser Stadt ist die sexuelle Doppelmoral besonders ausgeprägt: Prostituierte, die außerhalb der kontrollierten Bordelle ihrem Gewerbe nachgehen, werden hart bestraft, gleichzeitig pflegt die Polizei aber beste Kontakte zu den Bordellbesitzern. Die Frauen vom Hamburger Zweigverein ‚Frauenwohl' machen in Flugblättern auf diese Verhältnisse aufmerksam; daraufhin erhalten sie ein Redeverbot, weil ihre Aktivitäten gegen „öffentlichen Anstand und öffentliche Ordnung" verstießen. 1900 strengt Heymann eine Klage gegen einen Hamburger Bordellbesitzer an. Die Klage gelangt bis vor den Bundesrat, der die Hamburger Bordellpraxis für illegal erklärt; der Fall wird sogar von einem linksliberalen Abgeordneten in den Reichstag gebracht, wo sich der Hamburger Senat verantworten muß. Zwar verliert Heymann ihren – privat finanzierten – Prozeß, aber sie hat viel Aufmerksamkeit in der Presse und einen großen Zulauf für die abolitionistische Bewegung erreicht. Die Hamburger Abolitionisten umgehen das Redeverbot, indem sie ihre Versammlungen nach Blankenese verlegen, das nicht mehr zum Land Hamburg gehört. – Auch im BDF gelingt es den Radikalen, sich Anfang des Jahrhunderts mit ihrem Ansatz in der ‚Sittlichkeitsfrage' durchzusetzen.

Um 1905 verbreitet sich mit der ‚Neuen Ethik' in Kreisen der

Frauenbewegung eine liberalistische Einstellung zur Sexualität. Sind viele Zeitgenossen schon von der abolitionistischen Bewegung geschockt, weil sie sich mit einem Thema wie dem außerehelichen Geschlechtsverkehr befaßt, so empfinden sie die ‚Neue Ethik' als noch viel ungeheuerlicher. Der Abolitionismus war – trotz der toleranten Beurteilung der Prostituierten – in der sexuell restriktiven Moral des 19. Jahrhunderts verwurzelt; ihm unterlag die Überzeugung, daß Männer sexuell triebhafter seien als Frauen, daß es sie weit mehr Anstrengung und Tugend koste, sich zu zügeln. Abschaffung der Doppelmoral hieß für die Abolitionisten demnach, daß die Männer sich am Verhalten der Frauen orientieren sollten.

Auch die ‚Neue Ethik' wendet sich gegen die doppelte Moral, aber mit umgekehrtem Vorzeichen: Sie geht davon aus, daß Frauen ebenso ausgeprägte sexuelle Bedürfnisse haben wie Männer und dasselbe Recht haben müssen, diese Bedürfnisse auszuleben.

Wichtigste Vertreterin der ‚Neuen Ethik' ist Helene Stöcker (1896–1943), die zunächst Anhängerin der abolitionistischen Bewegung ist und später, unter dem Eindruck einer eigenen ‚freien' Beziehung mit einem verheirateten Mann, ihre neuen Vorstellungen entwickelt. Stöcker übernimmt 1905 die Leitung des ‚Bundes für Mutterschutz und Sexualreform', der die Plattform für Aufklärung und Propaganda im Sinne der ‚Neuen Ethik' wird. Ihr Grundgedanke ist die Rehabilitierung der Sexualität: Sex sei nicht als solcher unmoralisch, er werde durch die Liebe gerechtfertigt, die zwei Personen füreinander empfänden, nicht durch den legalen Akt der Eheschließung. Ehe ohne Liebe sei genauso unmoralisch wie Promiskuität. Damit solle nicht die Institution Ehe abgeschafft werden, allerdings solle sie auf eine ‚höhere' Grundlage gestellt werden, als freier Kontrakt zwischen Gleichen. Konsequenterweise fordern die Anhänger der ‚Neuen Ethik' eine Erleichterung der Scheidung, eine Verbesserung der Stellung unverheirateter Mütter und unehelicher Kinder, die Schaffung der Voraussetzungen für eine bewußte und frei gewählte Mutterschaft, d. h. Aufklärung über und Verbreitung von Kontrazeptiva und Abschaffung der Paragraphen 218 und 219.

Der ,Bund für Mutterschutz und Sexualreform' versucht, die praktische Sozialarbeit, nämlich Hilfe für unverheiratete Mütter und ihre Kinder, mit der Propaganda für die Ideen der ,Neuen Ethik' zu verbinden. Diese Ideen finden in der Frauenbewegung vor allem in den Kreisen der Radikalen Unterstützung, so bei Minna Cauer, Anita Augspurg, Lida Gustava Heymann und anderen, die sich zunächst für den Abolitionismus eingesetzt hatten. Erbitterter Widerstand formiert sich dagegen im gemäßigten Flügel – vor allem bei Helene Lange und Gertrud Bäumer.

Zur entscheidenden Auseinandersetzung zwischen der ,Neuen Ethik' und der alten Einstellung zur ,Sittlichkeit' im gemäßigten Flügel kommt es im Zusammenhang mit dem § 218. Im BDF ist eine Rechtskommission gebildet worden, die Vorschläge an die Reichsregierung zur Reform des Strafgesetzbuchs vorbereiten soll. In dieser Kommission setzt sich die ,Neue Ethik' durch: Sie legt der Generalversammlung 1908 einen Antrag auf Abschaffung des § 218 vor. Die Begründung der Kommission enthält schon viele Argumente, die später, in den 1970er Jahren, erneut eine Rolle spielen sollten: Die Abschaffung des Abtreibungsparagraphen werde die uneheliche Geburt vermindern, die Zahl der Abtreibungen werde dadurch nicht höher, nur die illegale Quote sichtbarer. Zahllosen Frauen werden ein qualvoller Tod erspart. Der Embryo sei noch nicht als ein Mensch mit Persönlichkeitsrechten anzusehen, wohl aber müsse die Frau ein Recht über den eigenen Körper haben. In der Generalversammlung kommt es zu einer lebhaften Diskussion, aber die Vorschläge der Kommission werden mit einer schwachen Mehrheit abgelehnt.

Im Verlauf der nächsten Jahre verfällt der ,Bund für Mutterschutz und Sexualreform' immer mehr. Von Anfang an bestehende Konflikte zwischen Mitgliedern, die überwiegend praktische Sozialarbeit leisten und solchen, die eher propagandistisch im Sinn der Neuen Ethik arbeiten wollen, verstärken sich zunehmend. Viele prominente Mitglieder treten aus. Helene Stöcker gerät wegen verschiedener ihr nachgesagter Verhältnisse mit Männern im ,Bund' in Verruf. 1910 lehnt der BDF den Aufnahmeantrag des ,Bundes für Mutterschutz' ab.

Die Frauenbewegung distanziert sich nach 1910, im Zuge ihres immer ‚gemäßigteren' Kurses, völlig von der ‚Neuen Ethik'. In späteren Darstellungen der Geschichte der Frauenbewegung wird der Kreis um Helene Stöcker teils ganz totgeschwiegen, teils als kleine Gruppe am Rande der Frauenbewegung dargestellt, die der Idee nur geschadet habe.[12] Tatsächlich ist die ‚Neue Ethik' zwischen 1905 und 1910 aber von der Mehrheit des radikalen Flügels getragen worden.

## 2.5 Die Frauenstimmrechtsbewegung

Neben der ‚Sittlichkeit' war es die Frage des Stimmrechts, die um die Jahrhundertwende die Gemüter erhitzte und Fronten schaffte – innerhalb der Frauenbewegung wie in der Öffentlichkeit. Während in anderen Ländern, vor allem in England und den USA, das Stimmrecht schon früh zu den zentralen Frauenforderungen gehört hatte,[13] wird dieses Thema in Deutschland erst in den späten 90er Jahren diskussionsfähig.

Die in der Vormärzphase aktiven Frauen forderten das Stimmrecht nicht explizit; die ‚Teilnahme der weiblichen Welt am Staatsleben' sollte sich mehr als eine indirekte Einflußnahme äußern, z. B. auf dem Weg über die Presse. In den Aktivitäten des Allgemeinen Deutschen Frauenvereins nimmt die Stimmrechtsfrage eine nur untergeordnete Bedeutung ein. Allerdings ist in der Zeitschrift des ADF ein vorsichtiges Interesse am Fortgang der Stimmrechtsbewegung anderer Länder festzustellen. Louise Otto–Peters und andere führende Frauen haben das politische Wahlrecht als ein Fernziel der Frauenbewegung im Auge, dem sie sich aber nur sehr langsam glauben nähern zu können, auf dem Weg über die Realisierung leichter erreichbarer Nahziele. Das Stimmrecht wird als ‚Krönung' der Frauenbestrebungen angesehen; als eine Belohnung für Leistungen im öffentlichen Leben, die die Frauen erst noch erbringen müssen.[14]

Die Widerstände gegen das Frauenstimmrecht in der Öffentlichkeit erscheinen unüberwindbar. Um die Jahrhundertwende wird die Frauenbewegung als notwendiges Übel einigermaßen tole-

riert, soweit sie sich mit der unübersehbaren sozialen Seite der
Frauenfrage befaßt, als Wohltätigkeits-, als Bildungs- und Er-
werbsbewegung. Beim Stimmrecht dagegen geht es nicht mehr
um Reparaturarbeiten am bestehenden Gesellschaftssystem, sondern alle konservativen Kreise fürchten grundlegende Strukturveränderungen. Eine tief verwurzelte Vorstellung von der Unvereinbarkeit von ‚Weiblichkeit‘ und ‚Politik‘ lag auch der reaktionären
Vereinsgesetzgebung von 1850 zugrunde: „Politischen Vereinen
ist die Aufnahme von Frauenspersonen, Schülern und Lehrlingen
verboten. Auch dürfen solche Personen nicht an Versammlungen
und Sitzungen teilnehmen, bei denen politische Gegenstände verhandelt werden“.[15] Politisierende, wählende Frauen waren die ex-
tremste Verkörperung des Schreckgespenstes der Emanzipation;
die Frau als Hüterin des Heims mußte dem ‚schmutzigen‘ politischen Geschäft um jeden Preis ferngehalten werden.

Die Sozialisten fordern seit 1891 ein gleiches und allgemeines
Wahlrecht, unabhängig vom Geschlecht – aber die Kluft zwischen
ihnen und der bürgerlichen Frauenbewegung ist inzwischen zu
groß; die meisten bürgerlichen Frauen haben eine ausgeprägte So-
zialistenfurcht. Wie die Einstellung der anderen Parteien zu den
Forderungen der Frauenbewegung um die Jahrhundertwende aus-
sieht, kann ein kleiner Überblick verdeutlichen: Der offizielle Par-
teileitfaden der Konservativen, das ‚Konservative Handbuch‘ (Berlin 1898), erwähnt die Frauenfrage mit keinem Wort, wenn auch
ein ‚gewisses Bildungsstreben‘ der Frauen als berechtigt anerkannt
wird. Auch im Handbuch des ‚Zentrums‘, dem ‚Politisch-sozialen
ABC-Buch‘ (Stuttgart 1900), finden Frauenprobleme keine Er-
wähnung. Die liberalen Parteien, die von ihrem ideengeschichtli-
chen Hintergrund her natürliche Verbündete der Frauenbewegung
sein müßten, verhalten sich ihr gegenüber doppelbödig und ambivalent. Vom Stimmrecht ist keine Rede: Die Nationalliberale Partei verwendet in ihrem Handbuch von 1887 das Wort ‚Frauenbewegung‘ in Anführungszeichen und nennt die von ihr vertretenen
Forderungen „nebelhaft“; das politische Handbuch von 1907 weist
darauf hin, daß sich auch in Zukunft keine parlamentarische Mehrheit für politische Lösungen finden werde, die dem „von der Natur

gewollten Unterschied" zwischen den Geschlechtern keine Rechnung trügen; das ‚Politische ABC' der Freisinnigen (Berlin 1903) befaßt sich nicht mit der Frauenfrage; die Deutsche Volkspartei (ein radikaler Flügel der Liberalen) beschränkt sich auf einige der „weiblichen Eigenart" entsprechende Einzelforderungen, äußert sich aber nicht zum Wahlrecht.

Nicht nur die Parteien zeigen sich gegenüber der Stimmrechtsforderung der Frauenbewegung gleichgültig oder feindlich; selbst Kreise, die sich der Frauenbewegung zurechnen, etwa der Deutsch-Evangelische Frauenbund, lehnen das Frauenstimmrecht entschieden ab.

Auf dem Hintergrund dieser Widerstände ist es verständlich, daß die Mehrheit in der deutschen Frauenbewegung – anders als in England oder den USA – in Sachen Stimmrecht eine Politik der ‚kleinen Schritte' für die einzig mögliche hält. Im radikalen Flügel der Frauenbewegung dagegen wächst mehr und mehr die Einsicht, daß auch andere Bemühungen der Frauenbewegung ohne das Stimmrecht als politisches Druckmittel erfolglos bleiben müssen.

Die Liberalisierung der allgemeinen politischen Atmosphäre um die Jahrhundertwende, die gelockerte Handhabung der Vereinsgesetze in einigen deutschen Teilstaaten – ab 1902 auch in Preußen – läßt bei den Frauen das Interesse an Politik wachsen. Ein internationaler Frauenstimmrechtskongreß in Washington (1902), bei dem die deutschen Frauen nicht offiziell vertreten sind, gibt den Anstoß für die Gründung des ‚Deutschen Verbandes für Frauenstimmrecht'.

Alle dreizehn Führungsmitglieder des neuen Vereins gehören zum radikalen Flügel der Frauenbewegung, darunter Anita Augspurg, Lida Gustava Heymann, Minna Cauer, Helene Stöcker. Auf der Generalversammlung des BDF im Jahre 1902 gelingt es den radikalen Frauen, gegen den Widerstand von Helene Lange und anderen Frauen eine Resolution des BDF durchzusetzen, in der das Frauenstimmrecht als „dringend erwünscht" bezeichnet wird.

Nach außen hin beginnt die Stimmrechtskampagne im selben Jahr mit einer Großkundgebung in Berlin, wo Anita Augspurg vor ca. 1000 Zuhörern die Strategie erläutert: Erstens sollen Frauen, die aufgrund ihrer Eigentumsverhältnisse schon das kommunale Wahlrecht besitzen (in Deutschland insgesamt nur 2000!) dazu motiviert werden, ihr Wahlrecht auch auszuüben; zweitens sollen Frauen solche (männlichen) Kandidaten im Wahlkampf unterstützen, die versprechen, sich für das Frauenstimmrecht einzusetzen; drittens sollen Frauen durch politische Aufklärung dazu gebracht werden, sich im Kampf um das Stimmrecht zu engagieren.

Es beginnt eine lebhafte Agitations- und Propagandaarbeit, mit Versammlungen, Vorträgen, Flugblättern, Schriften. Die Strategie, männliche Kandidaten der liberalen Parteien für das Frauenstimmrecht zu gewinnen, indem ihnen Wahlkampfunterstützung zugesagt wird, scheitert kläglich. Mangels Alternativen werden zum Teil sogar Männer gestützt, die sich offen gegen das Frauenwahlrecht ausgesprochen haben. Als die Radikalen erkennen, daß sie keinerlei Unterstützung von den liberalen Parteien zu erwarten haben, wenden sie sich 1907 einer Politik der ‚unabhängigen Militanz‘ zu, wie sie die englischen Suffragetten schon länger verfolgen. Doch Massendemonstrationen und Straßenumzüge englischen Ausmaßes kommen in Deutschland nie zustande. Umzüge gelten hier als Kampfmittel der Sozialdemokraten, mit denen die Mehrheit der bürgerlichen Frauen nichts zu tun haben will; außerdem fehlt in Deutschland die Massenunterstützung, die Demonstrationen erst Gewicht verleiht. Die radikalen Methoden der englischen Suffragetten, von Augspurg und Heymann offen bewundert, sind in der deutschen Stimmrechtsbewegung umstritten. – 1908 wird die Politik der ‚unabhängigen Militanz‘ durch eine neue politische Wende erschwert: Das Vereinsgesetz wird aufgehoben, und damit öffnen sich die meisten politischen Parteien für die Frauen, von denen nun viele versuchen, politischen Einfluß, möglicherweise auch das Stimmrecht selbst, über ihre Mitarbeit in den Parteien zu erreichen.

Die Aufhebung der Vereinsgesetze bedeutet allerdings keineswegs, daß sich die Haltung der Parteien zur Frauenfrage grundsätzlich geändert hätte. Die Konservative Partei, die das größte Mißtrauen gegenüber der Frauenemanzipation hat, nimmt keine

Frauen auf, gründet aber 1911 eine ‚Vereinigung konservativer Frauen‘, die enge Beziehungen zum ‚Deutsch-Evangelischen Frauenbund‘ unterhält. Die Konservativen begrüßen die Mitarbeit der Frauen auf karitativem Gebiet, bei „der Wahrung konservativer Grundsätze und Ideen in unserem Volksleben“, lehnen aber die Bestrebungen zur politischen Gleichberechtigung und „jede Art sogenannter Frauenemanzipation als den wahren Interessen echter Weiblichkeit und den natürlichen Interessen der menschlichen Gesellschaft nicht zuträglich“[16] ab. – Der dem katholischen Zentrum verbundene ‚Windhorstbund‘ beschließt 1909 die Aufnahme von Frauen. Auch die liberalen Parteien rufen die Frauen auf, für sie zu arbeiten, ohne aber klarzumachen, wieweit sie für Frauenforderungen eintreten wollen. Bei den Nationalliberalen wollen sich einige wenige fortschrittliche Mitglieder für das Gemeindewahlrecht einsetzen, nicht aber für das Reichstagsstimmrecht. Die Jungliberalen, denen u. a. Marianne Weber beitritt, zeigen etwas mehr Engagement für die Frauenfrage, nicht aber für das Stimmrecht. Die Fortschrittliche Volkspartei (ein Zusammenschluß der Freisinnigen Vereinigung, der Freisinnigen Volkspartei und der Deutschen Volkspartei von 1910) unterstützt fast alle Forderungen der Frauenbewegung, ausgenommen das Wahlrecht. Dieser Partei schließen sich u. a. Helene Lange, Gertrud Bäumer und Alice Salomon an. Die links von der Fortschrittlichen Volkspartei stehende Demokratische Vereinigung ist außer den Sozialdemokraten die einzige Partei, die die Forderung nach voller staatsbürgerlicher Gleichheit ohne Ansehen von Konfession und Geschlecht in ihr Programm von 1910 aufnimmt. Diese Partei, der sich Minna Cauer anschließt, löst sich aber während des Kriegs auf.

Obwohl sich also die Haltung der Parteien zur Frauenfrage im allgemeinen und zum Stimmrecht im besonderen durch die Aufhebung des Vereinsgesetzes kaum geändert hat, führt die neue politische Situation, die zumindest eine Mitarbeit der Frauen in einigen Parteien auf einigen Gebieten möglich macht, auch dazu, daß politische Gegensätze innerhalb der Frauenbewegung aufbrechen, die bislang durch den gemeinsamen Ausschluß von der politischen Szene verdeckt waren. In der Stimmrechtsbewegung stellt sich jetzt die Frage, welches Stimmrecht denn nun für die Frauen gefordert werden soll. Ursprünglich waren einfach „gleiche politische Rechte für Frauen" verlangt worden – das hätte aber sehr verschiedene Arten von Stimmrecht in verschiedenen Teilstaaten bedeutet: ein allgemeines Stimmrecht für den Reichstag, ein eigentumsgestaffeltes für Preußen, in anderen Ländern jeweils andere Formen. Deswegen präzisiert der ‚Deutsche Verband für Frauenstimmrecht' 1907 in § 3 seiner Satzung, daß ein allgemeines, gleiches, direktes, geheimes aktives und passives Wahlrecht für beide Geschlechter gemeint sei. Nach der Öffnung der Parteien geraten nun viele Frauen in Loyalitätskonflikte; die meisten fühlen sich zwar den linksliberalen Parteien verwandt, mit deren Programmen dieser § 3 vereinbar wäre, aber zwischen 1908 und 1914 wächst die Stimmrechtsbewegung beträchtlich, wobei immer mehr konservative Frauen hinzustoßen, die sich nicht für das allgemeine Stimmrecht entscheiden können.

Aus verschiedenen Regionalgruppen bildet sich so eine zweite Stimmrechtsorganisation die ‚Deutsche Vereinigung für Frauenstimmrecht', die lediglich ein Frauenwahlrecht zu jeweils gleichen Bedingungen wie das der Männer anstrebt; außerdem will sie die Zusammenarbeit mit den Männern in den Parteien suchen. 1911/12 kommt es auch im ‚Verband für Frauenstimmrecht' zur Auseinandersetzung um den § 3; um allen Parteien zu entsprechen, einigt sich die Mitgliederversammlung auf die vage Formulierung, daß der Verband „gleiches Stimmrecht für alle Frauen" fordere. Anita Augspurg und Lida Gustava Heymann wollen sich auf diese allen Interpretationen offene Formulierung nicht einlassen; sie treten aus dem Verband aus und gründen eine dritte Organisation, den ‚Deutschen Frauenstimmrechtsbund'.

Ab 1912 ist damit die Zersplitterung der Stimmrechtsbewegung vollständig. Keine der drei Vereinigungen erholt sich von der Spaltung; die meiste Energie verbrauchen sie in Abgrenzungskämpfen. 1915 unternehmen sie noch einmal einen Versuch zur Kooperation, der den Zusammenschluß der beiden gemäßigten Gruppen zur Folge hat. Augspurgs und Heymanns Splittergruppe bleibt mit ca. 2000 Mitgliedern – gegenüber etwa 12000 Mitgliedern der vereinigten anderen – für sich. Während des Weltkriegs bewirkt das pazifistische Engagement der radikalen Führerinnen eine weitere Schrumpfung und schließlich die Auflösung der kleinen Organisation.

Die Zersplitterung und der Niedergang der Stimmrechtsbewegung nach einem kurzen und raschen Aufblühen – zwischen 1906 und 1908 wurden die meisten Stimmrechtsvereine gegründet – fallen zeitlich mit der ‚Tendenzwende‘ in der deutschen Frauenbewegung zusammen. Der Zerfall der Stimmrechtsbewegung bedeutet die Auflösung des ehemaligen radikalen Flügels.

1918 erhalten die Frauen durch die Weimarer Verfassung das Wahlrecht – nicht aufgrund der Aktivitäten der Frauenstimmrechtsvereine, sondern durch die Sozialdemokratische Partei, von der sich die Frauenbewegung in ihrer weiteren Entwicklung immer mehr entfernt. Der ‚Reichsverband für Frauenstimmrecht‘ löst sich mit Erlangung des Wahlrechts auf.

Die deutsche Stimmrechtsbewegung hat nie Ausmaß und Bedeutung der englischen, amerikanischen oder skandinavischen erlangt. (Schweden beispielsweise hat 1918 bei ca. 3 Mill. Einwohnern eine Stimmrechtsbewegung mit 13000 Mitgliedern; in Deutschland sind es bei ca. 33 Mill. Einwohnern nur 10000.[17])

## 2.6 ‚Organisierte Mütterlichkeit‘ und rechtliche Forderungen

Die Frauen des radikalen Flügels engagieren sich um die Jahrhundertwende und bis zum ersten Weltkrieg vor allem in der ‚Sittlichkeits‘-, der Mutterschutz- und der Stimmrechtsbewegung. Mit diesen Schwerpunkten lenken die Radikalen in besonderer Weise das Interesse der Öffentlichkeit auf sich, zumal sie spektakuläre Strategien bevorzugen.

Währenddessen gehen aber auch die Bemühungen um die Mädchenschulreform und das Universitätsstudium weiter. – Ein Großteil der Aktivitäten der ersten deutschen Frauenbewegung vor, während und nach der Phase der Radikalisierung hat mehr mit sozialer Wohlfahrtsarbeit als mit feministischer Agitation und Propaganda zu tun. Freiwillige Sozialarbeit und soziale Selbsthilfemaßnahmen sind ein kontinuierliches Element in der Frauenbewegung.

Schon um 1848 gab es zahlreiche gemeinnützige Initiativen, die mit großem Enthusiasmus begonnen und zum großen Teil sehr schnell wieder eingestellt wurden. In den Kriegsjahren 1866 und 1870/71 bilden sich parallel zum ADF und zum Lette-Verein die ‚Vaterländischen Frauenvereine‘. Diese Organisationen, politisch äußerst konservativ, betreiben reine Wohlfahrtsarbeit, ehrenamtliche Krankenpflege im Krieg und Sozialfürsorge im Frieden; sie haben keinerlei Interesse an einer Verbesserung der sozialen Stellung der Frau und weisen Emanzipationsgedanken weit von sich. Typischerweise stehen solche Vereine unter männlicher Leitung.

Doch auch die freiwillige Sozialarbeit der vermögenden unbeschäftigten Frau der gehobenen Mittelschicht enthält als solche schon ein expansives Element, weil sie über den engen Bereich des eigenen Hauses, der Familie hinausführt. Es war neu, in gewisser Weise ungehörig, „... daß der Gatte und die eigenen Kinder um der für fremde Kinder zu kochenden Suppe willen mit dem Essen warten mußten“.[18]

Im Gegensatz zu den vielen Frauen der Mittelschicht, die in den ‚Vaterländischen Frauenvereinen‘ und anderen Wohltätigkeitsorganisationen freiwillig Krankenpflege und andere Sozialarbeit leisten, geht es den Frauen in der Frauenbewegung nicht nur darum, sich nützlich zu machen. Ein Teil der geleisteten Sozialarbeit hat aggressiven Charakter: gesellschaftliche Mißstände sollen aufgezeigt, angeklagt werden (in diesem Sinne arbeiten die Vereine zur Bekämpfung von Unsittlichkeit und Alkohol, zum Schutz der gefährdeten Jugend, zur Hilfe für ‚gefallene‘ Mädchen). Vor allem die Frauenvereine, die sich dem radikalen Flügel der Frauenbewegung zugehörig fühlen, verbinden konkrete Sozialarbeit mit Aufklärung und Propaganda.

Im gemäßigten Flügel der Frauenbewegung ist das soziale Engagement von einem anderen Motiv begleitet: die Unentbehrlichkeit weiblicher Sozialarbeit sichtbar zu machen. Die Wohltätigkeit der Frauen soll professionalisiert werden; über die Schaffung eines typisch weiblichen Berufsbildes, der Sozialarbeiterin, soll ein Einstieg in den Arbeitsmarkt geschaffen werden.

Inzwischen wird von kirchlicher und staatlicher Seite die ehrenamtliche Sozialarbeit der Frauen geschätzt; immer wieder wird der höhere ethische Wert solcher ‚Liebestätigkeit' gegenüber der bloß bezahlten Sozialarbeit hervorgehoben. Gegen solche Tendenzen gelingt es den Frauen nur langsam, in der professionellen Sozialarbeit festen Fuß zu fassen. Zwar steigt zwischen 1910 und 1915 die Zahl der ehrenamtlich in der Sozialarbeit tätigen Frauen nur noch um 62%, die der gegen ‚Besoldung' arbeitenden dagegen um 109%; allerdings sind 1915 insgesamt immer noch 10560 Frauen ehrenamtlich, dagegen nur 897 besoldet tätig.[19]

Der gemäßigte Flügel der Frauenbewegung macht sich für die Öffnung aller sozialen, pflegerischen und erzieherischen Berufe für Frauen stark. Er fordert Gewerbeaufsichtsbeamtinnen, die die Arbeitsbedingungen in allen Fabriken mit Frauenarbeit überwachen sollen; Polizeibeamtinnen, die die Tätigkeit der Polizei von der sozialfürsorgerischen Seite her ergänzen sollen (z. B. zur Betreuung weiblicher Strafgefangener, vor allem sittlich gefährdeter, geschlechtskranker, suizidgefährdeter); weibliche Schöffen an Jugendgerichten und ähnliches. Manche der führenden Frauen des gemäßigten Flügels fordern Konkurrenzschutz vor den Männern für die weibliche Erwerbsarbeit in all denjenigen Berufen, die als ‚Erweiterung der hausmütterlichen Tätigkeit' angesehen werden können.

Aus den 1893 von Minna Cauer und Jeanette Schwerin initiierten ‚Mädchen- und Frauengruppen für soziale Hilfsarbeit' entsteht später die erste soziale Frauenschule in Berlin, eine Ausbildungsanstalt für Sozialarbeiterinnen, die von Alice Salomon geleitet wird. „Die sozialen Frauenberufe sind eine Schöpfung der Frauenbewegung, und in gewisser Weise ihre charakteristischste Schöpfung", heißt es bei Agnes von Zahn-Harnack.[20]

Im gemäßigten Flügel entsteht die Idee von der Frauenbewegung als der „Bewegung organisierter Mütterlichkeit". Nicht mehr die Forderung nach Frauenrechten und die aggressive Kritik an den Privilegien der Männer steht im Vordergrund, sondern der

Gedanke, daß die berufstätigen Frauen in ihrer Eigenschaft als Frauen etwas Besonderes zu leisten imstande seien. Dieser besondere „weibliche Kulturbeitrag" sei die Disposition der „seelischen Mütterlichkeit", die sich am deutlichsten in sozialen, pflegerischen und erzieherischen Berufen auswirken könne.

Nachdem die Auseinandersetzungen zwischen dem radikalen und dem gemäßigten Flügel abgeklungen sind, werden die mit Agitation verbundenen Formen sozialen Engagements (wie sie z. B. im ‚Bund für Mutterschutz und Sexualreform‛ bestanden) seltener. Gleichzeitig bahnt sich eine größere Angleichung zwischen Organisationen, die außerhalb der Frauenbewegung Sozialarbeit leisten, und solchen innerhalb der Frauenbewegung an.

Die Forderungen nach einer verbesserten Rechtsstellung der Frau gehören zu den ältesten der Frauenbewegung. 1900 ist das bisher gültige Allgemeine Landrecht (ALR) durch das BGB ersetzt worden. – Der ADF hatte sich zwar auch mit der rechtlichen Stellung der Ehefrau auseinandergesetzt, aber nur wenige schüchterne, weder in der Frauenbewegung, noch in der Öffentlichkeit beachtete Petitionen eingereicht.

Protest und Kritik am neuen BGB werden in der Frauenbewegung erst laut, nachdem der Gesetzestext bereits feststeht. Mit der ersten Lesung (1888) wird deutlich, daß gegenüber dem ALR zwar einige Formulierungen verschönert worden sind (z. B. „elterliche" statt „väterliche" Gewalt), daß sich aber de facto nichts an der Diskriminierung der Frauen geändert hat; im Gegenteil zeigt sich das neue BGB in mancher Hinsicht weniger günstig als das alte ALR.

Das eheliche Güterrecht benachteiligt vor allem vermögende Frauen; falls nicht vor der Eheschließung Gütertrennung vertraglich vereinbart wird, ist der normale gesetzliche Zustand die Gütergemeinschaft, bei der der Mann über das gesamte Vermögen der Frau verfügt, lediglich ihr Arbeitsverdienst bleibt ausgenommen. Der Vater behält im Fall der Scheidung und Wiederverheiratung die Rechte über die Kinder, vor allem das der Nutznießung ihres Vermögens; die Mutter verliert mit der Scheidung alle Rechte. Die Ehescheidung ist im BGB weniger liberal geregelt als im ALR, denn sie ist ganz an das Schuldprinzip gebunden. Die Rechtsstellung des unehelichen Kindes ist unsicher; es gilt als mit seinem Vater nicht verwandt, d. h. es hat keine Erbansprüche. Sogar die Unterhaltspflicht des Vaters gegenüber seinem unehelichen Kind ist eingeschränkt durch das „Einspruchsrecht wegen Mehrverkehrs": falls der Mann der Frau Kontakte zu anderen Männern nachweisen kann, muß er nicht für das Kind aufkommen.

Die Frauenbewegung reagiert auf die Veröffentlichung des BGB 1896 mit Protesten und Selbsthilfemaßnahmen. Muster-Eheverträge für Frauen in verschiedenen Situationen (mit und ohne eigenem Vermögen, mit und ohne Beruf) werden entworfen und per Flugblatt verbreitet; sie sollen verhindern, daß Frauen sich auf die gesetzliche Gütergemeinschaft einlassen, durch die sie von ihren Männern vollkommen abhängig werden. In den 90er Jahren entstehen in größeren Städten zahlreiche Rechtsschutzstellen der Frauenbewegung, in denen Frauen sich juristisch beraten lassen können, zum Teil von ehrenamtlich arbeitenden Juristinnen. 1900 schließen sich die Rechtsschutzstellen überregional zusammen; 1914 gibt es 97 Mitgliedsvereine.

Der größte Teil der juristischen Frauenforderungen bezieht sich auf die Rechte der verheirateten Frau; später befaßt sich der gemäßigte Flügel auch mit dem gesetzlichen Schutz der Arbeiterinnen. Es wird ein Arbeitsverbot für Frauen in besonders gesundheitsschädlichen Industrien gefordert, außerdem eine besondere Schutzgesetzgebung für Mütter: verlängerter Wöchnerinnenschutz, Stillpausen, Halbtagsarbeit und Hausfrauentage; außerdem wird der Plan einer Mutterschaftsversicherung weiter ausgearbeitet. – In Bezug auf die Arbeitsschutzgesetzgebung vertritt die – gemäßigte – deutsche Frauenbewegung einen völlig anderen Ansatz als z. B. die Frauenbewegungen der angelsächsischen Länder, die einen besonderen Frauenschutz ablehnen, weil sie befürchten, daß er sich nur diskriminierend für die Frauen im Beruf auswirkt.

## 2.7 Die sozialistische Frauenbewegung

In der Phase der Radikalisierung bildet sich in der ersten deutschen Frauenbewegung nicht nur ein gemäßigtes und ein radikales Lager, sondern es kommt auch zur Abspaltung der ‚sozialistischen' von der ‚bürgerlichen' Frauenbewegung. In der Frühphase der Frauenbewegung fühlten sich die ‚bürgerlichen' Frauen auch für ihre ‚handarbeitenden Schwestern', für Fabrikarbeiterinnen, Heimarbeiterinnen, Handwerkerinnen, Dienstmädchen verantwortlich. Vor allem Louise Otto setzte sich immer wieder für die Arbeiterinnen ein. In der von ihr herausgegebenen ‚Frauenzeitung' kritisierte sie die Auswirkungen des kapitalistischen Wirtschaftssystems und schlug zu seiner Überwindung die Gründung von ‚Productivassociationen' vor – Ideen allerdings, die punktuell und vage bleiben.

In den 1860er Jahren sind zunächst die Frauenbildungs- und Erwerbsvereine die einzigen Gruppierungen, die sich der Sache der Arbeiterinnen annehmen. Die frühe sozialistische Bewegung dagegen verhält sich – überwiegend aus Konkurrenzfurcht – den Frauen gegenüber ambivalent oder gar feindlich. Vor allem der 1863 von Lassalle gegründete Allgemeine Deutsche Arbeiterverein ist bestimmt von einer Politik des ‚proletarischen Antifeminismus':[21] Er will das Verbot der Frauenfabrikarbeit erreichen und empfiehlt den männlichen Arbeitern Abwehrstreiks gegen die lohndrückende weibliche Konkurrenz. Diese Haltung wird durch das von Lassalle aufgestellte ‚eherne Lohngesetz' gestärkt: Lassalle war der Ansicht, in jeder Volkswirtschaft gebe es einen bestimmten konstanten Lohnfonds, der unabhängig von der Zahl der Arbeitenden sei; je größer die Zahl der Arbeiter, desto geringer werde der Lohn eines jeden einzelnen. Durch die Rückführung der Frauen ins Haus könne eine Steigerung der Männerlöhne erreicht werden. Nach Ansatz der Lassalleaner war eine Verbesserung der Lage der Frauen nur über die Verbesserung der Lage der Arbeiter zu erzielen – dabei war an die Frauen natürlich nur als die Ehefrauen und Töchter der Arbeiter gedacht.

Auf dem 1869 in Eisenach stattfindenden ‚Allgemeinen deutschen sozialdemokratischen Arbeiterkongreß' stellen die Lassalleaner folglich auch einen Antrag auf Abschaffung der Frauenarbeit, der mit knapper Mehrheit abgelehnt wird. Allerdings ist das entscheidende Argument in der Diskussion nicht das ‚Recht der Frau auf Erwerb', sondern der Hinweis darauf, daß die in finanzielle Not geratenen Frauen, wenn man ihnen die Fabrik verböte, vielleicht zur Prostitution getrieben würden.

Eine positive Einstellung zur Frauenarbeit haben anfangs nur die sächsischen Arbeitervereine, in denen Bebel eine führende Rolle spielt; sie stellen aber mit dieser Einstellung zunächst eine Minderheit in der deutschen Arbeiterbewegung dar. Die entscheidende Wende vollzieht sich erst in der Zeit des Verbots der sozialistischen Arbeiterpartei. 1875 auf dem Gothaer Einigungskongreß aus den Arbeitervereinen gebildet, wird sie schon 1878 verboten; das ‚Sozialistengesetz' bleibt bis 1890 bestehen. Doch gerade die politische Verfolgung, von der auch die Arbeiterinnenvereine betroffen sind, stellt eine starke Verbundenheit zwischen Arbeitern und Arbeiterinnen, zwischen männlichen und weiblichen Sozialisten her. Die Frauen unterliegen noch zusätzlich der reaktionären Vereinsgesetzgebung, die ihnen bis 1908 grundsätzlich die Beteiligung an politischen Versammlungen untersagt.

Eine wichtige Rolle bei der Überwindung des ursprünglichen ‚proletarischen Antifeminismus' innerhalb der sozialistischen Bewegung spielt auch Bebels Buch ‚Die Frau und der Sozialismus', das 1879 erscheint und größte Popularität erreicht. Bebel führt die Ursprünge der Frauenunterdrückung auf die Entstehung des Privateigentums, auf den Ausschluß der Frauen von der produktiven Arbeit und ihre damit entstehende ökonomische Abhängigkeit vom Mann zurück.

Während bei den Arbeiterinnen in der Phase der Sozialistenverfolgung Solidarität mit den Männern und ein wachsendes Klassenbewußtsein entsteht, erleben sie auf der anderen Seite die mangelnde Solidarität und die politische Gleichgültigkeit der bürgerlichen Frauen innerhalb der Frauenbewegung. Viele der Arbeiterinnenvereine, die zwischen 1870 und 1890 gegründet wurden, waren noch von den ‚bürgerlichen' Frauen initiiert; fast alle werden nach kurzem Bestehen wegen verbotener politischer Betätigung polizeilich wieder aufgelöst. Doch der Allgemeine Deutsche Frauenverein setzt sich damit kaum auseinander.[22]

Nach der Aufhebung der Sozialistengesetze übernimmt die Sozialdemokratische Partei 1890 in ihrem Erfurter Programm als erste die Forderung nach dem allgemeinen gleichen Stimmrecht, unabhängig vom Geschlecht – zu einem Zeitpunkt, als das Frauenwahlrecht in der bürgerlichen Frauenbewegung nur von einzelnen Frauen gefordert wird.[23] Die Arbeiterinnenvereine fühlen sich jetzt der Sozialdemokratischen Partei verbunden. Zwar sind die Frauen noch durch das Vereinsgesetz an einer offiziellen Mitgliedschaft verhindert; sie organisieren sich als sozialistische Frauenorganisationen eigenständig und lassen sich von gewählten ‚Vertrauenspersonen' auf den sozialistischen Parteitagen vertreten.

1894 wird die innere Entfremdung zwischen den Arbeiterinnenvereinen und den bürgerlichen Frauenvereinen auch äußerlich sichtbar. Als sich nämlich der Bund deutscher Frauenvereine als Dachorganisation der deutschen Frauenbewegung konstituiert, werden die Arbeiterinnenvereine gar nicht erst zur Mitgliedschaft aufgefordert. Tonangebende Frauen – wie etwa Helene Lange – begründen diesen Schritt mit einem Hinweis auf das Vereinsgesetz, das die Aufnahme politischer Frauenvereine nicht erlaube – aber diese formalrechtliche Argumentation ist fadenscheinig, denn die Arbeiterinnenvereine firmieren als Frauenberufsorganisationen, sind also nach außen hin keine politischen Vereine im engeren Sinn.

In Wirklichkeit ist der Ausschluß der Arbeiterinnenvereine darauf zurückzuführen, daß die Mehrheit der bei der Gründung des BDF maßgeblichen Frauenvereine aus dem liberalen und konservativen Lager stammt; sie wollen die Gesellschaft zwar reformieren, fürchten aber den revolutionären Umsturz und halten sich von den sozialistischen Frauengruppen wegen deren SPD-Verbundenheit fern. Dagegen werden die extrem konservativen Vaterländischen Frauenvereine durchaus zur Mitarbeit im BDF aufgefordert; sie lehnen ihrerseits ab, weil ihnen die Frauenemanzipation suspekt ist. – 1894 protestieren nur vier prominente Frauen – darunter Minna Cauer und Lily Braun – öffentlich gegen den Ausschluß der Arbeiterinnenvereine.[24]

1896 kommt es zu einem spektakulären Bruch zwischen den Sozialistinnen und der bürgerlichen Frauenbewegung. In Berlin findet ein großer Internationaler Kongreß der Frauenbewegung statt, gleichzeitig veranstalten die sozialistischen Frauen einen Sozialdemokratischen Frauenkongreß. Die Sozialistinnen sind vom BDF eingeladen, auf dem Kongreß zur Arbeiterinnenfrage zu berichten; sie lehnen aber die Teilnahme ab. Lily Braun, die ursprünglich dem Verein ‚Frauenwohl‘, also den ‚Bürgerlichen‘ angehörte, fühlt sich inzwischen der sozialistischen Frauenbewegung zugehörig; sie überbringt dem Internationalen Frauenkongreß die Weigerung der Sozialistinnen: „Die Wertschätzung und das Verständnis der bürgerlichen Frauenbewegung für die Arbeiterinnenfrage wird durch nichts deutlicher charakterisiert als durch die Tatsache, daß man mir zu meinem Vortrag über sie, die die größte Masse des weiblichen Geschlechts umschließt, und die entrechtetste und unglücklichste, dieselben fünfzehn Minuten gewährt hat, wie etwa der Damenfrage der Mädchengymnasien. Ich verzichte daher auf meinen Vortrag".[25]

Die Geschichte der sozialistischen Frauenbewegung ist eng mit der Person von Clara Zetkin verbunden. Clara Zetkin war Schülerin von Auguste Schmidt, einer der frühen Führerinnen der bürgerlichen Frauenbewegung. Sie stößt 1878 zur Sozialistischen Partei, kurz bevor das Sozialistengesetz in Kraft tritt. In den nächsten Jahren arbeitet sie illegal für die Sozialisten, längere Zeit im Pariser Exil. Auf dem Internationalen Arbeiterkongreß 1889 hält sie erstmals einen Vortrag über die Arbeiterinnenfrage, der sie sich von da an fast ausschließlich zuwendet. Als Sozialistin sieht Clara Zetkin die Frauenfrage immer im Zusammenhang mit dem sozialen Klassengegensatz; der Kampf um die Gleichheit der Frau muß für sie dem Klassenkampf untergeordnet werden: „Nur der organisierte revolutionäre Klassenkampf aller Ausgebeuteten ohne Unterschied des Geschlechts führt zu diesem Ziel und nicht der Kampf der Frauen ohne Unterschied der Klasse wider die Vormachtstellung der Männer ... die Geschichte lehrt, daß die Geschlechtssklaverei der Frau sich auf der Grundlage des Privateigentums und in Verbindung mit ihm entwickelt hat".[26]

Seit 1892 gibt Clara Zetkin die ‚Gleichheit‘ heraus, das Organ der sozialistischen Frauenbewegung. Sie lehnt jede Zusammenarbeit mit der bürgerlichen Frauenbewegung, auch im Hinblick auf gemeinsame Forderungen wie das Stimmrecht, immer wieder entschieden ab. – Auch mit dem radikalen Flügel der bürgerlichen Frauenbewegung kommt keine Kooperation zustande, obwohl die sozialistischen Frauen für die bürgerlichen Radikalen noch gewisse Sympathien haben und obwohl es auch inhaltliche Anknüpfungspunkte, wie etwa die Stimmrechtsforderung, gibt.

Die sozialistische Frauenbewegung behält auch nach 1908 ihre eigene Organisation innerhalb der SPD bei; sie veranstaltet besondere Frauenkonferenzen (erstmals 1900 in Mainz), die alle zwei Jahre stattfinden, jeweils vor den Parteitagen. Die Frauen befassen sich vorwiegend mit Problemen des Arbeiterinnenschutzes, mit Kinder- und Heimarbeit, mit der politischen Gleichberechtigung. Allgemein findet in den Frauenorganisationen der SPD eine thematische Verlagerung von grundsätzlichen Fragen der Frauenemanzipationstheorie zur Tagespolitik hin statt.

Die Spaltung der SPD und die Entstehung der KPD sind von einer entsprechenden Spaltung der Frauenorganisationen in sozialdemokratische und kommunistische Frauengruppen begleitet; Clara Zetkin wird zur Führerin der kommunistischen Frauen. Inzwischen können beide Organisationen kaum mehr als ‚Frauenbewegung‘ bezeichnet werden; sie sind zu Untergruppierungen der jeweiligen Partei geworden.

Während der Weimarer Republik ist die Sozialdemokratische Partei in ihrer Einstellung zur Frauenfrage nicht mehr an Bebel orientiert, sondern entwickelt ein zunehmend konservativeres Familien- und Frauenbild, das sich nur graduell von dem anderer bürgerlicher Parteien unterscheidet.[27]

## 2.8 Die konfessionelle Frauenbewegung

Die konfessionelle Frauenbewegung organisiert sich erst relativ spät: 1899 bildet sich der Deutsch-Evangelische Frauenbund (DEF), 1904 der Katholische Frauenbund Deutschlands (KFD). Beide entstehen in der Phase intensivster Auseinandersetzung in und um die Frauenbewegung, und die Motive der Initiatorinnen liegen auf der Hand. Die Frauenbewegung ist inzwischen eine gesellschaftliche Kraft geworden, die nicht mehr übersehen werden kann; den an die konfessionell neutrale Frauenbewegung „. . . verlorenen Boden gilt es wiederzugewinnen".[28]

Der evangelische und der katholische Frauenbund haben für die Geschichte der deutschen Frauenbewegung unterschiedliche Bedeutung. Zwischen dem BDF und dem DEF gibt es Übereinstimmungen, die in einer zeitweiligen Mitgliedschaft der evangelischen Frauenorganisation im BDF (von 1908 bis 1918) ihren Ausdruck finden, während der KFD immer eine eigenständige Organisation bleibt.

Der *Deutsch-Evangelische Frauenbund,* zunächst entstanden als Zusammenfassung konfessionell geprägter Frauenberufsorganisationen (wie der Krankenschwestern, der Diakonissen), ist stark von staatstragenden Kreisen des Wilhelminischen Reichs geprägt. Seine Mitglieder stammen aus der konservativen, national gesinnten, protestantischen Ober- und Mittelschicht. Paula Müller-Otfried, die als Vorsitzende des DEF mehrere Jahrzehnte eine entscheidende Rolle spielt, macht ausdrücklich klar, daß er gegründet wurde, „. . . um die Frauen der rechtsgerichteten, entschieden evangelischen Kreise mobil zu machen . . .".[29]

Die stärkste ideologische Differenz zwischen dem BDF und dem DEF ist die Stimmrechtsfrage. Während es im BDF seit Anfang des Jahrhunderts eine breite Unterstützung für die Forderung nach dem politischen Stimmrecht gibt, lehnt der DEF es aus seiner konservativen politischen Haltung heraus grundsätzlich ab; er befürwortet lediglich ein kirchliches Stimmrecht (seit 1903). Übereinstimmungen zwischen BDF und DEF bestehen in der Einstellung zur Familie und in Fragen der Sexualmoral – wenn auch hier die

Linie des DEF noch ein wenig konservativer ist als die des gemäßigten Flügels im BDF.

1908, als die Radikalen noch eine ziemlich starke Position im
BDF haben, wird der DEF von einigen Frauen des gemäßigten
Flügels zum Eintritt in den BDF aufgefordert. Er bewirbt sich um
Mitgliedschaft in der expliziten Absicht, die Radikalen, vor allem
die Gruppe um die ‚Neue Ethik‘, zurückzuschlagen, und wird mit
schwacher Mehrheit aufgenommen. Mit Hilfe der konservativen
evangelischen Frauen stimmt der gemäßigte Flügel dann auch in
der Generalversammlung von 1908 als erstes den Kommissions-
vorschlag zur Straffreiheit bei Abtreibung nieder (vgl. Abschnitt
I.2.4). Ein zweites entscheidendes Mal fallen die Stimmen der
evangelischen Frauen 1910 ins Gewicht, als der ‚Bund für Mutterschutz‘ dem BDF beitreten will: sein Aufnahmegesuch wird abgelehnt.

In den folgenden Jahren kommt es dann über der Stimmrechtsfrage zu immer stärkeren Differenzen zwischen BDF und DEF.
Bei Eintritt in den BDF hat der Deutsch-Evangelische Frauenbund
sich verpflichet, sich in Sachen Stimmrecht, wenn er schon den
Kurs des BDF nicht unterstützen könne, zumindest der Stimme zu
enthalten. Paula Müller-Otfried, die DEF-Vorsitzende, ist aber
auch Mitbegründerin der seit 1911 bestehenden ‚Vereinigung konservativer Frauen‘. Von der konservativen Partei wird auf den
DEF starker Druck ausgeübt, das Stimmrecht rigoros abzulehnen.
1912 bricht Müller-Otfried ihre Zusage an den BDF und veröf-
fentlicht eine negative Stellungnahme zum Frauenstimmrecht. Vor
Gertrud Bäumer, der BDF-Vorsitzenden, rechtfertigt sie sich mit
dem fadenscheinigen Argument, das Stillhalteabkommen habe
sich nur auf Auseinandersetzungen innerhalb des BDF, nicht auf
die Öffentlichkeit bezogen. Bäumer macht immer mehr Zuge-
ständnisse, um den DEF im BDF zu halten; zahlenmäßig ist er
zwar nicht bedeutender als z. B. der Stimmrechtsverband, aber
dafür eine in den Augen der Öffentlichkeit besonders respektable
Organisation. Trotzdem nehmen die Meinungsverschiedenheiten
zu. Müller-Otfried und andere evangelische Frauen kritisieren nun
laut nach außen hin nicht nur das Stimmrecht, sondern auch andere

Punkte des BDF-Programms. Zu Beginn des Kriegs kommt es zum Bruch, der allerdings erst 1918 formal vollzogen wird.

Der deutsche Katholizismus war in der zweiten Hälfte des 19. Jahrhunderts – der Zeit des ‚Kulturkampfs' – in Opposition zum protestantischen preußischen Staat geraten. Ausläufer der zu dieser Zeit entstandenen katholischen sozialen Bewegung, die progressiven gesellschaftlichen Strömungen gegenüber zum Teil aufgeschlossener war als protestantische Kreise, reichen bis ins neue Jahrhundert hinein. Sie sind mitbestimmend bei der Gründung des *Katholischen Frauenbundes Deutschlands* (KFD).

1903 wird im Anschluß an die 50. Generalversammlung der Katholiken Deutschlands ein ‚Damenverein' einberufen, der die Grundlagen für die Entstehung des KFD legt. Ziel der Organisation ist die „Förderung der Frauenbewegung nach den Grundsätzen der katholischen Kirche", wie es in § 2 der Satzung heißt.[30] Darunter ist insbesondere die „Herausbildung, Pflege und Vertiefung einer menschlichen und christlichen Frauenpersönlichkeit"[31] zu verstehen.

In der Tradition des Katholizismus gibt es einige Elemente, die sich mit Ideen der Frauenbewegung verbinden lassen. So unterstützt der KFD die Frauenbildungsbewegung – und kann sich dabei auf die Klöster berufen, für Jahrhunderte die einzige Institution, die Frauenbildung vermittelt hat, sowie auf die Äbtissin als Modell früher weiblicher Emanzipation innerhalb der Kirche. Der KFD fördert auch die Frauenberufsbewegung, insoweit es sich um die Eröffnung von Berufen handelt, die den Frauen ‚wesensgemäß' sind, womit er durchaus auf einer Linie mit dem gemäßigten Flügel des BDF liegt. In der Unterstützung der Frauenberufsbewegung tut der KFD sich leicht, weil im Gegensatz zu der im Luthertum begründeten verächtlichen Beurteilung der alten Jungfer auch die positive Einstellung zur Ehelosigkeit und zum sozialen Engagement aus Berufung im Katholizismus Tradition hat. Natürlich wird davon ausgegangen, daß die Frauen sich zwischen Ehe und Beruf entscheiden müssen, daß also freiwilliger Verzicht auf Ehe Voraussetzung für einen Beruf ist. In der katholischen Frauenbewegung wird eine ‚Marienverähnlichung' des ursprünglichen feministischen Gedankenguts vorgenommen: Maria, die die Werte der Jungfräulichkeit und Mütterlichkeit zugleich verkörpert, wird als Leitfigur für die beiden Lebensmöglichkeiten, die auch die Frauenbewegung eröffnet, wieder entdeckt.[32]

Das Frauenstimmrecht wird innerhalb der katholischen Frauenbewegung nicht so rigoros abgelehnt wie im Deutsch-Evangelischen Frauenbund; es gibt Gegner, aber auch Befürworter. Das ,Zentrum' als die politische Partei, der der KFD nahesteht, hält sich mit ablehnenden Äußerungen zum Frauenstimmrecht zurück.

Auch in der Einstellung zur Ehe gibt es gewisse Übereinstimmungen. Für die Katholiken ist die Ehe heilig, also begrüßt der KFD die scharfe Kritik der – gemäßigten – Frauenbewegung an der ,Neuen Ethik'. Wenn die Mehrheit der Frauenbewegung die sexuelle Doppelmoral verurteilt und von den Männern Enthaltsamkeit außerhalb der Ehe verlangt, so ist dies ganz im Sinn der katholischen Morallehre. Die gemäßigte Frauenbewegung sieht die lebenslange Einehe als Ideal an, für die Katholiken ist sie Gebot. Der KFD übernimmt seinerseits aus dem Programm des BDF die Forderung nach einer Neuregelung des ehelichen Güterrechts, nach Gütertrennung.

Die entscheidende ideologische Differenz zwischen der katholischen Frauenbewegung und dem BDF besteht darin, daß für den KFD die hierarchische Struktur der Ehe unabdingbares Element ist, während der BDF die Gleichberechtigung der Ehegatten anstrebt. Nach katholischer Vorstellung entspricht das Verhältnis des Mannes zu seiner Frau in der Familie dem Verhältnis von Christus zu seiner Braut, der Kirche. Obschon eine geistig-sittliche Gleichheit der Geschlechter angenommen wird, muß die Autorität des Mannes in der Familie erhalten bleiben.

Die Überordnung des Männlichen über das Weibliche wird auch an der Rolle sichtbar, die die Geistlichen innerhalb des KFD spielen. Auf allen Versammlungen haben Geistliche als Redner den Vorrang, die verschiedenen Frauenvereine haben Geistliche im Vorstand oder wenigstens einen geistlichen Beirat. – Wahrscheinlich wegen der in der katholischen Kirche festverankerten Verbindung von Autorität und männlichem Geschlecht wird hier auch die Frage des kirchlichen Frauenstimmrechts erst verhältnismäßig spät, in den 20er Jahren, erörtert.

Dem KFD geht es darum, die mit dem Katholizismus vereinbaren Ideen der Frauenbewegung zu integrieren; ein Zusammenschluß mit dem BDF kam für ihn nie in Frage. Auch Doppelmitgliedschaften im KFD und in nicht-konfessionellen Frauenvereinen sind von seiner Seite aus nicht gestattet.

Nach der ‚Tendenzwende' in der Frauenbewegung nähern sich die konfessionellen Frauenverbände und der BDF einander in ihren Ansichten immer mehr an.[33]

## 2.9 Das Ende der ersten Frauenbewegung

Die eigentliche Blütezeit der ersten Frauenbewegung liegt vor dem Weltkrieg, obwohl der BDF seine größte zahlenmäßige Ausdehnung in der Weimarer Republik erreicht.

In den Jahren unmittelbar vor Kriegsausbruch wird der BDF – wie das deutsche Bürgertum insgesamt – immer nationalistischer. Nach und nach zieht er sich aus den Gremien der internationalen Frauenbewegung zurück, die eine Friedenspolitik begünstigen. Bei Kriegsausbruch teilt die Mehrzahl der Frauen die allgemeine patriotische Hochstimmung. ,,Der Wunsch, dem Staat zu helfen, ein letztes bescheidenes Stück nationaler Kraft zu sein, wuchs in einer einzigen Stunde in Millionen deutscher Frauen empor", schreibt Helene Lange 1915.[34]

Der BDF beteiligt sich an der Einrichtung eines ‚Nationalen Frauendienstes', der den freiwilligen Fraueneinsatz koordiniert. Der Nationale Frauendienst kümmert sich um die Aufrechterhaltung der Lebensmittelversorgung, um die Fürsorge für Familien, deren Ernährer im Feld oder durch den Krieg arbeitslos geworden ist, und dient als Arbeitsvermittlungsstelle für Frauen im sozialen Hilfsdienst wie für erwerbstätige Frauen. Im Nationalen Frauendienst kooperiert der BDF mit anderen Frauen- und Wohlfahrtsorganisationen und mit staatlichen Stellen. Auch die sozialdemokratischen Frauenvereine sind beteiligt (prominente Kriegsgegnerinnen sind lediglich Rosa Luxemburg und Clara Zetkin.). In den Kriegsjahren 1914–1917 nimmt die soziale Wohlfahrtsarbeit, die vor allem anfangs mit größtem Engagement betrieben wird, alle

Energien des BDF in Anspruch; die eigentlichen Ziele der Frauenbewegung werden zurückgestellt.

Zum Teil haben die führenden Frauen im BDF die Hoffnung, die große Einsatzbereitschaft der Frauenbewegung werde den Staat nach dem Krieg zu einer positiveren Haltung gegenüber ihren Forderungen bewegen. Während des ganzen Krieges verhält sich der BDF staatsloyal; so verurteilt er beispielsweise die Friedensnote Wilsons 1917 in so scharfen Worten, daß Hindenburg ein Dankestelegramm an Gertrud Bäumer sendet.[35]

Lediglich der kleine zerbröckelnde Flügel der Radikalen (u. a. Augspurg, Cauer, Heymann, Stöcker) bleibt bei seiner pazifistischen Haltung. Einige lokale Zweige des Stimmrechtsbundes protestieren gegen die deutsche Invasion in Belgien; einige prominente Frauen versuchen persönlich, den Krieg zu verhindern, indem sie sich an den Kaiser und andere verantwortliche Stellen wenden. Augspurg, Heymann und andere nehmen 1915 an einer internationalen Versammlung pazifistischer Frauen in Amsterdam teil; sie werden scharf von der BDF-Spitze kritisiert, die die Teilnahme als „unvereinbar mit dem patriotischen Charakter und der nationalen Pflicht der deutschen Frauenbewegung"[36] untersagt hat. Aus Protest treten zahlreiche radikale Frauen aus dem BDF aus.

Die Pazifistinnen gründen den ‚Deutschen Frauenausschuß für einen dauernden Frieden‘, der vor allem mit Flugschriften Anti-Kriegs-Propaganda betreibt. In den meisten Städten bleibt er klein und erfolglos, nur in München entsteht ein stärkeres pazifistisches Zentrum um Augspurg und Heymann. Doch 1915 schon wird Heymann ein öffentliches Redeverbot erteilt; ein Jahr später wird der Münchner Stimmrechtsbund polizeilich aufgelöst und Augspurg und Heymann erhalten außer Redeverbot auch ein Korrespondenzverbot mit dem Ausland; 1917 schließlich wird Heymann aus Bayern ausgewiesen – sie lebt allerdings heimlich in Augspurgs Haus im Isartal weiter. Heymann, Augspurg und die ebenfalls pazifistisch aktive Helene Stöcker werden aus dem BDF ausgeschlossen.

1917 verspricht der Kaiser in seiner Osterbotschaft dem deutschen Volk zum Dank für seinen Einsatz politische Mitbestimmung nach dem Krieg, erwähnt aber dabei die Frauen mit keinem Wort. Daraufhin leben die eingeschlafenen Aktivitäten der Stimmrechtsvereine noch einmal auf; selbst der BDF startet eine große Stimmrechtskampagne. Über diese Aktivitäten kommt es zum Zerwürfnis mit dem Deutsch-Evangelischen Frauenbund, der wieder aus dem BDF austritt (vgl. Abschnitt I.2.8).

Die Zuerkennung des Stimmrechts durch die Verfassung der Weimarer Republik bringt die Frauen einen wichtigen Schritt voran. „Steht die Frauenbewegung am Ziel oder am Anfang?" lautet der Titel eines Aufsatzes von Helene Lange, der bald nach dem Krieg erscheint. Für sie ist es eine bloß rhetorische Frage, denn nun erst, nachdem ein eher formales Ziel erreicht sei, könnten sich die Frauen ihrem zentralen Anliegen zuwenden, nämlich „. . . den sittlichen Gesetzen ihrer eigenen Persönlichkeit innerhalb der Kulturwelt neben denen Geltung zu verschaffen, nach denen sie der Mann bisher einseitig aufgebaut hat".[37]

In Wirklichkeit entfernt sich der BDF in der Folge nur immer mehr von seinen ursprünglichen Forderungen. Im neuen BDF-Programm von 1919, das das vom ehemaligen radikalen Flügel geprägte von 1907 ersetzt, überwiegen nationalistische und am konservativen Frauenbild orientierte Töne. Die Bedeutung der lebenslangen Einehe und der Familie als Grundlage nationaler und sozialer Gesundheit wird betont, ebenso eine Pflicht der Frauen gegenüber der Gesellschaft, zu heiraten und Kinder zu bekommen. Auch in der Frauenberufsfrage wird der Anpassungskurs deutlicher: Frauen sollen alle Berufe ausüben können, die ihrem Wesen und ihren Fähigkeiten entsprechen, sie sollen aber nicht mit Männern nach deren Gesetzen konkurrieren. Anzustreben sei vielmehr eine soziale Arbeitsteilung, bei der Männer und Frauen jeweils ihrer Natur gemäße Aufgaben übernehmen.

Nach der Selbstauflösung der Stimmrechtsvereine 1918 betreibt der BDF zunächst politische Aufklärungs- und ‚Wahlwerbearbeit': Die Frauen sollen motiviert werden, ihr Stimmrecht auch zu nutzen; dabei bleibt der BDF, seiner Satzung gemäß, streng unparteiisch. Einen Erfolg dieser Arbeit kann er darin sehen, daß sich die weiblichen Wähler in weit stärkerem Ausmaß an der Wahl zur Nationalversammlung beteiligen als die männlichen (es wählen 78% der wahlberechtigten Frauen, hingegen nur 62% der wahlberechtigten Männer); besonders hoch ist die Wahlbeteiligung der jüngeren Frauen.

In der Weimarer Republik wird in der Frauenbewegung der Plan einer Frauenpartei diskutiert, der aber nicht viel Unterstützung findet, daneben die weiter verbreitete Idee, die etablierten Parteien zum Aufstellen getrennter Frauenlisten zu bringen. (Eine Frauenpartei kandidiert erfolglos in der Großberliner Kommunalwahl von 1920; Frauenlisten gibt es in späteren Jahren vereinzelt in den Kommunalwahlen kleinerer Städte).[38]

Die meisten Aktivitäten der Frauenbewegung während der Weimarer Republik entspringen dem Selbstverständnis als ,Bewegung organisierter Mütterlichkeit'. Das bedeutet einmal die Aufwertung der ,hausmütterlichen' Tätigkeit in der Familie, deren Gleichwertigkeit mit der beruflichen Leistung des Mannes nun sehr stark hervorgehoben wird; es bedeutet ferner die Betonung der ,seelischen Mütterlichkeit' der berufstätigen Frau, deretwegen vor allem soziale Berufe für Frauen gefordert werden. Nach diesem Selbstverständnis setzt sich der BDF für eine „mütterliche Politik, eine Politik für Mutter und Familie"[39] ein, die in einem besonderen Interesse an Kinder- und Jugendarbeit ihren Ausdruck findet. Im BDF wird die ,Mutterschaftsrente' diskutiert, die Zahlung eines Erziehungsgeldes durch den Staat über mehrere Jahre hinweg; dieser Plan, obzwar weithin akzeptiert, gilt aber wegen der finanziellen Situation des Staates als zunächst nicht realisierbar.

In das 1922 verabschiedete Jugendwohlfahrtsgesetz gehen viele Vorstellungen des BDF ein.[40] Die ursprünglichen Forderungen nach einer Reform des immer noch gültigen BGB, insbesondere nach einer Verbesserung der Rechtsstellung verheirateter Frauen, werden zwar im BDF-Programm noch aufgeführt, aber nicht sehr lebhaft verfochten.

Ein Schwerpunkt der Arbeit des BDF während der Weimarer Republik liegt in der Bekämpfung des nach dem Krieg aufgeflakkerten sexuellen Libertinismus. In seinen Stellungnahmen gegen sexuelle Doppelmoral und Pornographie entwickelt der BDF immer mehr repressive Züge. Die Abtreibung wird noch verbreitet abgelehnt. Als Sieg feiert die Frauenbewegung das 1927 verabschiedete ‚Gesetz zur Bekämpfung der Geschlechtskrankheiten‘, das einerseits die Reglementierung der Prostitution abschafft und statt der Sittenpolizei Gesundheitsamt und Fürsorge zuständig macht, also den alten Forderungen der Abolitionisten entspricht, andererseits aber harte Strafen für Personen mit Geschlechtskrankheiten vorsieht.

Die neuen Schwerpunkte in der Arbeit des BDF resultieren zum Teil aus einer Veränderung seiner Mitgliederstruktur. Nachdem der radikale Flügel nicht mehr existiert, die Stimmrechtsvereine sich aufgelöst haben, die abolitionistischen Gruppen und die mit Frauenbildung/Frauenstudium befaßten Vereine zur Bedeutungslosigkeit geschrumpft sind, werden andere Organisationen tonangebend. Vor allem die neuen Frauenberufsorganisationen, die Vereine der Angestellten und Akademikerinnen, aber auch die Hausfrauenvereine verzeichnen Mitgliederzuwachs. Von der politischen Orientierung her bedeutet dies einen Rechtsschwenk; vor allem die Hausfrauenvereine sind konservativ.

Trotz seiner Mitgliederstärke (1931 über eine Million, nach Abzug der geschätzten Doppelmitgliedschaften immer noch mindestens 750000 Mitglieder) kann der BDF die Interessen der in ihm organisierten Berufsgruppen nicht besonders gut vertreten – zum Teil, weil die Interessen der Hausfrauen und die der berufstätigen Frauen einander widersprechen. Es werden keine größeren Kampagnen für Frauenrechte mehr durchgeführt.

In der Zeit der Depression macht sich beim BDF finanzielle Schwäche bemerkbar, zugleich auch eine zunehmende Überalterung der Mitglieder. Die sich ausbreitende nationalsozialistische Bewegung rekrutiert ihren Zulauf aus denselben Bevölkerungskreisen wie die Frauenbewegung – aus der protestantischen Mittelschicht. Der BDF hat nur noch wenige bedeutende Führerinnen: Gertrud Bäumer gibt den Vorsitz 1919 an Marianne Weber ab, bleibt aber weiter aktiv; Agnes von Zahn-Harnack ist zwischen 1931 und 1933 die letzte BDF-Vorsitzende.

1932 tritt der Hausfrauenverband aus dem BDF aus, angeblich weil ihm die Mitgliedsbeiträge zu hoch werden. Dies bedeutet einen Mitgliederverlust von etwa einem Drittel. Auch der nunmehr weitgehend aus den Berufsorganisationen der Angestellten und Akademikerinnen bestehende BDF ist unfähig, die Interessen seiner Mitglieder wahrzunehmen. Er ist hilflos gegen die zunehmende Diskriminierung der weiblichen Angestellten auf dem Arbeitsmarkt, gegen ihre sich verschlechternden Arbeitsmarktchancen, und protestiert kaum gegen die Entlassung der verheirateten Beamtinnen.

Obwohl die Frauen durch die sozialdemokratische Regierung das Wahlrecht erhalten haben, hat der BDF eine größere innere Distanz zur Regierung der Weimarer Republik als unmittelbar vor 1918 zum Kaiserreich. Mit den Ideen der aufkommenden nationalsozialistischen Bewegung setzt sich der BDF zwar zum Teil kritisch auseinander, betont im allgemeinen aber mehr die Ähnlichkeiten zwischen der Idee der Frauenbewegung und dem Nationalsozialismus als die Unterschiede. 1933, nach der Machtergreifung, wird der BDF vom Innenministerium vor die Alternative gestellt, sich der NS-Frauenfront anzugliedern oder aufzulösen. Einen Tag vor Ablauf des Ultimatums beschließt der BDF-Vorstand die Selbstauflösung.

Einige Frauen emigrieren – in erster Linie die schon länger außerhalb des BDF stehenden Radikalen, so Augspurg, Heymann, Stöcker, auch Adele Schreiber und Alice Salomon, die schon 1919 aus Protest gegen die nationalistische, antipazifistische Haltung des BDF aus dem Vorstand zurückgetreten ist. Andere arrangieren sich mit dem neuen Regime, so Gertrud Bäumer, die während der Weimarer Republik Abgeordnete und Ministerialrätin gewesen ist. Sie befürwortet 1933 den Anschluß des BDF an die NS-Frauenfront und kann während des gesamten Dritten Reichs die Zeitschrift ‚Die Frau' weiter herausgeben. Nach 1949 gehörte sie, 76jährig, zu den Mitbegründerinnen der CSU.

Einige Vereine, die dem BDF angeschlossen waren, leben in der Bundesrepublik wieder auf; sie sind heute zumeist im Deutschen Frauenrat organisiert.[41]

3. Die soziale Situation der Frauen im 20. Jahrhundert

Die erste Frauenbewegung entstand Mitte des 19. Jahrhunderts; ihre formale Organisationsstruktur überdauerte bis 1933. Die Neue Frauenbewegung bildete sich eine Generation später, Ende der 60er Jahre. – Wie hat sich die soziale Situation der Frauen seit Beginn des 20. Jahrhunderts, der Zeit, in der die erste Frauenbewegung ihren Höhepunkt erlebte, bis zur Gegenwart verändert, in der es zu der neuen Emanzipationsbewegung kam? In diesem Abschnitt werden kurz die wichtigsten Entwicklungslinien, vor allem im Bereich der Frauenarbeit und der Familie, skizziert.

## 3.1 Erster Weltkrieg und Weimarer Republik

Während des ersten Weltkriegs stieg die Zahl der erwerbstätigen Frauen sprunghaft an. Einerseits wurden durch die Einberufung der Männer Arbeitsplätze frei, andererseits machten auch die außerordentlich niedrigen Unterstützungszahlungen an die Soldatenfrauen für viele eine Berufstätigkeit unumgänglich.

In der ersten Hälfte des Kriegs war der Fraueneinsatz weitgehend improvisiert und überwiegend auf allgemeine Wohlfahrtsarbeit und Krankenpflege ausgerichtet; nach 1916, in einer neuen, verstärkten Welle der Mobilmachung, wurde er planmäßiger. Eine Frauenarbeitszentrale wurde eingerichtet (ihre Leiterin, Marie-Elisabeth Lüders, kam aus der Frauenbewegung), deren Aufgabe in der Beschaffung und Zuordnung der für die Rüstungsindustrie notwendigen weiblichen Arbeitskräfte bestand.

Die Frauen arbeiteten im Krieg als ungelernte Kräfte in der Schwerindustrie, sie leisteten feinmechanische Qualitätsarbeit (z. B. bei der Munitionsherstellung) und Facharbeit als Schlosserinnen, chemische Assistentinnen, Zeichnerinnen u. ä.[1] Im Jahr 1917 waren in den kriegswichtigen Männerindustrien (Hüttenbetriebe, Maschinenbau, Metall-, Elektro- und chemische Industrie, Bergbau) insgesamt fast ebenso viele Frauen beschäftigt wie Männer. Während der Kriegsjahre wurden die meisten Anfang des

Jahrhunderts eingeführten Frauenarbeitsschutzgesetze unwirksam, so der Mutterschutz vor der Geburt und das Verbot der Nachtarbeit. Obwohl viele der Frauen Männerarbeitsplätze ausfüllten, lagen ihre Löhne ein Viertel bis ein Drittel unter denen der Männer. In noch größerer Zahl als in der Industrie waren Frauen in der öffentlichen Verwaltung, bei Bahn und Post eingestellt.

Nach Kriegsende sollten die Frauen in der Industrie ihre Arbeitsplätze für die heimkehrenden Männer wieder räumen. Die Demobilmachungsverordnung bestimmte, daß die Betriebe „nicht erwerbsbedürftige" Frauen entlassen sollten; und zwar in der ersten Runde die verheirateten Frauen mit arbeitenden Männern, als nächstes alleinstehende Frauen, anschließend die Frauen, die ‚nur' ein bis zwei Personen zu versorgen hätten. Von diesen Maßnahmen waren etwa drei Millionen Frauen betroffen.[2]

Obwohl auf diese Weise eine große Zahl der im Krieg erwerbstätigen Frauen wieder aus dem Arbeitsleben verschwand, blieben Gesamtzahl und prozentualer Anteil erwerbstätiger Frauen wesentlich höher als zu Kriegsbeginn. Ziemlich schnell stellte sich wieder die alte Konzentration auf die frauentypischen Industrien her (vor allem Textil- und Bekleidungs-, Nahrungs- und Genußmittelindustrie). Zwar arbeitete nach wie vor der größte Teil der Frauen in der Landwirtschaft, im häuslichen Dienst oder in der Heimarbeit, wo die schlechtesten Arbeitsbedingungen herrschten, aber die Bedeutung dieser Bereiche nahm ständig ab. Stattdessen war die Zahl der weiblichen Angestellten seit Kriegsbeginn sprunghaft gestiegen (um 210% gegenüber nur 74% Zuwachs bei den männlichen Angestellten).[3]

Die Weimarer Verfassung billigte den Frauen „grundsätzlich" die gleichen Rechte zu wie den Männern (Art. 109); die Ehe sollte auch auf der „Gleichberechtigung der Geschlechter" beruhen (Art. 119); außerdem sollten Frauen Zugang zu allen Berufen haben. Die nur ‚grundsätzliche' Gleichstellung ermöglichte jedoch im Einzelfall ‚Sonderregelungen', von denen später reichlich Gebrauch gemacht wurde. Die Gleichstellung der Ehefrau hatte, in Anbetracht des weitgehend unverändert beibehaltenen Bürgerlichen Gesetzbuchs, bloß rhetorischen Charakter.

1918 übten die Frauen erstmals, mit hoher Wahlbeteiligung, ihr Stimmrecht aus (vgl. Abschnitt I.2.9). Von 310 für die Nationalversammlung kandidierenden Frauen wurden immerhin 37 gewählt. Die Weimarer Parteien stellten nur wenige von den prominenten ehemaligen Stimmrechtlerinnen auf.[4] Der Anteil der weiblichen Parlamentarier, 1918 bei 10%, reduzierte sich bei den späteren Wahlen wieder. Die Beziehungen zwischen den weiblichen Abgeordneten und der Frauenbewegung waren auch nicht so eng, wie die Stimmrechtlerinnen es sich vorgestellt hatten. Doch es gab während der Weimarer Republik einige Fälle, in denen alle Frauen im Parlament gemeinsam ‚Frauenpolitik' machten – so beim Gesetzesentwurf, der die Reglementierung der Prostitution abschaffte[5] und bei der Festsetzung der Arbeitslosenunterstützung, bei der sie sich vereint gegen die niedrigeren Sätze für weibliche Arbeitslose wehrten.[6]

Zunächst entwickelten sich die Verhältnisse für die Frauen in der Weimarer Republik nicht ungünstig. Zumindest den hochqualifizierten Frauen standen mehr Chancen offen als im Kaiserreich. Die Studentinnenzahlen nahmen zu; 1918 erhielten die Frauen das Habilitationsrecht; 1928 gab es in Deutschland bereits 44 Professorinnen.[7] Auch andere Beschränkungen wurden aufgehoben: so öffnete sich 1922 den Frauen der Zugang zum Richteramt.

Während der Weimarer Republik machte sich auch der Einfluß der Ideen der Frauenbewegung auf die Wissenschaft bemerkbar. Jetzt arbeitete die erste Generation akademisch ausgebildeter Frauen: über die Geschlechterbeziehung und über die Frauenbewegung selbst, schon seit etwa 1910 über die Bedingungen der Erwerbstätigkeit von Frauen. Die Entwicklung der Familiensoziologie wie der Sozialpsychologie von Kindern und Jugendlichen wurde in dieser Phase ganz entscheidend von Fragestellungen bestimmt, die die Frauenbewegung aufgeworfen hatte. Um 1930 waren in Deutschland überwiegend Frauen mit Familienforschung befaßt. Alle diese Ansätze wurden durch das Dritte Reich verschüttet und gerieten nach 1945 in Vergessenheit.[8]

Aber der winzigen Zahl hochqualifizierter Frauen stand die Masse der ungelernten oder zumindest nur wenig qualifizierten

Frauen in den Fabriken und Büros gegenüber. Nach dem Ersten Weltkrieg war der Mittelstand verarmt, ständig schritt die Umschichtung von ehemals vermögenden zu einkommensabhängigen Mittelschichtsfamilien weiter fort. Der Lebensstandard der breiten Bevölkerung war niedrig; nicht nur in den Arbeiterfamilien, sondern auch in denen der kleinen Angestellten und Beamten mußte immer gespart werden. Die Zahl der verheirateten erwerbstätigen Frauen wurde größer; sie arbeiteten fast ausnahmslos aus existenzieller Notwendigkeit, und es geschah nur wenig, ihnen ihre ‚Doppelrolle' zu erleichtern.

Von der Arbeitslosigkeit in der Wirtschaftskrise der 20er Jahre waren in erster Linie die verheirateten Frauen betroffen, die noch zusätzlichen diskriminierenden Maßnahmen ausgesetzt waren: Sie erhielten meist keine Arbeitslosenunterstützung, da sie nicht als ‚bedürftig' galten; generell bekamen Frauen nur zwei Drittel der Arbeitslosenunterstützung der Männer, und viele Gemeinden weigerten sich, arbeitslose Frauen unter 21 Jahren zu unterstützen, da diese angeblich jederzeit Arbeit in der Landwirtschaft oder im häuslichen Dienst finden könnten.[9]

Eine verschärfte Polemik gegen Frauenerwerbstätigkeit im allgemeinen und gegen ‚Zusatzverdienerinnen' im besonderen setzte in der Depression nach 1929 ein. Massive Diskriminierungen richteten sich vor allem gegen die wenigen Frauen, die hochqualifizierte Positionen innehatten; vor allem die Konkurrenz zwischen Lehrern und Lehrerinnen verschärfte sich wieder. 1924 waren 30 von insgesamt 317 höheren Mädchenschulen und ebensoviele von insgesamt 8215 Volksschulen unter weiblicher Leitung; trotz dieser verschwindend geringen Zahlen polemisierten die Lehrerverbände zunehmend heftiger gegen die Frauen, die sich angeblich rücksichtslos Vorteile zu verschaffen suchten.[10]

Schon 1923 wurde per Gesetz verfügt, daß verheiratete Beamtinnen mit sechswöchiger Kündigungsfrist entlassen werden könnten, falls nach Ermessen der zuständigen Behörde ihr Unterhalt gewährleistet sei. Nach und nach wurden immer mehr diskriminierende Sonderbestimmungen für Frauen eingeführt. Eine Verbeamtung kam für sie grundsätzlich nur noch nach dem 35. Lebensjahr infrage. Später wurde die Kann-Vorschrift über die Entlassung verheirateter Beamtinnen zur Muß-Regelung verschärft. Frauen wurde der Zugang zum eben eröffneten Richter- und Anwaltsberuf wieder verschlossen, ebenso zur höheren Verwaltungslaufbahn.

In der Zwischenkriegszeit gab es etwa zwei Millionen mehr Frauen als Männer; im Krieg waren ca. 1,7 Mill. Männer gefallen. Trotzdem verdoppelte sich die Zahl der Eheschließungen gegenüber der Vorkriegszeit. In den Großstädten lockerte sich die Sexualmoral (in der Frauenbewegung sprach man von einer ‚sexuellen Krise‘); die Zahl der Abtreibungen stieg. Auch die Scheidungen wurden zahlreicher. Die Geburtenziffern gingen seit der Jahrhundertwende langsam, aber kontinuierlich zurück.

Vor allem die sinkende Geburtenziffer wurde als Bedrohung empfunden und häufig in der Öffentlichkeit diskutiert. Schon 1912 hatte das Preußische Ministerium des Inneren eine Schrift über den Geburtenrückgang herausgegeben, in der die Frauenerwerbstätigkeit als Ursache bezeichnet und ausdrücklich eine „Eindämmung der Frauenemanzipation" gefordert wurde, um ein weiteres Sinken der Geburtenzahlen zu verhindern.[11] Natürlich war es absurd, die Frauenbewegung verantwortlich zu machen, die mit ihren Ideen nur einen verschwindend kleinen Teil der Bevölkerung erreichte. Aber auch die Frauenerwerbstätigkeit konnte nicht der entscheidende Faktor sein: Die Einschränkung der Kinderzahl begann nämlich in der Mittelschicht, bei den Angestellten und Beamten, und genau in dieser Gruppe war der Anteil der verheirateten erwerbstätigen Frauen am niedrigsten.[12] Geburtenrückgang und gelockerte Sexualmoral führten dazu, daß die Familie in der Öffentlichkeit als bedroht wahrgenommen wurde. Typischerweise wurde nicht die Doppelbelastung der verheirateten Frauen thematisiert, sondern die Gefährdung der Familie durch „Intellektualismus, Materialismus, Individualismus".[13]

In der Spätphase der Weimarer Republik zeigte der Staat ein zunehmendes Interesse an Familienpolitik, die dann in der nationalsozialistischen Ära systematischer betrieben wurde. Die ‚familientragenden Schichten‘, also vor allem der Mittelstand, landwirt-

schaftliche und handwerkliche Betriebe, Selbständige) sollten gefördert werden; der Staat begann, seinen Beamten Kinderbeihilfen
zu zahlen.

## 3.2 Nationalsozialismus und Zweiter Weltkrieg

In der Zeit vor 1933 äußerten sich die Nationalsozialisten verhältnismäßig selten explizit über ihre Vorstellungen von der Rolle der
Frau in der Gesellschaft. Von ihrem Selbstverständnis her war die
NSDAP ein Männerbund: Frauen wurden nicht aktiv als Partei-
mitglieder angeworben; schon auf der ersten Mitgliederversammlung 1921 wurde festgelegt, daß nur Männer leitende Parteiämter
übernehmen könnten. Trotzdem begeisterten sich in den zwanzi-
ger Jahren auch Frauen für die Idee des Nationalsozialismus. Verschiedene Frauengruppierungen gliederten sich vor der Machtergreifung von sich aus der nationalsozialistischen Bewegung an;[14]
die NS-Frauenschaft entstand, als Parteiorganisation für Frauen,
erst 1931.

Erst in dieser Zeit erkannten die Nationalsozialisten die wahlpo-
litische Bedeutung der Frauen. Hitler wandte sich von nun an in
seinen Reden auch an sie; er entwarf ein düsteres Bild von der
bevorstehenden bolschewistischen Zerstörung der Familie und
versprach eine Lösung der Probleme durch verbesserte Heirats-
chancen und durch Abschaffung des ‚Doppelverdienertums'. In
der damaligen Frauenbewegung wurde nur vereinzelt erkannt,
welches Ausmaß die antifeministische Komponente im Nationalsozialismus hatte. Eine der Warnerinnen war Amalie Lauer: „(Die)
Wertung der Frau vom rein biologischen Standpunkt aus erhält
eine für die Frauennatur und Frauenwürde furchtbare Bedeutung
durch zwei Ideale und Angelpunkte des Nationalsozialismus:
durch den zur Religion erhobenen Rassenfanatismus und durch das
Herrenmenschentum des Haßgedankens".[15] Für Frauen könne es
in einem nationalsozialistischen Staat nur eine Rolle geben: die der
Gebärerin zukünftiger Soldaten.

Die nationalsozialistische Bewegung war besonders erfolgreich in den Bevölkerungskreisen, in denen ausgeprägter Antifeminismus herrschte: „einerseits in den Bereichen, in denen die Frauen noch am wenigsten emanzipiert waren, andererseits dort, wo die liberale Frauenemanzipation am weitesten gediehen war".[16] Zur ersten Gruppe gehörten kleine Mittelstandsunternehmen wie Bauern, Handwerker, Einzelhändler u. ä., für die die Emanzipation ein Schreckgespenst war, weil sie auf ihre Frauen als mithelfende Familienangehörige angewiesen waren. Zur zweiten Gruppe zählten Büro-, Verwaltungs- und kaufmännische Angestellte, Angehörige jenes beruflichen Sektors also, in den die berufstätigen Frauen während der Weimarer Republik am weitesten vorgedrungen waren; sie mußten sich von der weiblichen Konkurrenz real am stärksten bedroht fühlen.

Entgegen verbreiteten Vorstellungen waren es nicht überwiegend weibliche Wählerstimmen, die Hitler an die Macht brachten. Bei den Präsidentschaftswahlen 1932 wurde Hitler von mehr Männern als Frauen gewählt, während in Hindenburgs Wählerschaft eindeutig die Frauen dominierten. Die Frauen wählten zwar in der Mehrheit konservativ, meist aber die konfessionell gebundenen Parteien, und die NSDAP war keine typisch konservative Partei. Möglicherweise war die nationalsozialistische Politik nach 1933 bei Frauen beliebter als bei Männern – diese Vermutung ist allerdings noch nicht sehr gut belegt.[17]

Nach der Machtergreifung wurden alle bestehenden Frauenorganisationen, egal ob sie sozialkaritativ, beruflich oder politisch orientiert waren, aufgefordert, sich aufzulösen oder der NS-Frauenschaft anzuschließen, die nun straffer organisiert wurde. Der Anschluß bedeutete das Bekenntnis zu den nationalsozialistischen Werten: Kampf für das germanische Ideal und die Reinheit der Rasse, Einsatz beim wirtschaftlichen Wiederaufbau, Verpflichtung zur Erziehung einer ‚gesunden' Jugend, Kampf gegen die Dekadenz, insbesondere gegen den jüdisch-marxistischen Geist, Suche nach einer ‚echten' Lösung der Frauenfrage. Da auch die bis 1933 existierende Frauenbewegung als Ausgeburt dieser Dekadenz angesehen wurde, sah nun die ‚echte' Lösung der Frauenfrage ganz einfach aus: „Wir wollen unser Frauenrecht, wir wollen Gattinnen und Mütter werden. Emanzipation von der Frauenemanzipation ist die erste Frauenaufgabe im Dritten Reich".[18]

Zur ‚Reichsfrauenführerin', d. h. Leiterin des NS-Frauenwerks und der NS-Frauenschaft, wurde Gertrud Scholtz-Klink ernannt. Sie war keine der militanten und selbständigen Führerinnen nationalsozialistischer Frauengruppen vor 1933, sondern politisch unbedeutend und ohne eigenständige Ideen zur Frauenarbeit. „Die Frauenschaftsführerin selbst war jedoch die beste Propaganda – mit der hochgeschlossenen Hemdbluse, der Haarkranzfrisur und ihren elf Kindern wurde sie zum Markenzeichen der ‚deutschen Frau und Mutter'".[19]

Die NS-Frauenschaft organisierte vor allem Hausfrauen und Landfrauen. Für Mädchen unter 21 Jahren war der BDM (Bund Deutscher Mädel) zuständig, nach dem 21. Lebensjahr wurden sie vom RAD (Reichsarbeitsdienst) erfaßt. Um die berufstätigen Frauen kümmerte sich mit einem eigenen Frauenamt die DAF (Deutsche Arbeitsfront). Die offizielle Frauenorganisation hatte auf die Arbeitsbedingungen erwerbstätiger Frauen keinen Einfluß.[20] – Das ganze Dritte Reich hindurch waren Frauen zu einem geringeren Teil organisiert als Männer, u. a. deswegen, weil auf sie nicht derselbe Druck ausgeübt wurde, sich zu organisieren. Die NS-Frauenschaft verfügte über einen gewaltigen Personalapparat: Jeder Ort mit mehr als 3500 Einwohnern hatte seine eigene Frauenführerin, als ganztags bezahlte Kraft. 770 regionale Frauenführerinnen koordinierten die Aktivitäten, in allen Gauen gab es eine weibliche Führerin an der Seite des männlichen Gauleiters. Tausende von Frauen arbeiteten ehrenamtlich für die NS-Frauenschaft.[21]

Die Arbeit der Frauenorganisationen war weitgehend unpolitisch. Besondere Bemühungen galten der Aufwertung der Mutterrolle; es gab Bräute- und Mütterschulen, Kurse zum Erlernen hausfraulicher Fertigkeiten, zur Ernährungslehre, Kinderpflege, zur Aktivierung der Frau als volkswirtschaftsbewußte Verbraucherin. Frauen waren auch in die umfangreichen Aktivitäten der verschiedenen sozialen Hilfsdienste (NS-Volkswohlfahrt, Winterhilfswerk, ‚Mutter und Kind' u. ä.) einbezogen. Die Führerinnen der NS-Frauenorganisationen hatten innerhalb der ihnen zugewiesenen Aufgabenbereiche relativ große Selbständigkeit. Aufstieg im öffentlichen Leben war für Frauen einzig innerhalb der Hierarchie der Frauenorganisation möglich.

Eines der vordringlichsten Ziele der nationalsozialistischen Familienpolitik war die Steigerung der Geburtenrate, auf die mit verschiedenen Maßnahmen hingewirkt wurde. Am wichtigsten war das Ehestandsdarlehen, das von heiratswilligen erbgesunden Paaren arischer Abstammung in Anspruch genommen werden konnte. Es betrug etwa 600 RM – das Vier- bis Fünffache des durchschnittlichen monatlichen Einkommens eines Arbeiters – und konnte in winzigen Beträgen zurückgezahlt werden. Es war an die Bedingung geknüpft, daß die vorher erwerbstätige Ehefrau sich aus dem Berufsleben zurückziehen mußte. Für jedes gesund geborene Kind wurde die Darlehensschuld um ein Viertel gekürzt. Zwischen 1933 und 1937 nahmen 25% aller Hochzeitspaare dieses Darlehen in Anspruch. Es war von zahlreichen anderen finanziellen und fiskalischen Maßnahmen begleitet: Kindergelder und Kinderbeihilfen in verschiedenen Formen, außerdem Steuerfreibeträge für Kinder, anfangs Sondersteuern für Unverheiratete, später Strafsteuersätze für Paare, die nach fünfjähriger Ehe noch kein Kind hatten u. a. m. Große Familien wurden außerdem durch ein breites Angebot von verschiedenen Wohlfahrtsmaßnahmen unterstützt, die Sachleistungen, finanzielle Ermäßigungen, Stellung von Haushaltshilfen, Mütterurlaub u. a. m. umfaßten. Die Geburtenrate wurde auch durch ‚Pannenkinder' erhöht: Die Abtreibung war unter schwere Strafe gestellt, auch der Verkauf von Verhütungsmitteln war strafbar; Informationen über jede Form von Verhütung wurden unterdrückt.

Parallel dazu wurde die Mutterrolle, die physische Mutterschaft, aufgewertet. Extremster Ausdruck dieser Bemühungen war das Mutterkreuz: Frauen mit mehr als vier Kindern bekamen es in Bronze, mit mehr als sechs Kindern in Silber, mit mehr als acht Kindern in Gold. Ab der Geburt des 9. Kindes (bzw. des siebten Sohnes) konnten Eltern prominente Staatsmänner als Paten wählen (bis 1936 hatte Hitler 12000, Hindenburg 27000 Patenkinder);

nach 1939 waren die Parteijugendlichen angehalten, Frauen mit Mutterkreuz zu grüßen.[22]

Tatsächlich gelang es, die Zahl der Eheschließungen nach 1933 stark zu erhöhen und den seit Anfang des Jahrhunderts andauernden Trend zur fallenden Geburtenrate vorübergehend umzukehren. Allerdings waren vor allem die Erhöhung der Heiratsquote, eine für alle Industrieländer typische Erscheinung, und die Tatsache, daß während des Dritten Reiches besonders geburtenstarke Jahrgänge ins heiratsfähige Alter kamen, für die Geburtensteigerung verantwortlich. Der Jahrhunderttrend zur kleineren Familie blieb nichtsdestotrotz erhalten: Ehepaare, die nach der Machtergreifung geheiratet hatten, bekamen insgesamt weniger Kinder als Ehepaare, die in den 20er Jahren geheiratet hatten.[23]

Das Ehestandsdarlehen sollte außer der Geburtensteigerung zunächst noch einem weiteren Zweck dienen, nämlich der Entfernung der Frauen – vor allem der verheirateten Frauen – vom Arbeitsmarkt. In dieser Hinsicht blieb die Maßnahme aber relativ erfolglos. Zwar sank der Anteil der Frauen an den Erwerbstätigen zwischen 1932 und 1936 von 36,8% auf 30,9%; ihre absolute Zahl stieg aber auch in diesem Zeitraum weiter – der sinkende prozentuale Anteil kam nämlich nur durch die schnellere Wiedereingliederung der während der Depression arbeitslosen Männer ins Erwerbsleben zustande. Vor allem die Zahl der *verheirateten* berufstätigen Frauen wuchs – absolut und relativ. Auch dies hing mit sozioökonomischen Strukturveränderungen zusammen, auf die die nationalsozialistische Ideologie nur wenig Einfluß nehmen konnte. Es gab nämlich inzwischen viele Frauenarbeitsplätze, die Männer gar nicht mehr einnehmen wollten, nicht zuletzt wegen der niedrigeren Löhne.

Nur in einem Bereich führten die lautstarken Kampagnen gegen Frauenarbeit und Doppelverdienertum zu einer tatsächlichen Verdrängung der Frauen: bei den hochqualifizierten Beamtinnen und Akademikerinnen. Da die verheirateten Beamtinnen schon zu Ende der Weimarer Republik äußerst diskriminierend behandelt worden waren, brauchten die Nationalsozialisten nur etwas konsequenter auf dem einmal eingeschlagenen Weg fortzufahren. Die

Versetzung von Frauen in höhere Positionen war grundsätzlich gesperrt; die wenigen Frauen, die solche Stellen in der Beamtenhierarchie innehatten, wurden entlassen oder zurückgestuft. Automatisch wurde Frauen bei Verheiratung gekündigt. Sie erhielten auf jeder Ebene niedrigere Gehälter als männliche Kollegen; bei mehreren gleich geeigneten Bewerbern um eine Stelle wurde grundsätzlich der Mann vorgezogen. Besonders extrem von der Diskriminierung betroffen waren Lehrerinnen: Direktorinnen wurden überall ihrer Posten enthoben (ausgenommen in hauswirtschaftlichen Schulen), die Zahl der Lehrerinnen insgesamt wurde stark reduziert (ausgenommen nur die Volksschullehrerinnen). Ärztinnen fanden kaum eine Möglichkeit, die obligatorische Assistenzzeit abzuleisten, für sie blieben höchstens die unattraktiven, schlecht bezahlten Stellen in Altersheimen oder psychiatrischen Kliniken; die kassenärztliche Zulassung wurde ihnen erschwert. Juristinnen waren weder als Richterinnen noch als Anwältinnen geduldet.

1933 wurde ein Numerus clausus für Studentinnen eingeführt: ihr Anteil sollte 10% an der gesamten Studentenschaft nicht übersteigen. De facto sank der Anteil der weiblichen Studierenden von 15,8% im Jahr 1932 auf einen Tiefststand von 11,2% im Jahr 1939; von ca. 10000 Abiturientinnen des Jahres 1934 durften nur 1500 studieren.[24]

Zwar bildeten Beamtinnen, Akademikerinnen und Studentinnen den kleinsten Teil der weiblichen Erwerbstätigen, aber an ihnen zeigte sich, daß die Bekämpfung der Frauenarbeit da konsequent durchgeführt wurde, wo Frauen aus Stellungen verdrängt werden sollten, die auch für Männer attraktiv waren. In anderen Bereichen des Erwerbslebens verstärkte die nationalsozialistische Frauenpolitik den Trend, der sich ohnehin in den meisten industrialisierten Ländern abzeichnete: für Frauen verblieben die wenig attraktiven Berufsbereiche, aus denen Männer abwanderten. Landwirtschaft und Hauswirtschaft wurden zu ‚artgemäßen‘ Frauenberufen erklärt; über die Hälfte der in der Landwirtschaft Tätigen waren Frauen.

Nur bis 1936 standen die Maßnahmen gegen die Arbeitslosigkeit im Vordergrund der Innenpolitik; wegen der Rüstungskonjunktur war jedoch bald Vollbeschäftigung erreicht und der Bedarf an Arbeitskräften wuchs weiter. Stillschweigend wurden die Einschränkungen für die Frauenarbeit aufgehoben; ab 1937 wurde das Ehestandsdarlehen nicht mehr an ein Beschäftigungsverbot für die Ehefrau angeknüpft. „Die ideologischen Bedenken gegen die Frauenarbeit wurden zwar nie offiziell widerrufen, aber auch nicht mehr geäußert".[25] 1939, bei Kriegsausbruch, herrschte bereits empfindlicher Arbeitskräftemangel, vor allem in der Landwirtschaft und der Rüstungsindustrie. Im Laufe des Krieges entstanden immer mehr Bereiche, die auf Frauenarbeit angewiesen waren: in der öffentlichen Verwaltung, den Wehrmachtsdienststellen, bei Post und Bahn, natürlich auch in den Krankenhäusern und Lazaretten. Die berufstätigen Frauen zogen Stellen im Dienstleistungssektor bei weitem denen in Landwirtschaft und Rüstungsindustrie vor; um der katastrophalen Knappheit an Arbeitskräften vor allem in der Landwirtschaft abzuhelfen, wurde schon Ende 1938 ein land- oder hauswirtschaftliches Pflichtjahr für alle ledigen Frauen unter 25 Jahren eingeführt, die eine Stelle als Angestellte oder Arbeiterin suchten.

Auch Akademikerinnen und Studentinnen gewannen als Lückenbüßerinnen wieder Bedeutung. Der Studentinnenanteil an den Hochschulen stieg zwischen 1939 und 1940 von seinem Tiefststand (11,2%) auf 25%; die Entlassungsvorschriften für verheiratete Beamtinnen wurden aufgehoben, und die nach 1933 verdrängten qualifizierten Frauen fanden wieder Stellen. Obwohl es seit 1935 eine gesetzliche Grundlage zur Dienstverpflichtung von Männern und Frauen gab, wurde die allgemeine Zwangsverpflichtung für Frauen nicht eingeführt.

1939 gab es noch ca. eine Million nicht erwerbstätiger, aber erwerbsfähiger lediger Frauen, dazu über fünf Millionen nicht erwerbstätiger aber erwerbsfähiger verheirateter Frauen ohne Kind. Wiederholte Appelle an die Frauen, sich freiwillig für den ,Ehrendienst' in der Kriegsarbeit zu melden, blieben weitgehend ohne Erfolg. Im Unterschied zum Ersten Weltkrieg bestand für die Soldatenfrauen kein Zwang zur Erwerbstätigkeit, da sie, unabhängig von der Kinderzahl, eine relativ hohe Unterstützung erhielten. Viele Frauen heirateten noch rasch einen ins Feld ziehenden Mann, wurden unterstützungsberechtigt und gaben ihre Erwerbstätigkeit auf. Dieses Verhalten wurde von der immer noch anhaltenden Propaganda zur Steigerung der Geburtenrate auch gestützt: Jeder Soldat sollte „dem Führer noch ein Kind schenken", bevor er einberufen wurde. Tatsächlich gab es im ersten Kriegsjahr noch einmal einen Boom an Ehen und Geburten.

Zunehmend wurde deutlicher, daß die Verwirklichung der langfristigen bevölkerungspolitischen Ziele den kurzfristigen kriegsbedingten entgegenstand, die einen verstärkten Fraueneinsatz forderten. Nach der Eroberung von Polen schien zwar der Arbeitskräftemangel vorübergehend behoben, denn nun konnten den Betrieben Fremdarbeiter und Kriegsgefangene aus den besetzten Gebieten zugewiesen werden. Aber schon 1940 verschärfte sich, mit der Ausweitung des Krieges, die Situation wieder. Bei den Zuständigen für Wehrmacht, Arbeit und Wirtschaft bestand bald Übereinstimmung, daß eine allgemeine Dienstpflicht für Frauen unumgänglich sei, sie scheiterte aber immer wieder am persönlichen Widerstand Hitlers, der auch unter dem verschärften Sachzwang des totalen Kriegs an der ideologisch bestimmten Überzeugung festhielt, daß die deutschen Frauen wegen ihrer Mutterfunktion in ihrer Gesundheit nicht beeinträchtigt werden dürften.

Durch seinen Einspruch waren allerdings nur die Frauen privilegiert, die nicht schon zu Kriegsbeginn erwerbstätig gewesen waren. Für die letzte Gruppe, meist Frauen aus der Unterschicht, bestand Arbeitspflicht, bei ständig sich verschlechternden Arbeitsbedingungen, unzureichender Ernährung und wachsender Erschöpfung. Frauen aus der Mittelschicht, die nie gearbeitet hatten, weil sie von Vätern oder Ehemännern versorgt wurden, blieben hingegen von der Arbeitspflicht verschont, obwohl sie oft weder Kinder betreuten noch selber einen Haushalt führten. Bis 1944 behielten sie sogar das Recht auf eine Hausgehilfin, selbst im kinderlosen Haushalt. Auf diese unübersehbare Ungerechtigkeit, die dem Schlagwort von der ‚Volksgemeinschaft' Hohn sprach, reagierten die arbeitenden Frauen mit Verbitterung. Das Ergebnis waren rasch sinkende Arbeitsmoral und häufiger Absentismus, die wiederum eine verringerte Produktivität zur Folge hatten.

Trotz des wachsenden Drucks aus seiner unmittelbaren Umgebung blieb Hitler bei seiner irrationalen Ablehnung einer allgemeinen Dienstpflicht für Frauen und setzte stattdessen zunehmend auf Fremdarbeiter. Den Unternehmen kam das meist gelegen, weil für die Fremdarbeiter – im Gegensatz zu den deutschen Frauen – keine Arbeitsschutzbestimmungen galten.

Erst 1943 wurde eine allgemeine Meldepflicht für alle Frauen zwischen 17 und 45 Jahren eingeführt, sofern sie nicht schon ein mindestens 48 Wochenstunden umfassendes Beschäftigungsverhältnis hatten. Aber auch die Meldepflichtverordnung enthielt viele Ausnahmeregelungen. Frauen der gehobenen Schichten gingen häufig nur Scheinarbeitsverhältnisse ein. Von den ca. 3 Millionen Frauen, die sich 1943 meldeten, waren schließlich nur ein Drittel einsatzfähig, davon wieder ein großer Teil nur halbtags. Fabriken und Büros hatten Schwierigkeiten, diese zum Teil noch nie berufstätigen Frauen anzulernen, zumal Fachkräfte immer knapper wurden. Die Überlastung der Arbeitsämter führte zunehmend zu Fehldispositionen.

Zum Kriegsende hin, bereits seit Anfang 1945, kehrte sich der Trend wieder um: Langsam stellte sich wieder Arbeitskräfteüberfluß ein, da viele Fabriken zerstört waren, und nun Flüchtlingsströme in das sich verkleinernde Reichsgebiet hineindrängten.

## 3.3 Bundesrepublik

Nach dem Zweiten Weltkrieg war das Ausmaß der Zerstörung und die Zahl der Gefallenen und Vermißten so groß, daß die im Erwerbsleben stehenden Frauen für den Wiederaufbau der Wirtschaft gebraucht wurden; es kam nicht, wie 1918 oder 1933, zu dem Versuch, sie aus dem Beruf zu drängen.

In allen Industriestaaten ist die Frauenerwerbsarbeit inzwischen in das Wirtschaftssystem integriert. In den westlichen Ländern hat sich ihr Umfang seit dem Ende des 19. Jahrhunderts nur mäßig erhöht: 1882 war in Deutschland jede vierte, heute ist in der Bundesrepublik jede dritte Frau erwerbstätig; Frauen stellen etwas mehr als ein Drittel der Erwerbspersonen.[26]

Grundlegend geändert dagegen hat sich die Zusammensetzung der Gruppe der berufstätigen Frauen nach dem Familienstand: Während um die Jahrhundertwende die erwerbstätigen Frauen überwiegend ledig waren, gehen jetzt immer mehr verheiratete Frauen, auch immer mehr Frauen mit jüngeren Kindern, einem Beruf nach. Das hängt in erster Linie damit zusammen, daß viel mehr Frauen heiraten und das Heiratsalter gesunken ist. 1950 waren 35% der erwerbstätigen Frauen verheiratet, 1975 waren es 61%. Das bedeutet, daß immer mehr Frauen vom Problem der Vereinbarkeit von Familie und Beruf betroffen sind.

In der Struktur der Frauenarbeit haben sich seit Bestehen der Bundesrepublik Trends weiter verstärkt, die schon in früheren Jahrzehnten ablesbar waren: Die weitaus meisten Frauen arbeiten im Dienstleitungssektor, etwas weniger in der Industrie, die wenigsten – dazu bei weiter abnehmender Tendenz – in der Landwirtschaft, in der sich nur noch jede zehnte erwerbstätige Frau findet. Frauen sind immer häufiger Angestellte, immer seltener Arbeiterinnen; die Beamtinnen, eine kleine, aber wichtige Gruppe, haben zugenommen. Unverändert klein geblieben ist die Zahl der weiblichen Selbständigen, während die der mithelfenden Familienangehörigen – das typische Frauenberufsbild aus vor- und frühindustrieller Zeit – stark abgenommen hat.[27]

Nur wenig geändert hat sich an der Tatsache, daß die Frauen besonders häufig auf den unteren Ebenen beruflicher Hierarchie zu finden sind. Zwar haben sie ihre Allgemeinbildung gegenüber früheren Zeiten erheblich verbessert: Mädchen verlassen heute seltener die Hauptschule ohne Abschluß als Jungen; sie sind bei den mittleren Schulabschlüssen (Realschule u. ä.) überrepräsentiert, stellen inzwischen fast den gleichen Anteil an Abiturienten und machen ca. ein Drittel aller Studierenden aus. Für die Berufsausbildung ist die Kluft zwischen der Qualifikation der Männer und derjenigen der Frauen noch sehr groß, wenn auch jüngere Frauen, im Gegensatz zu den älteren, immer häufiger eine Berufsausbildung abschließen.

Aber die durchschnittlich geringere berufliche Qualifikation der Frauen allein kann nicht das Ausmaß ihrer Diskriminierung im Beruf erklären. Auf allen Qualifikationsebenen in der freien Wirtschaft sind die Einkommen der Frauen niedriger als die gleich qualifizierter Männer; die verfassungswidrigen ‚Frauenlohngruppen' wurden zwar abgeschafft, aber nur unter anderem Namen als ‚Leichtlohngruppen' weitergeführt. Frauen haben bei gleicher Qualifikation geringere Einstellungs- und Aufstiegschancen als Männer, und sie sind weitaus stärker von Arbeitslosigkeit bedroht. Obwohl ihr Anteil an den Erwerbspersonen nur ein Drittel beträgt, machten sie 1976 über die Hälfte der registrierten Arbeitslosen aus.[28] Zum Teil hängt die hohe Frauenarbeitslosigkeit damit zusammen, daß die Arbeitsplätze von Frauen im allgemeinen konjunkturanfälliger sind, da sie sich auf die niedrigen Qualifikationsebenen, auf die besonders unsicheren Teilzeitarbeitsstellen und auf wachstumsschwache Branchen konzentrieren.

Bis Mitte der 60er Jahre hatte der Arbeitsmarkt in der Bundesrepublik bei ständiger wirtschaftlicher Expansion Arbeitskräftemangel, der nur durch die verstärkte Einbeziehung von Müttern mit jüngeren Kindern und von Gastarbeitern gedeckt werden konnte. Erst 1967 kam es zu einer Wachstumskrise, die sich nun von einer vorübergehenden in eine strukturelle zu wandeln beginnt.

In den 50er Jahren wurde die Mütterberufstätigkeit staatlicherseits toleriert, aber keineswegs gefördert. Im Gegenteil, die Maßnahmen des ersten konservativen Familienministeriums Würmeling (ab 1953) gingen vom Ideal der Hausfrauenehe aus; Einrichtungen wie Kindergärten und -horte, die die Berufstätigkeit von Müttern erleichtert hätten, wurden nicht ausgebaut. Mit zunehmender Anspannung des Arbeitsmarktes wurde in den 60er Jahren das ‚Dreiphasen-Modell' propagiert und die Teilzeitarbeit gefördert.[29]

Das Dreiphasenmodell sieht eine Kombination der ‚beiden Lebensrollen' der Frau in Familie und Beruf vor, und zwar durch die Aufteilung ihres Arbeitslebens in Phasen, die sich nach dem Familienzyklus richten. In der ersten Phase sollen die ledige und die verheiratete kinderlose Frau voll ins Erwerbsleben integriert sein;

mit der Geburt des ersten Kindes beginnt dann die zweite Phase, die Phase ‚aktiver Mutterschaft‘, in der sich die Frau aus dem Erwerbsleben zurückziehen und ganz ihren Sozialisationsaufgaben widmen soll. Wenn eine Frau im statistischen Durchschnittsalter von ca. 24 Jahren geheiratet hat und maximal drei Kinder im optimalen Abstand von zwei Jahren bekommt, die sie so lange betreut, bis das jüngste nicht mehr schulpflichtig ist, dann könnte sie im Alter von etwa 45 Jahren die dritte Phase beginnen: den Wiedereintritt in das Berufsleben.

Dieses Modell ist jedoch weitgehend unrealistisch. Eine Rückkehr in den Beruf nach dem vierzigsten Lebensjahr ist höchstens in Zeiten der Hochkonjunktur möglich und auch dann nur auf niedrigstem Qualifikationsniveau oder in Berufen, die nur geringem technischen Wandel unterworfen sind – ganz zu schweigen von den psychischen Hemmungen, die sich nach längerer Unterbrechung gebildet haben. Hochqualifizierte Ausbildungen werden meist erst Mitte des zweiten Lebensjahrzehnts beendet; während nach dem Modell die Phase ‚aktiver Mutterschaft‘ stattfindet, werden in akademischen Berufen entscheidend die Weichen für die spätere Laufbahn gestellt.[30] Obwohl das Phasenmodell an der Realität des Berufslebens total vorbeigeht, hat es doch im Bewußtsein der Öffentlichkeit normativen Charakter bekommen: Nach einer Befragung der Bundesanstalt für Arbeit haben 49% der jüngeren Frauen die Absicht, ihre Berufstätigkeit zumindest so lange zu unterbrechen, „bis die Kinder größer sind“.[31] In Wirklichkeit kommt eine für den Zeitraum von 10–15 Jahren geplante Berufsaufgabe meist dem endgültigen Austritt aus dem Berufsleben gleich.

Die ‚Doppelrolle‘ der Frau ist die Ursache für ihre Diskriminierung im Beruf. Vom Mann wird keine Orientierung seiner Berufsrolle am Familienzyklus erwartet, sondern ausschließlich die Anpassung an die Gesetzmäßigkeiten des Arbeitslebens. Doppelrolle und Phasenmodell bewirken die Verfügbarkeit der Frauen als industrielle Reservearmee; je nach konjunktureller Phase kann (und wird) die bewußtseinserweiternde, emanzipierende Bedeutung der Frauenerwerbstätigkeit oder umgekehrt die psychische Notwen-

digkeit einer engen Mutter-Kind-Beziehung betont. Die Berufs-
identifikation der Frauen bleibt niedrig, weil immer noch die alternative Identifikation mit der Familienrolle offensteht. Das erleichtert der Wirtschaft eine flexible Einstellung und Entlassung je nach
ihrem Bedarf an Arbeitskräften.

Auch im Bereich der Familie haben sich während der letzten
dreißig Jahre Entwicklungstendenzen fortgesetzt, die sich schon
früher abgezeichnet hatten und auch für andere industrialisierte
Länder typisch sind. Die Geburtenziffern sinken weiter: von
durchschnittlich 4 Kindern pro Ehe im Jahre 1900 sind sie kontinuierlich auf unter 2 Kinder im Jahre 1970 gefallen, die Zahl der
kinderlosen Ehepaare und der Einkindfamilien steigt. – Die Ehe-
scheidungen nehmen zu: zwischen 1956 und 1972 hat sich ihre
Zahl fast verdoppelt.[32] Die zunehmende Instabilität der Ehe hängt
mit ihrer Tendenz zur Individualisierung zusammen: Die ökonomische Notwendigkeit eines Zusammenbleibens ist geringer geworden; zugleich sind die emotionalen Erwartungen an den Partner gewachsen. Die hohe Wiederverheiratungsquote zeigt, daß
Scheidungen nicht grundsätzliche Zweifel an der Institution Ehe
bedeuten, sondern lediglich als Korrektur eines nicht mehr gültigen individuellen Arrangements zugunsten eines neuen zu verstehen sind. Das neue Scheidungsrecht (seit 1977) trägt dieser Entwicklung mit dem Abrücken vom Schuldprinzip Rechnung.

In der Familiensoziologie der Nachkriegszeit wurde überein-
stimmend ein Abbau des alten patriarchalisch-autoritären Fami-
lienleitbildes zugunsten eines mehr partnerschaftlich-egalitären
festgestellt.[33] Als Indikator galt meist die innerfamiliäre Domi-
nanzstruktur, die Frage danach, ob wichtige Entscheidungen von
einem Gatten allein oder von beiden zusammen getroffen werden.
Im Familienbereich blieb die patriarchalische Struktur der Ehe aber
– trotz des Gleichberechtigungsgrundsatzes nach Art. 3, Abs. 2 des
Grundgesetzes – noch lange erhalten: Bis 1953 konnte eine Ehefrau
nur mit der Erlaubnis ihres Mannes erwerbstätig werden, war aber
zur Erwerbstätigkeit verpflichtet, wenn die Verhältnisse der Familie dies verlangten. Noch länger (bis 1957) erhalten blieb die Pflicht
der Frau zur Haushaltsführung und der Stichentscheid des Vaters,

wenn es um die Erziehung und Ausbildung des Kindes ging. Erst 1977 wurden Erwerbstätigkeit, Haushaltsführung und Kindererziehung gesetzlich als Aufgabe beider Ehepartner definiert (§ 1356 BGB), bei der die Rollenverteilung individuell ausgehandelt werden kann. Auch im Bewußtsein der Bevölkerung ist die alte Rollenzuweisung noch fest verankert; nur ein geringer Teil der Bevölkerung kann sich eine Rollenumkehr vorstellen.[34] Erst in jüngster Zeit gibt es vereinzelt Männer und Frauen, die systematisch den Handlungsspielraum der neuen Gesetzgebung austesten (z. B. Väter, die auf Gewährung des sechsmonatigen ‚Mutterschaftsurlaubs' klagen).

Gegenüber dem 19. Jahrhundert sind nicht nur Haushalte und Kinderzahl kleiner geworden, sondern es hat sich auch der Umfang der notwendigen Haushaltsarbeit verringert. Vor allem das wirtschaftliche Wachstum der Nachkriegsjahre brachte eine verbesserte Ausstattung des Normalhaushalts mit arbeitssparenden Geräten und ein immer differenzierteres Angebot vorgefertigter Nahrungs- und Genußmittel. Teilweise wirken zwar neue Ansprüche an den materiellen Lebenskomfort dem Trend zur Reduzierung und Erleichterung der Hausarbeit entgegen und schaffen neue Arbeit; insgesamt aber hat die Verringerung der Haushaltsarbeit zu einer relativen Abwertung der Hausfrauenrolle bei gleichzeitiger Aufwertung der Mutterrolle geführt. Nicht mehr die Rolle der Hausfrau, sondern nur noch die der Mutter wird als konkurrierend zur Berufsrolle gesehen.

Eine geringere Kinderzahl, verbunden mit verringerter Hausarbeit bedeutet aber, daß nicht-berufstätige Mütter immer mehr Erziehungsarbeit auf immer weniger Kinder konzentrieren. Der Jugendliche der Gegenwart kann sich, im Gegensatz zum Jugendlichen der vorindustriellen Zeit, früher ökonomisch und rechtlich von seiner Herkunftsfamilie unabhängig machen, auf der anderen Seite wird er psychisch durch die Art der Sozialisation mehr denn je an sie gebunden. Wie die Lebensphase der Kindheit erst mit der nicht-erwerbstätigen Hausfrau-und-Mutter entstand, so ist die verlängerte Adoleszenz als soziologisch neues Phänomen parallel zur Herausbildung der ‚Nur-noch-Mutter' entstanden.[35]

Während sich Mutterschaft für einen Teil der Frauen mehr denn je zum Hauptberuf entwickelt, werden interessanterweise gleichzeitig Zweifel an der Sozialisationsleistung der Familie laut; Stabilität und Veränderung der Kleinfamilie sind zu einem wichtigen öffentlich diskutierten Thema geworden. In kleinen – überwiegend akademischen – Bevölkerungskreisen wird mit neuen Wohn- und Lebensformen experimentiert, die auch die alte geschlechtsspezifische Aufgabenzuweisung in Frage stellen.[36]

Solche Experimente mit alternativen Lebensformen wären undenkbar – oder zumindest auf noch kleinere Gruppen der Gesellschaft beschränkt – wenn nicht gleichzeitig ein Wandel der Sexualmoral stattgefunden hätte. Die sexuelle Liberalisierung, die in den 60er Jahren einsetzte, ist für die soziale Situation der Frauen von entscheidender Bedeutung. Mit der Pille wurde ein Mittel der Empfängnisverhütung gebräuchlich, das nicht nur hochgradig sicher und einfach anwendbar ist, sondern über dessen Verwendung allein die Frau verfügen kann. In den 60er Jahren ist die Sexualität zu einem öffentlichen Gesprächsthema von größter Bedeutung geworden. Das Alter des ersten Geschlechtsverkehrs sank für beide Geschlechter; während es früher in der Mittelschicht einige Jahre höher lag als in der Unterschicht, glichen sich die Werte nun an. Voreheelicher Geschlechtsverkehr ist ein in weiten Kreisen akzeptiertes soziales Verhalten geworden; es findet auch bei Jugendlichen eher in länger andauernden Beziehungen als in häufigem Partnerwechsel statt.[37] An die Stelle der früher üblichen formalen Verlobung tritt gelegentlich die ‚Ehe auf Probe‘, das nichtlegalisierte Zusammenleben. Die ledige Mutterschaft, in den Nachkriegswirren nicht selten, dann bis 1966 ständig abnehmend, zeigt wieder wachsende Tendenz.

In mancher Hinsicht hat sich die soziale Situation der Frauen seit der Jahrhundertwende nur geringfügig verändert. Zwar ist die Gleichberechtigung zur allgemein akzeptierten Idee geworden, aber die Verankerung dieses Grundsatzes in der Verfassung hat keineswegs zu einer angemessenen Vertretung der Frauen in den wirtschaftlichen und politischen Machtpositionen geführt. Die ‚Doppelrolle‘ der Frau ist verbreitet Realität geworden, aber trotzdem – vielleicht auch gerade deswegen – hat die Diskriminierung der Frauen im Beruf, ihre Ausbeutung als industrielle ‚Reservearmee' nicht wesentlich abgenommen.

Doch die Doppelrolle bedeutet mehr als doppelte Belastung im Sinn von zusätzlicher Arbeit; sie bedeutet auch, daß immer mehr Frauen den inneren Widersprüchen von Familien- und Berufsleben ausgesetzt sind. Die Frauen verfügen über eine verbesserte Bildung, die ihnen größeres Selbstbewußtsein gibt und sie die Widersprüchlichkeit ihrer Situation besser erkennen läßt; sie verfügen im Schnitt über eine größere ökonomische und sexuelle Unabhängigkeit, die ihren Handlungsspielraum, eventuell ihre Alternativen, erweitert.

Eine der kontinuierlichsten Entwicklungslinien ist die allmähliche Reduzierung der Geburtenzahlen – möglicherweise die Reaktion der ‚schweigenden Mehrheit' auf die neuen sozialen Bedingungen. Die Ende der 60er, Anfang der 70er Jahre entstehende Neue Frauenbewegung ist dagegen Sache einer kleinen, aber sehr artikulierten Minderheit.

## 4. Die Neue Frauenbewegung

### 4.1 Überblick über den bisherigen Verlauf

Die gegenwärtige Frauenbewegung ist wie die der Jahrhundertwende ein Phänomen von übernationaler Bedeutung. Feministische Frauengruppen gibt es seit Ende der 60er, Anfang der 70er Jahre in allen westlichen Industrieländern. In der Bundesrepublik ist die Neue Frauenbewegung zum Teil aus der Studentenbewegung, zum Teil aus anderen Gruppierungen heraus entstanden, die sich im politischen Klima nach der Regierungsübernahme durch die sozialliberale Koalition gebildet hatten. Die westdeutsche Frauenbewegung ist, zumindest in der Phase ihrer Entstehung, verhältnismäßig stark vom amerikanischen Feminismus beeinflußt worden.

Da die Frauenbewegung in der Bundesrepublik erst eine knapp zehnjährige Geschichte hat und sich in ständiger Veränderung befindet, mag ein Überblick über ihre Entwicklung verfrüht erscheinen. Doch lassen sich auch für diesen verhältnismäßig kurzen Zeitraum deutlich Phasen aufzeigen.

Die erste, die Entstehungsphase (ca. 1971–1974/75), ist von der Kampagne gegen den § 218 bestimmt. In dieser Phase finden sich Frauen und Frauengruppen unterschiedlicher Herkunft zusammen, und das Bewußtsein der Gemeinsamkeit bildet sich heraus.

In der zweiten Phase, ab etwa 1975, treten spontane Aktionen allmählich in den Hintergrund; die Frauengruppen erleben in dieser Zeit einen großen Zustrom neuer Mitglieder. Die Organisationsstruktur verändert sich, und es kommt zur Wende ‚nach innen‘; Selbsterfahrungsgruppen erhalten vorrangige Bedeutung.

Die dritte Phase ist von der zweiten nicht eindeutig abzugrenzen, zumal die Entwicklung in den verschiedenen Städten mit unterschiedlicher Geschwindigkeit erfolgt. Es ist die Phase feministischer Projekte, die sich seit 1977, zum Teil schon eher, aus den Selbsterfahrungs- und Gesprächsgruppen heraus entwickeln. Diese Frauenprojekte, alternative Unternehmungen vor allem im gesundheits- und sozialpolitischen, im wissenschaftlichen und im Kulturbereich, bilden den Ansatz zu einer feministischen Gegenkultur.

### 4.2 Die Wurzeln der Neuen Frauenbewegung: ‚Weiberräte‘ und ‚Aktion 218‘

Das Bewußtsein von der Existenz einer Frauenbewegung entsteht 1971, im Zusammenhang mit verschiedenen Protestaktionen gegen den § 218, an denen sich noch andere gesellschaftliche Gruppierungen beteiligen. Doch gab es schon vorher Gruppen, in denen ‚Emanzipation‘ wieder ein Thema wurde.

Eine Wurzel der Frauenbewegung reicht bis 1968/69 zurück, wo sich innerhalb des Sozialistischen Deutschen Studentenbundes (SDS) ‚Weiberräte‘ bildeten. Den Studentinnen fiel der Widerspruch zwischen dem emanzipatorischen Anspruch der Männer und ihrem tatsächlichen Verhalten vor allem in den privaten Beziehungen auf. Frauen kamen auf den Versammlungen nicht zu Wort oder ihre Äußerungen wurden milde belächelt; sie hatten nur einen abgeleiteten Status als Frau oder Freundin irgendeines SDS-Mannes, keinen eigenen als selbständig denkende und handelnde Personen; sie empfanden sich sexuell und als Hilfsarbeiterinnen bei der alltäglichen politischen Kleinarbeit ausgebeutet. 1968 hält eine Vertreterin des Berliner ‚Aktionsrats zur Befreiung der Frau‘ auf der Delegiertenkonferenz des SDS eine Anklagerede gegen das patriarchalische Gehabe der Genossen und bewirft sie am Ende mit Tomaten. „Dies war die erste Ankündigung einer neuen deutschen Frauenbewegung".[1]

Der ‚Weiberrat‘ der Frankfurter SDS-Frauen verteilt auf der nächsten Delegierten-Konferenz ein polemisches Flugblatt, ebenfalls gegen die Unterdrückung der Frauen im SDS, das mit dem Kampfruf „Befreit die sozialistischen Eminenzen von ihren bürgerlichen Schwänzen!" endet. Die Vertreterinnen aller acht anwesenden Frauengruppen, die das Flugblatt zum Teil wegen seiner Aggressivität erst abgelehnt hatten, stellen sich schließlich dahinter. Es kommt allerdings nicht zur offenen Auseinandersetzung mit den Männern.

Mit dem Zerfall der APO und des SDS treten nach 1969 solche Auseinandersetzungen zurück. Der erste Frankfurter Weiberrat löst sich schon bald wieder auf, ein zweiter wird im Frühjahr 1970 gegründet. Doch sowohl er wie auch der ‚Sozialistische Frauenbund Westberlins‘ (der sich aus dem ‚Aktionsrat zur Befreiung der Frau‘ herauskristallisiert hat), sind in der Folgezeit eher marxistische Schulungskurse für Frauen als Emanzipationsgruppen. Den Frauen sollen Nachhilfestunden in politischer Ökonomie erteilt werden, die sie auf den Wissenstand der Männer bringen. Außerdem sehen die Frauengruppen ihre besondere Aufgabe innerhalb der linken Bewegung darin, Arbeiterinnen in Fabriken und Großraumbüros zu agitieren. Zwar wird den linken Frauen bei der Arbeit immer wieder auch ihre eigene Problematik bewußt – durch die Frustation bei der Beschäftigung mit politischen Texten, die in keiner Weise auf ihre Situation als Frau eingehen, durch die

Schwierigkeiten, mit der praktischen politischen Arbeit Frauen aus der Unterschicht zu erreichen, durch Autoritäts- und Hierarchie-konflikte innerhalb der Gruppe. Aber erst die Kontakte mit Fraueninitiativen gegen den § 218, die nicht aus der linken Studen-tenszene kommen, und die allmählich beginnende Auseinanderset-zung mit amerikanischer Feminismus-Literatur geben den ‚Frau-enproblemen‘ langsam eine Existenzberechtigung neben der für wichtiger gehaltenen ‚eigentlichen‘ politischen Arbeit.

In dem Maße, wie linke Frauengruppen sich aus eigenem An-trieb an der Kampagne gegen den § 218 beteiligen und dabei mit anderen ‚unpolitischen‘ Frauengruppen kooperieren, geraten sie in die Schußlinie linker Kritik, der diese Aktivitäten ‚reformistisch‘ erscheinen. Nachdem sich mit der ersten, von der ‚Aktion 218‘ einberufenen Bundesfrauenkonferenz in Frankfurt 1972 das Be-wußtsein von der Existenz einer deutschen Frauenbewegung ein-zustellen beginnt, finden schwierige Auseinandersetzungs- und Absetzungsprozesse in den linken Frauengruppen statt, bei denen es darum geht, ob die Frauen sich primär als marxistisch oder als feministisch identifizieren[2] (vgl. auch Kapitel II.4). Die verschiede-nen linken Frauengruppen entwickeln sich unterschiedlich: In Frankfurt treten die ‚Antifeministinnen‘ aus dem ‚Weiberrat‘ aus, der sich nun als Teil der Frauenbewegung betrachtet und am Auf-bau des Frankfurter Frauenzentrums mitarbeitet; im ‚Sozialisti-schen Frauenbund Westberlin‘ sind die Feministinnen in der Min-derheit, treten aus und schließen sich anderen Frauengruppen an.

Eine andere Vorhut der Frauenbewegung sind verschiedene Vereine und Arbeitskreise, die sich seit etwa 1970 mit Fragen der Gleichberechtigung befassen. Solche Gruppierungen sind der ‚Ak-tionskreis Frau‘ in Nürnberg und die ‚Aktion Emanzipation e. V.‘ in Ulm[3]; außerdem der 1970 in Bonn/Bad Godesberg entstandene ‚Arbeitskreis Emanzipation und Gleichberechtigung‘, aus dem sich 1974 das ‚Frauenforum Bonn‘ als Gruppe innerhalb der Frauenbe-wegung entwickelt. Eine frühe Gruppe ist auch das 1971 gegrün-dete ‚Frauenforum München‘, das bis jetzt eine gewisse Eigenstän-digkeit behalten hat. Die Mitglieder dieser Gruppen sind keine oder nur in Ausnahmefällen Studentinnen; sie sind berufstätig und in ihrer politischen Orientierung sozialliberal; ihr Selbstverständnis als Feministinnen entwickelt sich zum Teil erst später. Es geht ihnen darum, die von der Verfassung zugesicherte, aber nicht wirklich gewährleistete Chancengleichheit herzustellen. Sie wollen die Behandlung von Frauenthemen in den Medien verfolgen, auf die Parteien einwirken u. ä.

Den eigentlichen Schmelztiegel für das Entstehen der Neuen Frauenbewegung bilden die bundesweiten Aktionen für die Freigabe der Abtreibung. Auslöser ist die Selbstbezichtigung ‚Ich habe abgetrieben‘ im ‚Stern‘, Nr. 24, 1971. Nach dem Vorbild einer Frauenaktion in Paris bekennen sich 375, zum Teil prominente Frauen, öffentlich zur Illegalität. Eine Unterschriftenaktion mit zahlreichen weiteren Selbstbezichtigungen folgt, die im Juli 1971 dem damaligen Bundesjustizminister überreicht werden. Im Juni 1971 findet eine erste Delegiertenkonferenz aller am Kampf gegen den § 218 interessierten Gruppen in Düsseldorf statt, einen Monat später ein weiteres Treffen in Frankfurt; es sind noch einige gemischte Gruppen darunter, aber es wird festgestellt, daß sich die ‚Aktion 218‘ als loser Zusammenschluß ‚reiner‘ Frauengruppen versteht. In der Folgezeit bilden sich immer mehr solcher 218-Gruppen. Im März 1972 sind beim ersten Bundesfrauenkongreß in Frankfurt schon ca. 400 Frauen aus rund 35 Gruppen in 20 Städten anwesend. „Alles in allem kann es über eins nach diesem Kongreß keinen Zweifel mehr geben: Wir haben eine deutsche Frauenbewegung."[4]

Der § 218 bleibt das bestimmende Thema für die meisten Frauengruppen wie für die Mehrzahl spektakulärer Aktionen, die in den nächsten Jahren durchgeführt werden. Mit der Forderung nach ersatzloser Streichung des § 218 („Mein Bauch gehört mir"; „Ob wir Kinder wollen oder keine/bestimmen wir alleine") gehen viele Tausende von Frauen auf die Straße. Zehntausende von Unterschriften werden gesammelt, Flugblätter verteilt, Plakate entworfen, Informationsstände errichtet; es werden Straßentheater und öffentliche Tribunale veranstaltet, gruppenweise Kirchenaustritte vorgenommen, ein ungeheures Aktivitätspotential wird entfaltet.[5]

Gleichzeitig richten Frauengruppen in einigen Städten Beratungszentren für Frauen ein, die unerwünscht schwanger sind, hier werden ihnen Adressen von Ärzten und Kliniken im In- und Ausland vermittelt, Informationen über verschiedene Verfahren des Schwangerschaftsabbruchs gegeben, Hilfe angeboten und Begleitung organisiert. Durch die Presse besonders bekannt geworden ist die Beratungsgruppe des Frauenzentrums Frankfurt, die längere Zeit regelmäßige Busfahrten zu holländischen Abtreibungskliniken veranstaltete („Wir fahr'n nach Holland/nicht der Tulpen wegen"). 1975 findet deswegen im Frankfurter Frauenzentrum eine Polizeirazzia statt, auf die wiederum von der Frauenbewegung mit einer demonstrativen Massenfahrt nach Holland, in Bussen und PKW's, reagiert wird. In Berlin gibt die ebenfalls bekannt gewordene Frauengruppe ‚Brot und Rosen' 1972 ein erstes Handbuch zur Abtreibung und Verhütung heraus. In mehreren Städten werden ‚Ärztefragebögen' entwickelt und ‚Ärztekarteien' angelegt, in denen die Erfahrungen von Frauen im Kontakt mit Gynäkologen gesammelt und aufbereitet werden. – Aus dieser Zeit resultiert als einer der thematischen Schwerpunkte der Neuen Frauenbewegung die Auseinandersetzung mit der Medizin und dem etablierten Gesundheitswesen.

Daneben finden in den ersten Jahren auch regional Aktionen zu anderen Anlässen und Problembereichen statt; zu den ersten bekannt gewordenen gehören die ‚Aktion Lufthansa' (1973) in Köln, mit der gegen die Nicht-Einstellung einer Pilotin protestiert wird, und die ‚Aktion Teenager-Bein', ebenfalls 1973 in Frankfurt, wo Feministinnen eine Schönheitskonkurrenz sprengen.[6]

*4.3 Der Rückzug nach innen: Selbsterfahrungs- und Theoriegruppen*

Das ‚Jahr der Frau' 1975 wird für die Frauenbewegung in doppelter Hinsicht bedeutsam. Zum einen bringt es die Entscheidung des Bundesverfassungsgerichts, die die vom Bundestag verabschiedete ‚Fristenlösung' beim Schwangerschaftsabbruch für verfassungswidrig erklärt, und damit das Scheitern der ‚Aktion 218'. Zum andern aber verschafft dieses Jahr den Feministinnen verstärkte

Publizität in den Medien und einen sprunghaft anwachsenden Zulauf von Sympathisantinnen.

Inzwischen haben auch die großen Verlage erkannt, welcher Bedarf an Literatur zur Frauenfrage besteht. Übersetzungen machen feministische Bücher, die in England und den USA bereits Klassiker sind, einem breiteren Publikum zugänglich: Germaine Greer und Kate Millett erscheinen 1974, Shulamith Firestone 1975 in Taschenbuchausgaben. ,Der kleine Unterschied' von Alice Schwarzer (1975) wird ein Bestseller. Die plötzlich medienfähige Feminismus-Diskussion wird so in die Öffentlichkeit getragen.

Vielerorts verändert der große Zustrom neuer Frauen die Struktur der bereits bestehenden Gruppen. Bis 1974 waren sie zumeist klein und überschaubar; das Kommunikationsnetz zwischen den Städten war informell, es wurde durch persönliche Beziehungen zwischen einzelnen Frauen aufrecht erhalten. In manchen Orten hat die Expansion eine Auflösung der vorher einzigen Frauengruppe in einen losen Verband zahlreicher Einzelgruppen und -grüppchen zur Folge, deren Kontakt miteinander nicht mehr gewährleistet ist. In größeren Städten werden ,Frauenzentren' aufgebaut, in denen ein räumliches Miteinander den Bezug zwischen den Gruppen herstellt.[7]

Auch die Aktivitätsschwerpunkte verändern sich. Die Mehrzahl der neu hinzugekommenen Frauen unterscheidet sich von den ,Feministinnen der ersten Stunde' dadurch, daß sie die Existenz einer Frauenbewegung bereits voraussetzen und in den Feminismus eingeführt werden wollen; sie haben ein geringeres Bedürfnis nach politischer Arbeit als nach dem Gesprächskontakt mit anderen Frauen, durch den sie sich über eigene Probleme klarer werden wollen.

Zunächst wird in den meisten Orten, in denen schon eine Frauengruppe besteht, versucht, die neuen Frauen in die bestehende Struktur zu integrieren, sie zur Gründung eigener Kleingruppen anzuregen, dabei aber den Zusammenhang mit der ursprünglichen oder der Großgruppe zu erhalten. Die Organisation von Neuen-Plena, Selbsterfahrungsplena, Offenen Abenden, Delegierten-Treffen u. ä. absorbiert bei den schon länger aktiven Feministinnen jetzt einen Großteil der Energie, die früher in die Planung und Durchführung von Aktionen mit Öffentlichkeitswirkung ging. Dadurch werden einerseits die Aktionen selber fragwürdig, denn wenn sie erfolgreich sind, bedeuten sie nur einen Zustrom neuer Frauen, die ein Programm erwarten – wo doch schon die ohne Werbung erfolgende Expansion eigentlich nicht zu verkraften ist. Zum anderen macht die Erwartungshaltung der neu hinzukommenden Frauen die schon länger aktiven auf das Fehlen eines eigentlichen Konzepts erst richtig aufmerksam. Schließlich wird auf Dauer auch der Energieverschleiß in organisatorischer Arbeit als frustrierend erlebt; die älteren Feministinnen wollen nicht ständig nur Angebote für die Neuen bereitstellen, sondern wieder etwas für sich selbst tun. So treten auch sie – wenngleich aus anderen Motiven als die neuen Frauen – den Rückzug nach innen, in Selbsterfahrungs- und Theoriegruppen an; es kommt nicht zum Aufbau einer formalen Organisationsstruktur.

Die Idee der Frauenselbsterfahrungsgruppen stammt aus der amerikanischen Frauenbewegung. Besser als die deutsche drückt die englische Bezeichnung den Anspruch aus, den diese Gruppen haben: ,consciusness raising (CR-) groups', d. h. bewußtseinserweiternde oder bewußtseinsweckende Gruppen, auch Selbsterfahrungs- (SE-)gruppen genannt.

Idealerweise soll in Frauen-Selbsterfahrungsgruppen ein vierphasiger Prozeß ablaufen: (1) sich selbst darstellen, (2) Erfahrungen teilen, (3) analysieren, (4) abstrahieren.[8] In der Anfangsphase ,sich selbst darstellen' soll jede Frau von sich und ihrer Situation reden, sich in die Gruppe einbringen, Vertrauen zu den anderen entwikkeln bzw. bei ihnen aufbauen. – ,Erfahrungen teilen' bedeutet zum einen ,aktives Zuhören',[9] d. h. verstehendes Nachfragen, mit dem der Empfang der Botschaft signalisiert wird („Kannst du dafür ein Beispiel geben?", „Du meinst also, daß . . . ", „Verstehe ich dich richtig, daß . . . ?"), zum anderen aber auch die Ergänzung der geschilderten Erfahrung im Reihumgespräch durch verwandte eigene Erfahrungen. Auf diese Weise wird eine „Collage aus ähnlichen Erfahrungen aller anwesenden Frauen"[10] erstellt, die ein über den Einzelfall hinausgehendes Verständnis der sozialen Situation von Frauen gibt. Wichtig ist deswegen, daß Themen angesprochen werden, zu denen möglichst alle anwesenden Frauen eigene Erfahrungen gemacht haben. – In der dritten Phase sollen Frauen nun die Erfahrungen analysieren, d. h. Ursachen verschiedener Formen ihrer Unterdrückung reflektieren und Möglichkeiten ihrer Bekämpfung überlegen. An diesem Punkt muß die rein subjektive Ebene verlassen werden, es sollen nun auch Informationen hinzugezogen werden, die außerhalb der eigenen Erfahrung liegen, wie Bücher und sonstiges Material. – Der letzte Schritt ‚abstrahieren‘ stellt den Versuch dar, die verschiedenen Einzelanalysen in einen Zusammenhang zu bringen, eine umfassende, einheitliche Theorie und Strategie zu entwickeln. „ ... der Akzent liegt beim ‚sich selbst darstellen‘ auf unseren Gefühlen, beim ‚Erfahrungen teilen‘ auf unseren Erlebnissen, beim ‚Analysieren‘ auf unserem Denken und beim ‚Abstrahieren‘ auf unserer sich entwickelnden Theorie“.[11]

Das idealtypische Modell meint keine starre Abfolge der vier Phasen („ ... man arbeitet sich nicht durch die verschiedenen Prozesse ‚hoch‘, bis man beim Abstrahieren angelangt ist, um dann nichts anderes mehr zu machen ... “[12]). Im Gegenteil ist an ein ständiges Feedback zwischen den verschiedenen Ebenen gedacht; wichtig ist allerdings – und dies ist auch ein entscheidender Unterschied etwa zu Schulungskursen der Linken oder zu wissenschaftlichen Seminaren im herkömmlichen Sinne – , daß die subjektive Betroffenheit der teilnehmenden Frauen Ausgangs- und Angelpunkt des Prozesses sein muß.

Typische Themen in Frauen-Selbsterfahrungsgruppen sind: Kindheit (Verhältnis zu den Eltern, Erfahrungen geschlechtsspezifischer Erziehung, Ausbildung und Berufswahl), Sexualität (Verhältnis zum eigenen Körper, Veränderung in der Pubertät, sexuelle Erfahrungen mit Männern und Frauen), Beruf (Verhältnis zu Vorgesetzten, Kollegen, Untergebenen, Einstellung zu Ehrgeiz, Macht, Leistung, Karriere), Familie und Zweierbeziehung (Arbeitsteilung in Bezug auf Haushalts-, Kinder- und Beziehungsarbeit, Verhältnis zu Kindern und Mutterschaft), Identität (Selbstbild, Selbstbewußtsein, Minderwertigkeitskomplexe, Konzepte der Selbstverwirklichung, eigene Defizite und Veränderungsstrategien, Veränderung durch die Frauenbewegung), Verhältnis zu anderen Frauen (eigene Verinnerlichung frauenfeindlicher Einstellungen, Konkurrenz und Solidarität, Probleme mit dem Austragen von Konflikten und Zeigen von Aggressionen) u. a. m.

In einigen Städten entstanden schon früh (1972/73) CR-Gruppen nach amerikanischem Vorbild; besonders verbreitet sind sie in den Expansionsjahren 1975–1977. Allerdings ist die anfängliche Selbsterfahrungseuphorie bald einer etwas kritischeren Einstellung gewichen.

Die durchschnittliche Lebensdauer von Selbsterfahrungsgruppen ist gering; die Mehrzahl besteht zwischen wenigen Wochen und einem Jahr. Viele Gruppen zerfallen schon nach einigen Sitzungen wieder, weil der Gruppenprozeß nicht richtig in Gang kommt, und ein Großteil der Frauen, der überwiegend den Gesprächskontakt mit anderen Frauen suchte, bleibt nach dem Scheitern der Selbsterfahrung der Frauenbewegung ganz fern. Andere CR-Gruppen, die über längere Zeit erhalten bleiben, gehen an überhöhten, falschen oder zu heterogenen Erwartungen zugrunde: Frauen mit ausgeprägten persönlichen Problemen benutzen die SE-Gruppe als Therapieersatz, andere mögen die Phase des Selbstdarstellens eigener Gefühle und Erlebnisse nicht verlassen, mißachten die Regeln und halten Kaffeekränzchen ab. Bestehen die Gruppen über einen größeren Zeitraum, so treten die typischen Dominanzprobleme zwischen Vielrednern und Schweigern auf, die Gefühle, im Gruppenprozeß ‚drinnen‘ zu sein oder ‚draußen‘ gelassen zu werden, und mit den Hierarchiekonflikten und persönlichen Auseinandersetzungen der späteren Phasen werden wieder eine Reihe von Gruppen nicht fertig.

Wenn nun die Gruppe alle diese Klippen umschifft – wie sieht das Ziel aus? Wann ist der Selbsterfahrungsprozeß erfolgreich beendet? Idealerweise soll die SE-Gruppe die Einsicht in den Zusammenhang zwischen persönlichen Erfahrungen und sozialen Bedingungen vermitteln, sie soll das subjektive Unbehagen, das Gefühl der Einschränkung und Einengung durch die Frauenrolle umwandeln in die Reflexion der Möglichkeiten zur Veränderung. „Unsere Gefühle sollen uns zu unserer Theorie führen, unsere Theorie zu unserm Handeln, unser Gefühl über unser Handeln zu einer neuen Theorie".[13] Demnach ist eine Frauengesprächsgruppe dann erfolgreich, wenn bei den teilnehmenden Frauen nach einiger Zeit das Bedürfnis entsteht, nun auf ein konkretes Ziel hin gemeinsam weiterzuarbeiten, also etwa gemeinsam ein Frauenprojekt aufzubauen. Diese Entwicklung ist sicher nicht häufig, – wenn sie stattfindet, bildet sie eine gute Voraussetzung für das Gelingen eines solchen Projekts.

Die zweite Möglichkeit ‚gelungener' Selbsterfahrung besteht darin, die neugewonnenen Einsichten in eine Veränderung des alltäglichen Umfelds umzusetzen; d. h. beispielsweise die nun als legitim erfahrenen Forderungen auch in der Beziehung zum Partner zu stellen, die Diskriminierung am Arbeitsplatz nicht mehr zu akzeptieren, das eigene Fehlverhalten – z. B. Konkurrenz gegenüber Kolleginnen u. ä. – zu revidieren. Diese Strategie nimmt in den feministischen Vorstellungen über Gesellschaftsveränderung einen wichtigen Platz ein. Sie einzuschlagen ist aber in der Regel nur dann möglich, wenn der Kontakt zur Frauenbewegung als Bezugsgruppe aufrechterhalten wird, weil sonst der Anpassungsdruck der Umwelt einer einzelnen Frau gegenüber zu groß wird. Auch dieses zweite positive Ergebnis des Selbsterfahrungsprozesses in der Frauengruppe ist sicher nicht die Regel.

Am häufigsten wird der Fall eintreten, daß eine Frau die gerade ein akutes Problem (mit sich, ihrer Rolle als Frau, ihren Kindern, Partnern, ihrer Arbeitssituation) oder einfach nur ein Redebedürfnis hat, eine Gesprächsgruppe beginnt und sie verläßt, sobald der unmittelbare Druck nachgelassen hat. Damit ist zwar noch kein Schritt auf eine Gesellschaftsveränderung hin getan; möglicherweise werden aber auf diese Weise die Selbsthilfe- und Selbstheilungsfähigkeiten der Frauen aktiviert.

Die CR-Gruppen erfüllen sicher nicht die ursprünglich teilweise an sie geknüpfte Hoffnung, durch sie würden sich rasch und wie von selbst die gewünschten Gesellschaftsveränderungen ergeben, aber sie haben sich doch positiv auf die Beziehungen in den Arbeitsgruppen ausgewirkt: Im allgemeinen wird besser zugehört, mehr auf die anderen eingegangen, Dominanzgehabe eher kontrolliert usw. Bei einem Teil der Frauen – vor allem, wenn sie von der Ausbildung her den Umgang mit abstrakten Gegenständen gewöhnt sind – lösen Selbsterfahrungsgruppen den Wunsch nach theoretischer Lektüre und Diskussion aus. Die Kombination von Selbsterfahrungs- und Lektüregruppe ist häufig. Oft werden die ‚Klassikerinnen‘ des Feminsmus (Beauvoir, Friedan, Greer, Millett, Firestone, Mitchell usw.), häufig auch deutsche Grundlagentexte gelesen (Krechel, Schwarzer, Menschik, Janssen-Jurreit usw.). Seit es eine breite, auf verschiedene Themen spezialisierte Feminismus-Literatur gibt, sind themenzentrierte Lektüregruppen am beliebtesten (z. B. zu Bereichen wie Frau und Medizin, Gewalt gegen Frauen, Frauenbeziehungen, Mutter-Tochter-Problematik u. a. m.).

### 4.4 Frauenprojekte: Ansätze zu einer feministischen Alternativkultur

Mit der ‚Wende nach innen‘ sind nach 1975 spontane Aktionen seltener geworden;[14] der Rückzug hat aber zur Entwicklung langfristig angelegter feministischer Projekte geführt, die seit 1977 im Zentrum der Frauenbewegung stehen.

Die Definition eines feministischen Projektes ist nicht ganz einfach, zumal daran unterschiedlich radikale Erwartungen geknüpft werden. Im allgemeinen werden als feministische Projekte Unternehmungen angesehen, die versuchen, „... Ideen der Frauenbewegung an die Frau zu bringen, sei es durch Schrifttum von Frauen (Verlage, Zeitschriften, Druckereien, Vertriebe, Buchhandlungen), sei es durch direkte Kommunikation und Interaktion der Frauen (Kneipe, Teestuben, Buchhandlungen, Beratungsstellen), sei es durch Dienstleistungen alternativer Art (Gesundheitszentren, Beratungsstellen, Fahrschulen, Restaurants)“.[15] Die Projekte haben häufig den Charakter von Wirtschaftsunternehmen, denn sie haben den Anspruch, sich ökonomisch weitgehend selbst zu unterhalten, d. h. auch, daß versucht wird, die Arbeit einer oder mehrerer im Projekt arbeitender Frauen zu finanzieren. Außerdem bestehen bestimmte Ansprüche an die Arbeitsorganisation: Die Arbeit soll möglichst von einer Gruppe geleistet werden, die gemeinschaftlich entscheidet und das finanzielle Risiko gemeinschaftlich trägt; in dieser Gruppe sollen persönliche Beziehungen und Arbeitsablauf in Übereinstimmung gebracht werden u. a. m. Nicht alle Initiativen aus der Frauenbewegung sind Frauenprojekte im engsten Sinn.

Projektschwerpunkte liegen im gesundheits- und sozialpolitischen und vor allem im kulturellen Bereich. Da hier weder ein vollständiger Überblick noch eine ausführliche Darstellung einzelner Projekte möglich ist, sollen nur einige wichtige erwähnt werden. Die ältesten Projekte in der Neuen Frauenbewegung gehen auf die Kampagne gegen den § 218 zurück: Aus den Beratungsstellen entstand die Idee, *feministische Frauengesundheitszentren* aufzubauen, die nach dem Selbsthilfeprinzip organisiert sind. In einem solchen Zentrum soll nicht nur über Verhütung und Schwangerschaftsabbruch informiert, sondern gynäkologische Selbstbeobachtung und Selbstuntersuchung praktiziert werden; dort sollen sich Schwangerengruppen treffen, auch natürliche Geburt (mit Hebamme) durchgeführt werden, dort sollen Frauen in Gruppen neues Körperbewußtsein erlernen und alternative Behandlungsmethoden erproben. Das allgemeine Ziel besteht darin, der Entfremdung der Frau von ihrem Körper entgegenzuwirken. Vor allem der Umgang mit den natürlichen weiblichen Körperbefindlichkeiten und -funktionen (wie Menstruation und Schwangerschaft, wie Verhütung, Gebären und Stillen) soll wieder erlernt werden, indem sie der Fremdverwaltung durch das patriarchalische Gesundheitssystem entzogen werden, das sie weitgehend zu Symptomen der Schwäche, der Krankheit, des Ausnahmezustandes gestempelt hat. – Selbsthilfe- und Selbstuntersuchungsgruppen gibt es in vielen Städten; in Berlin besteht ein Feministisches Frauengesundheitszentrum (FFGZ).

Ebenfalls aus den USA stammen die Ansätze zur *feministischen Therapie*. Viele der psychischen Probleme von Frauen haben mit deren Geschlechtsidentität zu tun. Herkömmliche Psychologie und Psychiatrie sehen die Nicht-Anpassung an die kulturell definierte Geschlechtsrolle als pathologisch, als Ursache seelischer Störungen an. Die weibliche Geschlechtsrolle enthält als solche aber krankmachende Elemente, weil sie auf Ich-Aufgabe und Anpassung angelegt ist, statt auf Ich-Stärkung, die die Voraussetzung zur selbständigen Konfliktbearbeitung darstellt. In der gewöhnlichen Therapie wird die alte Mann-Frau-Beziehung reproduziert – die Mehrzahl der Therapeuten ist männlich, die Mehrzahl der Patienten weiblich. „Feministische Therapie ist eine Reaktion auf Therapeuten und Therapietechniken, die dem neu gewonnenen Frauenbewußtsein nicht mehr entsprechen, die im Gegenteil häufig einen Beitrag zur Perpetuierung des alten Frauenbildes leisten".[16] Feministische Therapie will Frauen bei der Suche nach einer neuen Identität, jenseits der alten Rollenklischees, unterstützen: „Unser Hauptziel bei der Beratung ist, jeder Frau zu helfen, ihre Eigenidentität als Frau zu entwickeln, d. h. Frauen zu unterstützen und sie in ihren Bedürfnissen – sei es, sich von Männern zu trennen, wieder berufstätig zu werden und anderes – zu bestärken . . . (Wir) unterstützen die Frauen, ihre Bedürfnisse als Frauen zusammen mit anderen Frauen zu entwickeln und durchzusetzen", heißt es in einer Broschüre des BIFF (Beratung und Information für Frauen im Frauenzentrum Berlin).[17]

Gruppen, die feministische Therapie zu praktizieren versuchen, gibt es seit 1975 in Berlin, seit 1976/77 in Frankfurt und München. In Berlin konzentriert das BIFF sich überwiegend auf Beratungsgespräche, in denen auch praktische Hilfen zur Problemlösung angeboten werden (z. B. juristische Hilfe); das PSIFF (Psychosoziale Initiative für Frauen) veranstaltet Problemlösungsgruppen nach dem Vorbild der Radical Psychiatry. 1977 wurde in Köln ein erster Workshop für feministische Therapie veranstaltet, in dem u a. die innere Widersprüchlichkeit der Konzepte ‚Therapie‘ und ‚Frauenbewegung‘ und die Schwierigkeiten einer herrschaftsfreien Therapeutinnen-Patientinnen-Beziehung diskutiert wurden.[18]

*Frauenhausprojekte* sind von den bisher genannten Initiativen außerhalb der Frauenbewegung am bekanntesten geworden; sie haben eine gewisse Publizität in den Medien gefunden; innerhalb der Frauenbewegung nehmen sie inzwischen einen so breiten Raum ein, daß gelegentlich von der ‚Frauenhausbewegung‘ als einer gesonderten Strömung gesprochen wird. Die Idee der Frauenhäuser kommt aus England. Die Entstehung des ersten Frauenhauses in London hat Erin Pizzey, eine der Initiatorinnen, in ihrem Buch ,Schrei leise' (1976) beschrieben. In Frauenhäusern finden von ihren Männern mißhandelte Frauen mit ihren Kindern Aufnahme, praktischen Beistand und psychologische Unterstützung. Frauenhausarbeit ist aber keine Sozialarbeit im herkömmlichen Sinn.

Die Gewalttätigkeit von Männern gegenüber ihren Frauen ist keine so seltene Erscheinung, wie oft vermutet wird. Die materielle und psychische Abhängigkeit der Ehefrau von ihrem Mann, besonders wenn sie nicht berufstätig ist und mehrere Kinder hat, bedeutet konkret einen Mangel an Alternativen, der sie oft in einer unerträglich gewordenen Ehe aushalten läßt. Männer, die unter dem Druck im Arbeitsleben und in anderen Bereichen leiden, empfinden den Binnenbereich der Familie als legitimen Ort, diesen Druck abzulassen, indem sie ihn weitergeben. Je heftiger der Druck, je stärker die Ehefrau mangels Alternativen ausgeliefert ist und je mehr die Männer gelernt haben, psychische Konflikte handgreiflich auszutragen, desto wahrscheinlicher wird die Möglichkeit der Mißhandlung von Frauen und Kindern. Dabei findet die Frau oft wenig Schutz und Hilfe von außen, denn die Auffassung von der Familie als dem Privatbereich hält Nachbarn und Bekannte, oft auch die Polizei, vom Eingreifen in ,eheliche Meinungsverschiedenheiten' ab, selbst wenn sie extreme Formen annehmen.

Das Problem ,Gewalt in der Ehe' ist auch nicht nur auf Frauen aus der Unterschicht beschränkt. Gerade Frauen aus der Mittelschicht halten Mißhandlungen durch den Ehemann oft geheim, weil sie seine Gewalttätigkeit und damit das Scheitern der Ehe als persönliches Versagen empfinden, vor allem, wenn sie gelernt haben, den Sinn des Lebens in Ehe und Mutterschaft zu sehen. Sie fürchten die Verachtung der Verwandten und Bekannten, wollen niemand zur Last fallen und zögern den endgültigen Auszug hinaus, weil sie kein eigenes Geld, keine Bleibe haben und immer wieder hoffen, daß alles vielleicht doch noch besser wird. Hilfe durch die Polizei und Kontakt mit offiziellen Stellen wie Sozialämtern, Eheberatungsstellen, kirchlichen Institutionen bedeuten für sie sozialen Statusverlust. Diese Stellen können den Frauen im Extremfall meist auch keine Unterkunft bieten. In der Regel sind sie eher darauf aus, die Eheleute wieder miteinander zu ‚versöhnen', als der Frau auf die eigenen Füße zu helfen. Der Notaufenthalt in einem Heim kommt einer totalen sozialen Deklassierung gleich – die Frau wird von ihren Kindern getrennt und durch die Heimsituation entmündigt.

Die Frauenhäuser sehen ihre Aufgabe nicht nur darin, betroffenen Frauen unmittelbare Hilfe zu geben. Sie wollen auch die strukturelle Gewalt in der Ehe sichtbar machen, die gesellschaftlichen Wurzeln des Phänomens aufzeigen. Gleichzeitig wollen sie den Frauen beim Aufbau einer selbstbestimmten, vom Mann unabhängigen Existenz helfen. „Im Frauenhaus sollen die Frauen nicht zu . . . Objekten traditioneller Sozialarbeit werden . . . Die autonomen Frauenhäuser (Autonomie als Organisationsform ist eine unabdingbare Voraussetzung für die Frauenhausarbeit) wollen eine Alternative bieten. Sie wollen die Möglichkeiten neuer Lebensformen aufzeigen", heißt es in der Selbstdarstellung des Bonner Frauenhausprojekts.[19]

Frauenhäuser sind selbstverwaltete Wohngemeinschaften, in denen Frauen mit ihren Kindern so lange leben, bis sie sich wieder in der Lage fühlen, ein selbständiges Leben zu führen. Die Gruppe soll ihnen dabei das Gefühl von Geborgenheit vermitteln, im Gespräch mit den anderen Frauen, die ähnliche Erfahrungen gemacht haben, können sie ihre Situation, die Ursachen ihres Ausgeliefertseins verstehen lernen. Eine ‚Nachbetreuung' durch das Frauenhaus soll ihnen auch in der ersten Zeit nach dem Aufenthalt weiter Stabilität und Schutz vermitteln. Wichtige Grundsätze der Arbeit der Frauenhäuser sind ihre Unabhängigkeit von den hierarchischen Institutionen der staatlichen Sozialarbeit, das Prinzip der Selbstverwaltung, und außerdem ein grundsätzliches Besuchs-und Mitarbeitsverbot für Männer. Männer sind nicht nur ausgeschlossen, weil sie den betroffenen Frauen und Kindern mit physischer Gewalt begegnet sind. Auch in anderen Situationen waren für die Frauen Macht und Autorität männlich – in Gestalt der Polizei, des Arztes, der Behörden. Dem Erleben weiblicher Ohnmacht soll das

Modell weiblicher Autonomie, also die Möglichkeit eines von Frauen selbstverantwortlich gestalteten Lebensbereichs, entgegengesetzt werden.

Das erste deutsche Frauenhaus wurde 1976 in Berlin eröffnet. Es wird als Modellversuch zu 80% von Bundes-, zu 20% von Senatsgeldern gefördert, zunächst auf 3 Jahre, mit je 450000 DM jährlich. Das Berliner Frauenhaus befindet sich in einer alten Villa mit 20 Räumen; dort leben im Durchschnitt jeweils 35 Frauen mit 60 Kindern. Nur nach langen mühsamen Verhandlungen mit den finanzierenden Stellen gelang es den Feministinnen, die Förderung auf der Grundlage der oben dargestellten Prinzipien zu erreichen.[20] Frauenhäuser und Frauenhausinitiativen existieren in insgesamt 14 Städten der Bundesrepublik (Stand: 1979); sie arbeiten zum Teil auf überregionaler Ebene zusammen. Ein immer wieder auftauchendes Problem ist die Form der Zusammenarbeit mit staatlichen Stellen. Frauenhausprojekte finanzieren sich teilweise aus Spendengeldern, insbesondere aus der Frauenbewegung. Sie fordern aber für ihre Arbeit öffentliche Gelder, weil sie nicht unbezahlt Aufgaben des Staates übernehmen wollen. Die Kommunen reagieren darauf unterschiedlich: In einigen Gegenden leugnen sie die Notwendigkeit solcher Einrichtungen (wo immer Frauenhäuser bestehen, sind sie ständig überfüllt), zum anderen wollen sie an die Vergabe der Gelder die Kontrolle der Frauenhausarbeit knüpfen. Die feministischen Prinzipien der Autonomie – Selbstverwaltung wie Männerlosigkeit – sind ihnen verdächtig. – Große Veranstaltungen auf internationaler und nationaler Ebene haben die Frauen in der Frauenbewegung und zum Teil auch die Öffentlichkeit für die verschiedenen Erscheinungsformen der Gewalt gegen Frauen und auch für die Frauenhausidee sensibilisiert. So fanden in Brüssel und München 1976 Kongresse zur Gewalt gegen Frauen statt.[21]

Die meisten feministischen Projekte gibt es im kulturellen Bereich. Die Frauenbewegung versteht sich als Gegenkultur und hat von Anfang an versucht, ein eigenes Kommunikationsnetz aufzubauen. Die ersten feministischen Veröffentlichungen, meist Übersetzungen amerikanischer Arbeiten, erschienen im Selbstverlag oder im linken Buchhandel; der Vertrieb wurde über Büchertische der Frauengruppen organisiert. Einige Gruppen gaben schon früh Zeitschriften und Infos heraus, von denen aber nur wenige überregionale Bedeutung erlangten (so etwa das ‚Frauenforum‘, seit 1972 von der gleichnamigen Münchner Gruppe herausgegeben, oder ‚efa – emanzipation/frauen/argumente‘, seit 1973 von der Kölner ‚Sozialistisch-feministischen Aktion‘). Auf dem 3. Frauenkongreß in Frankfurt (1973) wurde beschlossen, eine allgemeine Zeitschrift für die westdeutsche Frauenbewegung zu machen, deren Redaktion von Nummer zu Nummer bei einer anderen Stadt liegen sollte. Die ‚Frauenzeitung‘ erschien, meist themenzentriert, mit Nachrichten aus der Frauenbewegung, in unregelmäßigen Abständen. 1976/77 wurde sie in ihrer Funktion von ‚Courage‘ und ‚Emma‘ abgelöst.

‚Courage‘, zunächst nur in Berlin, ab Anfang 1977 auch in der Bundesrepublik im Verkauf, wird von einer Gruppe Berliner Frauen herausgegeben, die zunächst unentgeltlich arbeiteten. Die Nullnummer (Juni 1976) erschien in einer Auflage von 5000 Stück; Ende 1978 lag sie bei 70000. ‚Courage‘ kann inzwischen alle Mitarbeiterinnen und auch die Autorinnen bezahlen. Für die Zukunft erwartete Überschüsse werden in andere Projekte der Frauenbewegung investiert. Die Büro- und Redaktionsarbeit bei ‚Courage‘ ist nach einem Rotationsprinzip organisiert.[22] – ‚Emma‘, erstmals im Februar 1977 erschienen, wird in Köln von Alice Schwarzer herausgegeben. Die Auflage beträgt derzeit ca. 120000; alle Mitarbeiterinnen werden bezahlt. Bei ‚Emma‘ ist die Spezialisierung auf bestimmte Aufgaben (Redaktion, Büro, Layout) usw. beibehalten. Sowohl ‚Courage‘ als auch ‚Emma‘ finanzieren sich nur zu einem äußerst geringen Teil aus (meist Buch-)Werbung; jede Form sexistischer Werbung (also Kosmetik- und andere Werbung, durch die sich herkömmliche Frauenzeitschriften sanieren) wird abgelehnt.[23]

Neben ‚Emma‘ und ‚Courage‘ gibt es noch zahlreiche andere kleinere Zeitungen und Zeitschriften in der Frauenbewegung, zum Teil regional, zum Teil themenzentriert, (wie ‚Clio‘ – Zeitschrift zur Selbsthilfe; ‚Mamas Pfirsiche‘ und ‚Schreiben‘ als Literaturzeitungen, verschiedene Lesben-Zeitungen u. a. m.). Auch die seit 1975 jährlich erscheinenden Frauenkalender erfüllen eine Informationsfunktion, indem sie über den Entwicklungsstand verschiedener laufender Frauenprojekte berichten.

Noch bevor die Monatszeitschriften ‚Emma' und ‚Courage' entstanden, zeigten sich erste Ansätze zur Entwicklung autonomer Frauenverlage und -buchhandlungen. Eine Gruppe von Frauen, die seit 1974 eine feministische Buchreihe im linken Trikont-Verlag herausgegeben hatte, baute 1976 einen eigenen Verlag, die ‚Frauenoffensive' in München auf. Durch den zum Bestseller gewordenen Roman ‚Häutungen' von Verena Stefan hatte die ‚Frauenoffensive' bald eine finanzielle Grundlage; sie war bereits 1975 auf der Frankfurter Buchmesse vertreten und bietet zur Zeit insgesamt ca. 40 Titel an. Im Verlag arbeiten acht Frauen (Stand: 1978), die auch auf bestimmte Arbeitsbereiche spezialisiert sind. Sie können sich inzwischen Gehälter auszahlen.[24] – Neben der ‚Frauenoffensive' als größtem feministischen Verlag gibt es noch den ‚Verlag Frauenpolitik' in Münster, den ‚Frauenselbstverlag' in Berlin, den ‚Frauenbuchverlag Antje Kunstmann' in München, den ‚Amazonenverlag' in Berlin u. a. m.

Hand in Hand mit den autonomen Frauenverlagen – und der anwachsenden Produktion von ‚Frauenliteratur' in den großen Verlagen – entstanden in den größeren Städten Frauenbuchläden, die feministische Literatur, Literatur zu frauenrelevanten Themen, Belletristik von Frauen und ausgewählte Literatur anderer alternativer Bewegungen anbieten. Die ersten Frauenbuchläden entstanden 1975 in Berlin und München; 1976 gab es in fünf, 1979 in siebzehn Städten der Bundesrepublik Frauenbuchläden. An den meisten Orten sind ihnen Tee- oder Caféstuben angeschlossen, zu denen nur Frauen Zutritt haben. Sie entwickeln sich häufig zu Zentren feministischer Alternativkultur, denn es werden Diskussionsabende, Autorinnenlesungen und andere Veranstaltungen angeboten. – Die verschiedenen Frauenbuchprojekte (Verlage, Buchhandlungen, Vertrieb) arbeiten überregional zusammen.

Feministische Alternativkultur bleibt nicht auf die Literatur beschränkt. Inzwischen haben sich zahlreiche Frauenbands zusammengefunden, Frauenkabaretts, Frauentheater- und -filmgruppen gebildet. Die ‚Schreibenden Frauen' haben seit 1976 mehrere

Workshops veranstaltet; feministische Künstlerinnen stellen gemeinsam aus. Wichtige Groß-Veranstaltungen feministischer Gegenkultur sind die Sommeruniversitäten geworden, die bisher viermal in Berlin stattfanden (1976: ‚Frau und Wissenschaft‘, 1977: ‚Frauen als unbezahlte und bezahlte Arbeitskräfte‘; 1978: ‚Frauen und Mütter; 1979: ‚Autonomie und Institution‘). Sie sind nach dem Muster der open universities organisiert, d. h. nicht nur studierende, sondern alle interessierten Frauen können teilnehmen. Eine ähnliche Großveranstaltung zur feministischen Kultur ist das erstmals 1978 organisierte ‚Frauenforum im Revier‘, in Dortmund. – An einigen Universitäten gibt es den amerikanischen ‚Women studies‘ entsprechende Frauenseminare, viele Volkshochschulen bieten inzwischen Frauenveranstaltungen an.

Die Diffusion feministischer Ideen hat inzwischen auch den wissenschaftlichen Bereich berührt. 1978 hat sich ein Verein ‚Sozialwissenschaftliche Forschung und Praxis für Frauen e. V.‘ konstituiert und bereits einen großen Kongreß zum Thema ‚Feministische Theorie und Praxis in sozialen und pädagogischen Berufsfeldern‘ durchgeführt (November 1978 in Köln); in diesem Verein sind überwiegend Frauen organisiert, die soziale Berufe studieren oder in ihnen arbeiten. Feministische Soziologinnen haben eine ‚Sektion Frauenforschung‘ im Rahmen der Deutschen Gesellschaft für Soziologie gegründet (1979); in verschiedenen anderen wissenschaftlichen Disziplinen existieren ähnliche Initiativen.

Zur Ausbreitung feministischer Subkultur gehört natürlich auch die Tatsache, daß in größeren Städten Frauentreffs, Frauencafés, Frauenkneipen eingerichtet worden sind, außerdem einige Frauenfreizeit- und -ferienhäuser auf dem Land, die jeweils von Projektgruppen unterhalten werden.

Dies ist ein kurzer Überblick über die Aktivitätsschwerpunkte, die sich in den letzten Jahren in der deutschen Frauenbewegung herausgebildet haben. Außer der Kampagne gegen den § 218 – durch die sich die Frauenbewegung aber eigentlich erst formiert hat – hat es keine Massendemonstrationen oder großen geplanten Aktionen für besondere Frauenforderungen oder gegen Frauendiskriminierung gegeben. Die knapp zehnjährige Entwicklung zeigt nach Abflauen des 218-Kampfes zunächst noch einige spontane, punktuelle, lustvoll-spielerische Aktionen und dann einen großen ‚Selbsterfahrungsboom‘, aus dem sich das breite Spektrum der Projekte entwickelt hat. Gegenüber der ersten Phase allgemeiner Gruppenbildung, in der die Frauen einfach auf der gemeinsamen Basis ‚Frau‘ miteinander redeten und Selbsterfahrung trieben, ist in relativ kurzer Zeit eine deutlich sichtbare Spezialisierung, eine Themenzentrierung und Professionalisierung, eingetreten. Eine Richtung scheint indessen nicht klar erkennbar. Das Spektrum ist breit und es geschieht offensichtlich eine Menge – doch mit welchem Ziel? Darüber soll der Vergleich der älteren und der Neuen Frauenbewegung im Teil II und dann vor allem Teil III nähere Auskunft geben.

# II. Kontinuität und Diskontinuität in der Frauenbewegung

Nachdem die erste Frauenbewegung mehrere Jahrzehnte tot und eigentlich schon ganz vergessen war, ist sie in einer zweiten Welle plötzlich neu erstanden. Inzwischen hat sich die Gesellschaft verändert; viele der früheren Frauenforderungen haben sich wie von selbst im sozialen Wandel erfüllt.

Steht diese Neue Frauenbewegung überhaupt in einem inneren Zusammenhang zur historischen, die doch eigentlich gegenstandslos geworden ist? Oder ist der heutige Feminismus vielleicht ein ganz neues, anderes Phänomen?

Bisher wurde nur ein Überblick über die Aktivitäten der engagierten Frauen um die Jahrhundertwende und in der Gegenwart gegeben; im zweiten Teil geht es um die Struktur der Bewegung und vor allem um die Inhalte der Frauenforderungen. Die erste und die zweite Frauenbewegung, das historische und das neue Feminismuskonzept, werden unter verschiedenen Gesichtspunkten miteinander verglichen. Abschließend will ich Thesen über eine feministische Gesellschaftsveränderung und Utopie entwickeln.

## 1. Die allgemeinen Ziele der ersten und der zweiten Frauenbewegung

Am einfachsten ist es, mit den expliziten Zielsetzungen zu beginnen, den Antworten also, die damals und heute auf die Frage: ‚Was will die Frauenbewegung?‘ gegeben wurden bzw. gegeben werden.

Die erste Frauenbewegung kämpfte vor allem um Frauenrechte: um das Recht auf Bildung, das Recht auf einen Beruf, um gleiche Staatsbürgerrechte, vor allem das aktive und passive Wahlrecht, auch um juristische Gleichberechtigung im bürgerlichen wie im Strafrecht. Die Anhängerinnen der ersten Frauenbewegung hatten aber nicht nur die ökonomische und politische Besser- oder Gleichstellung der Frauen im Sinn. Es ging auch um das „Erwachen und Bewußtwerden der Frau zur freien eigengesetzlichen schöpferischen Mitarbeit an der Gestaltung der Menschheit überhaupt",[1] um die „Herausbildung eines neuen Typus Frau",[2] um die „geistige Hebung der Frauenwelt" im Sinn einer „vollen Persönlichkeitsentwicklung" und einer „Betätigung ihrer Eigenart über die Familie hinaus im öffentlichen Leben".[3] Mit der Erlangung der Staatsbürgerrechte und größeren Möglichkeiten individueller Selbstverwirklichung verbanden die Frauen den Anspruch, die Gesellschaft zu verbessern.

Vielleicht am deutlichsten kommt dies bei Agnes von Zahn-Harnack, der letzten Vorsitzenden des BDF, zum Ausdruck: „Die Frau des 19. Jahrhunderts sah, daß sie in einer Männerwelt lebte: sie sah, daß die Familie, der Beruf, die Bildungsmöglichkeiten, der Staat, die innere und die äußere Politik, ja auch die Kirche von Männern nach Männerbedürfnissen und -wünschen eingerichtet waren; und sie sah weiter, daß all diese Bildungen mit schweren Mängeln behaftet waren. Unter diesen Mängeln litt die Frau; aber das war nicht das Schlimmste; unter diesen Mängeln litt die Menschheit; sie verkümmerte, sie vergröberte, ihre Schöpfungen wurden Mechanismen ... Um mathematisch zu reden: keine Gleichung stimmte, denn im Ansatz fehlte immer ein Faktor. Und es erwachte in der Frau die Überzeugung, daß sie selbst, ihre Eigenart, dieser fehlende Faktor sei; daß sie sich einsetzen müßte mit ihrem Können, ihrer psychologischen Feinheit, ihrer Logik, ihrem Mut, um die Aufgaben zu lösen, die mit dem Grundfehler im Ansatz unlösbar sein mußten".[4]

Dabei ging es dem *radikalen Flügel* der ersten Frauenbewegung vor allem um die Frauenrechte, um die Gleichstellung mit den Männern, um die Möglichkeit, sich endlich frei von den traditionellen Bindungen des Frauseins entwickeln zu können. Im Verlauf der ersten Frauenbewegung rückt die Betonung frauenrechtlerischer Ziele allmählich in den Hintergrund, stattdessen wird – vor allem vom *gemäßigten Flügel* – in zunehmendem Maße die andere Komponente betont: „... den Kultureinfluß der Frau zu voller innerer Entfaltung und freier sozialer Wirksamkeit zu bringen".[5]

Die Neue Frauenbewegung versteht sich als ‚Frauenbefreiungsbewegung'; auf allgemeinster Ebene ausgedrückt, ist ihr Ziel die Abschaffung der Frauenunterdrückung. Doch damit ist nicht viel gesagt. In welchen Bereichen erleben die Frauen sich als unterdrückt und was wollen sie abschaffen? Einige Teilziele der heutigen Frauenbewegung beziehen sich auf die konsequentere Durchsetzung des Gleichberechtigungsprinzips: gleicher Lohn für gleiche Arbeit, gleiche Ausbildungs- und Aufstiegschancen, Abschaffung der Diskriminierung bei Stellenvergabe und Kündigung, der Diskriminierung im Versicherungs- und Rentenrecht u. a. m. Aber der Kampf gegen die ‚Frauenbenachteiligung' steht für die gegenwärtige Frauenbewegung nicht im Mittelpunkt. Viele andere Teilziele haben offenbar eine weit größere Bedeutung, wie der Überblick über die Aktivitäten in Kapitel I.4 gezeigt hat. Solche Teilziele sind z. B.: „... die Kontrolle über den eigenen Körper, die Entwicklung von Alternativen zur Kleinfamilie und zur Heterosexualität, das Suchen nach neuen Methoden einer befreienden Kinderbetreuung, die ökonomische Unabhängigkeit, die Zerstörung der geschlechtsspezifischen Rollen in der Erziehung, den Medien und am Arbeitsplatz, die Abschaffung repressiver Gesetze und die Beendigung der männlichen Autorität und Besitzherrschaft über die Frau, die Beschaffung und Bereitstellung von Mitteln, die es den Frauen ermöglichen, ihre eigenen Fähigkeiten zu entwikkeln, die Überwindung von Gefühlsbeziehungen mit Unterdrückungscharakter".[6]

Diese Teilziele leiten sich aus dem Feminismus-Konzept ab: die autonome Neue Frauenbewegung versteht sich als „per se feministisch".[7] Feminismus meint heute „neben der separaten Organisierung den psychologischen Befreiungsprozeß der Frau aus der Identifikation mit dem Mann und schließlich die daraus resultierende neue (oft kulturrevolutionäre) Beurteilungsweise von Problemen des Menschen und der Gesellschaft durch Frauen".[8] „Kernpunkt des Feminismus ist der Kampf gegen die gesellschaftlich definierte Frauenrolle, das sogenannte ‚Wesen der Frau‘ "[9]

Ursprünglich ist der Begriff ‚Feminismus‘ wahrscheinlich von dem Frühsozialisten Charles Fourier zu Beginn des 19. Jahrhunderts geprägt worden. Er wurde während der ersten Frauenbewegung in Deutschland weniger gebraucht als etwa in den angelsächsischen Ländern. Sofern er verwandt wurde, bezeichnete er eher die Ideen des radikalen Flügels, d. h. die kämpferische, individualistisch-liberalistische, frauenrechtsorientierte Weltanschauung. Nach der ‚Tendenzwende‘ taucht er nur noch gelegentlich und mit negativer Tönung auf, etwa wenn Frauen des gemäßigten Flügels sich von „radikalen Auswüchsen" distanzieren wollen; „unsere extremen Feministinnen", das sind die „waschechten Frauenrechtlerinnen", aber „. . . die deutsche Frauenbewegung ist über die Frauenrechtelei hinausgewachsen".[10]

Nach Abklingen der ersten Frauenbewegung verschwand der Begriff ‚Feminismus‘ in seiner gesellschaftspolitischen Bedeutung für einen längeren Zeitraum ganz aus dem deutschen Sprachschatz – Symptom für den in Vergessenheit geratenen Frauenkampf. Noch der Duden von 1973 erklärt ihn lediglich als „Verweiblichung bei Männern, Überbetonung des Weiblichen". Erst 1976, nachdem die Neue Frauenbewegung zur Kenntnis genommen worden ist, erlangt er im Duden-Wörterbuch wieder Bedeutung: „Feminismus: Richtung der Frauenbewegung, die, von den Bedürfnissen der Frauen ausgehend, eine grundlegende Veränderung der gesellschaftlichen Normen (z. B. der traditionellen Rollenverteilung) und der patriarchalischen Kultur anstrebt".

Interessant ist die inhaltliche Akzentverschiebung bei der Verwendung des Feminismus-Begriffs. In Deutschland wurden in der *ersten Frauenbewegung* die Radikalen als ‚Feministinnen‘ bezeichnet; für die Radikalen stand die Gleichberechtigungsforderung im Mittelpunkt; die gemäßigten Frauen, denen vor allem der ‚Kultureinfluß des Weiblichen‘ am Herzen lag, lehnten den Begriff für sich eher ab. In der *gegenwärtigen Frauenbewegung* dagegen gelten diejenigen als ‚gemäßigt‘, die sich mit der konsequenten Durchsetzung des Gleichberechtigungsgrundsatzes, mit der Forderung nach

‚Chancengleichheit' begnügen; die heutigen Radikalen, die für sich den Feminismusbegriff beanspruchen, wollen Gesellschaftsveränderung, ‚Kulturrevolution des Weiblichen': „Wir wollen das Patriarchat zerstören, bevor es den Planeten zerstört".[11]

Es liegt nahe, inhaltlich eine engere Verwandtschaft zwischen den Gemäßigten von damals und den Radikalen von heute zu vermuten; die Verwendung des Feminismus-Begriffs und die Selbst- und Fremdeinschätzung als ‚radikal' stellt dagegen eine Verbindung zwischen den damaligen und den heutigen Radikalen her. – Erst eine genauere Beschäftigung mit den Einstellungen zu verschiedenen Problembereichen kann dieses Muster aufschlüsseln.

## 2. Die Sozialstruktur der Frauenbewegung

Doch zunächst noch ein Blick auf die äußeren Merkmale der beiden Frauenbewegungen: ein Vergleich ihrer Ausdehnung, der sozialen Stellung ihrer Trägerinnen, ihrer Organisationsstruktur.

In der Zeit seiner größten Ausdehnung, zwischen den Weltkriegen, hatte der Bund Deutscher Frauenvereine zeitweise etwa eine Million Mitglieder. Daneben gab es noch einige unabhängig organisierte Frauenberufsverbände und die konfessionellen Frauenorganisationen, die sich ebenfalls als Teil der Frauenbewegung betrachteten. Doch diese Zahlen können nicht ohne weiteres als Indikator für die Stärke der ersten Frauenbewegung genommen werden. Die angeschlossenen Vereine waren zu heterogen; selbst um 1908, als sie sich auf ein ziemlich radikales feministisches Rahmenprogramm geeinigt hatten – zu dem Zeitpunkt nur etwa 150000 Mitglieder – befaßten sich viele Vereine mehr mit Sozialarbeit als mit eigentlich frauenrechtlerischen Aktivitäten.[1]

Die Mitgliedszahlen der eigentlich feministischen Vereine – wie der Frauenverein Reform, der Verein Frauenwohl, die Stimmrechtsverbände – waren recht klein. Es gab regionale Zentren mit großer Aktivität, die im Zeitverlauf und nach Themenschwerpunkten wechselten; im 19. Jahrhundert war es Leipzig, um die Jahrhundertwende Berlin und später auch Hamburg und München. In solchen großen Städten erreichten die Stimmrechtsverbände in ihrer stärksten Zeit Mitgliederzahlen von 600 oder gar 800, wenn auch nur etwa ein Viertel zu den gewöhnlichen Versammlungen erschien.[2] Demgegenüber dürfte sich das Vereinsleben in den mittleren und kleineren Städten wesentlich bescheidener abgespielt haben. Hier bildeten sich in der Regel nach den Vortragsreisen bekannterer Frauen Zweigvereine, deren Aktivitäten nicht selten wieder einschliefen, obwohl die Organisation formal bestehen blieb. Es gab im Verlauf der ersten Frauenbewegung auch einige Großveranstaltungen, zu denen sich mehrere tausend Frauen, zum Teil auch Männer, einfanden; fast alle standen im Zusammenhang mit der Stimmrechtskampagne.

Da die Neue Frauenbewegung keine formale Organisationsstruktur hat, gibt es keine Mitgliedszahlen, die eine zumindest ungefähre Vorstellung von ihrer Verbreitung vermitteln könnten. Doch es läßt sich ein Überblick über die Zahl der Städte erstellen, in denen sich Frauengruppen gebildet haben; wenn er auch kaum vollständig ist, so zeigt er doch die rasche Ausbreitung der Frauenbewegung. 1971 trafen sich auf einer Konferenz zum § 218 Vertreterinnen aus 7 Städten; auf der Bundesfrauenkonferenz 1972 waren 20 Städte vertreten; Andressenlisten aus dem Jahre 1974 zählen 39; 1979 sind es 127.[3] In allen größeren Städten existieren zahlreiche Gruppen unterschiedlicher Größe nebeneinander, zum Teil kurzlebige, zum Teil länger bestehende mit größerer oder geringerer Fluktuation. Sobald in den Städten Ansätze zu einer eigenen Infrastruktur bestehen – Buchläden, Cafés, Kneipen – , wächst das Umfeld der zwar nicht fest in Gruppen arbeitenden, sich der Frauenbewegung aber doch mehr oder weniger zugehörig fühlenden Frauen. Städte mit einer ausgeprägten ‚Szene‘ sind Berlin, Frankfurt, München, Hamburg und Köln.

Ein gewisser Indikator für die Ausdehnung der Frauenbewegung könnten auch die Auflagen von ‚Emma‘ (ca. 120000) und ‚Courage‘ (ca. 70000) sein. Dabei ist zu berücksichtigen, daß sich die Leserinnenkreise beider Zeitschriften zum Teil überschneiden, daß nicht alle Frauen, die sich zur Frauenbewegung gehörig fühlen, eine dieser Zeitschriften kaufen, und umgekehrt, daß nicht alle

Käuferinnen Feministinnen sind. Großveranstaltungen sind in der Neuen Frauenbewegung häufiger und ziehen größere Teilnehmerinnenkreise an. An Sommeruniversitäten, am ‚Frauenforum im Revier‘, an Gewalt-Kongressen und Walpurgisnacht-Demonstrationen größerer Städte beteiligen sich in der Regel mehrere tausend Frauen; selbst thematisch spezialisierte Tagungen wie die der ‚Schreibenden Frauen‘, der ‚Frauen in der Erwachsenenbildung‘, der ‚Therapiefrauen‘ u. ä. haben meist mehrere hundert Teilnehmerinnen.

Es ist zu vermuten, daß die Zahl der aktiven Feministinnen heute größer ist als selbst zu den Blütezeiten der ersten Frauenbewegung – obwohl sich Aktivitätsgrade nur schwer vergleichen lassen. Mit großer Wahrscheinlichkeit aber ist das Umfeld der mit feministischen Ideen sympathisierenden Frauen wesentlich breiter. Dies ist natürlich in nicht unerheblichem Maß auf die allgemein größere Geschwindigkeit der Informationsverbreitung zurückzuführen – es wird mehr geschrieben, mehr verkauft, mehr gelesen.

Die Frauenbewegung geht von der Mittelschicht aus – das gilt für die erste wie für die gegenwärtige. Die führenden Frauen der ersten Frauenbewegung stammten aus dem gehobenen Bürgertum: ihre Väter waren Ärzte, Regierungsbeamte, Offiziere, Kaufleute, auch das protestantische Pfarrhaus war reichlich vertreten. Die bekannt gewordenen Frauen selber hatten eine für ihre Zeit überdurchschnittlich gute Ausbildung. In der Zeit der radikalen Auseinandersetzungen spielten die Lehrerinnen eine große Rolle; eine der ersten Berufsvereinigungen von Frauen war der Allgemeine Deutsche Lehrerinnenverein, der sich sehr aktiv um Frauenausbildung und Frauenstudium kümmerte.

Der große Lehrerinnenanteil in der ersten Frauenbewegung kann auf verschiedene Weise erklärt werden. Ende des Jahrhunderts waren die Lehrerinnen eine besonders diskriminierte Berufsgruppe; da es sich um die einzige den Frauen offene höherqualifizierte Arbeit handelte, spürten sie als erste die Feindseligkeit männlicher Konkurrenz. Da das Lehrerinnenseminar vor der Öffnung der Universitäten die einzige Möglichkeit war, eine über die Höhere-Töchter-Schule hinausgehende Ausbildung zu erlangen, fanden sich hier die ehrgeizigsten und aktivsten Frauen ein. Die Lehrerinnen brachten für die Arbeit in der Frauenbewegung ideale Voraussetzungen mit: sie waren ökonomisch unabhängig – wenn auch unterbezahlt; sie waren ledig – deswegen weitgehend von Familienpflichten frei, so daß sie verfügbare Zeit hatten; sie waren gewohnt, vor Publikum zu sprechen und meist selbstbewußter als die aufs Haus beschränkten Frauen; außerdem verfügten sie eher über praktisch-organisatorische Fähigkeiten.

Daneben gab es auch den Führerinnentyp der Ehefrau aus gut-bürgerlichem Haus, der es im dienstbotenversorgten Haushalt zu langweilig wurde. Diese Frauen wurden häufiger, als die Frauen-bewegung konservativer wurde. Die ledigen Frauen spielten we-gen ihrer relativen sozialen Unabhängigkeit für die erste Frauenbe-wegung eine wichtige Rolle; allerdings wurde ihr Anteil meist von denen überschätzt, die die Frauenbewegung verächtlich als An-sammlung „alter Jungfern", als „Fräuleinbewegung", bezeich-neten.[4]

Die Altersstruktur der ersten Frauenbewegung war auffällig von der der gegenwärtigen verschieden: Fast alle bekannt gewordenen Frauen waren in der Zeit ihres Engagements deutlich älter als die Feministinnen, die heute die Frauengruppen und -zentren prägen. Louise Otto gründete den Allgemeinen Deutschen Frauenverein als 46jährige; Auguste Schmidt trat als 66jährige den Vorsitz im BDF an die damals 44jährige Marie Stritt ab. Helene Lange machte als 40jährige mit der ‚Gelben Broschüre' von sich reden und war bis in die 70er Jahre ihres Lebens aktiv; Gertrud Bäumer übernahm den BDF-Vorsitz im Alter von 36 Jahren; auch die radikalen Füh-rerinnen Augspurg, Heymann und Stöcker waren in der Zeit ihres intensivsten Engagements in den mittleren Lebensjahren.[5]

Das Bild der gegenwärtigen Frauenbewegung wird stark von Studentinnen bestimmt, vor allem in den größeren und den Uni-versitätsstädten. Studentinnen sind nicht nur aufgrund ihrer Aus-bildung eine relativ problembewußte Gruppe, sondern sie haben im Gegensatz zu voll berufstätigen und kindererziehenden Frauen mehr verfügbare Zeit. Anders als die studierenden Frauen Anfang des Jahrhunderts sind sie auch unabhängiger: weniger vom Elternhaus gehütet, einer viel geringeren sozialen Kontrolle unterworfen, durch Stipendien oder eigene Jobs finanziell eigenständig. Die größere soziale Bewegungsfreiheit der Studentinnen, der jüngeren Frauen überhaupt, ist ein verhältnismäßig junges Phänomen und ein wichtiger Hintergrundfaktor für die Neue Frauenbewegung.

Bei den feministisch engagierten Studentinnen überwiegen die sozialwissenschaftlichen, psychologischen und pädagogischen Fächer; die geisteswissenschaftlichen Fächer scheinen nicht so stark vertreten zu sein, wie es ihrem Anteil an den weiblichen Studierenden entspräche. Studentinnen aus dem naturwissenschaftlich-technischen Bereich sind Ausnahmeerscheinungen. In den Frauenzentren und bei anderen Veranstaltungen bestimmt die Altersgruppe der 20- bis 30jährigen das Bild, über 40jährige sind kaum anzutreffen. Neben den Studentinnen sind auffallend häufig Frauen mit komplexen, untypischen Lebensmustern anzutreffen: Frauen, die nach einer Familienphase Ausbildung oder Beruf neu beginnen, Frauen, die nach einer schon abgeschlossenen Grundausbildung Studium oder Beruf in einem anderen Bereich wählen. Auch der Anteil derjenigen, die in unkoventionellen Wohnformen leben – unverheiratetes Zusammenleben mit einem Partner, einer Freundin oder Partnerin, in gemischt- oder gleichgeschlechtlichen Wohngemeinschaften, allein mit Kind u. ä. –, ist sicher größer als beim Durchschnitt der Bevölkerung in dieser Altersgruppe.[6]

Der vielleicht auffallendste Unterschied zwischen der ersten und der gegenwärtigen Frauenbewegung liegt in der Organisationsstruktur, die bei der ersten Frauenbewegung stärker formalisiert war. Die Frauen schlossen sich in der Form des Vereins zusammen und hielten auch nach innen an der Vereinsstruktur fest: Satzungen und Tagesordnungen, Vorsitzende und Vorstand, Einzug von Mitgliedsbeiträgen, Kassen- und Schriftführerin. Diese Struktur, mit all ihren Vor- und Nachteilen, wird in den Arbeiten aus der Zeit der ersten Frauenbewegung im allgemeinen nicht reflektiert; offensichtlich wurde sie wie selbstverständlich von den männlichen Vorbildern übernommen. Gelegentlich scheint es, daß die Ernsthaftigkeit der eigenen Arbeit an der Einhaltung dieser Formen gemessen wird. Die Vereinsarbeit wird als eine gute Vorbereitung für das Auftreten in der Öffentlichkeit gewertet: „Die unbedingte Notwendigkeit, die sich im Verein ergibt, das Verhältnis des einzelnen zum Ganzen, die Machtverteilung zwischen Plenum und Vorstand, durch wohlabgewogene Gesetze zu regeln, bei den Versammlungen die parlamentarische Form innezuhalten, wirkt in hohem Grade erzieherisch und gewöhnt an die noch größere Dimension des nationalen Lebens".[7] Die Vereine traten dem BDF (Bund Deutscher Frauenvereine) als Dachverband bei; es waren aber auch Mitgliedschaften von Einzelpersonen in der Dachorganisation möglich. Jedes zweite Jahr trafen sich die Delegierten der Mitgliedsvereine auf den Generalversammlungen des BDF. Inhaltliche Arbeit wurde in wechselnden, thematisch spezialisierten Kommisssionen geleistet, die die Generalversammlung informierten, auch Vorschläge für Resolutionen unterbreiteten.

Der BDF war allerdings kaum, was führende Frauen gern in ihm gesehen hätten, „. . . eine straffe Organisation, getragen von einem einheitlichen Kulturwillen".[8] Die Vorstellungen der Einzelvereine waren so unterschiedlich, daß der BDF nur sehr allgemeine Verlautbarungen von sich geben konnte. In seinen Statuten war festgesetzt, daß er sich nicht in die Politik der Mitgliedsorganisationen einmischen, sondern nur Empfehlungen geben durfte; erst in der Weimarer Republik wurden die Mitglieder auf das Programm verpflichtet. Die Generalversammlungen des BDF liefen sehr gesetzt ab. Nur in der Zeit der Herausforderung durch die Radikalen glichen sie mit hitzigen Debatten und emotionalen Zwischenrufen einem Parlament. Die hierarchische Stuktur der Einzelvereine förderte einen führungsbezogenen Interaktionsstil, der die ‚starken Frauen' in den Vordergrund stellte. So liest sich die Geschichte der ersten Frauenbewegung wie eine Auflistung der Namen einzelner, bedeutender Frauen.

Die Neue Frauenbewegung hat keine formale Organisation. Es gibt keinen überregionalen Dachverband; selbst Frauengruppen einer Stadt haben in der Regel nur lose zufällige Kontakte miteinander. Infolgedessen gibt es auch keine Instanz, die für ‚die Frauenbewegung' verbindlich sprechen kann, auch kein offizielles Forum, wo sich verschiedene Richtungen der Frauenbewegung auseinandersetzen. Kongresse und Großveranstaltungen werden beliebig von Gruppen einberufen, die sich für ein Thema interessieren und zur Durchführung imstande fühlen. Tendenzen zur Zentralisierung sind nicht erkennbar; lediglich Projektgruppen mit gemeinsamer Themenstellung arbeiten häufiger überregional zusammen, in der Regel aber auch in Form lockerer Treffen (z. B. bei Buchprojekten, Frauenhausprojekten, Therapieprojekten u. ä.).

Die Form des Vereins wird selten gewählt, nur dann, wenn das Gruppenziel nach außen das Vorhandensein einer juristischen Person erforderlich macht (z. B. bei Frauenhausgruppen). Auch dann, wenn eine Gruppe offiziell als Verein registriert ist, hat diese Rechtsform in der Regel keine Auswirkung auf die Binnenstruktur. Neu gegenüber der ersten Frauenbewegung ist der Anspruch, die Gruppenstruktur selbst beständig zum Gegenstand der Reflexion und der Diskussion zu machen, oft bis zur Vernachlässigung des eigentlichen Gruppenthemas.

Auch die feministischen Projektgruppen sind eine strukturelle Eigenart der Neuen Frauenbewegung, die in der ersten Frauenbewegung keine Entsprechung haben, insbesondere wenn sie die Form ‚alternativer‘ Kleinunternehmen annehmen. Ähnlichkeiten zur ersten Frauenbewegung bestehen dagegen bei den allmählich sich entwickelnden Zusammenschlüssen von Frauen, die in bestimmten Berufen arbeiten (z. B. der Verein ‚Sozialwissenschaftliche Forschung und Praxis für Frauen‘).

Ein wichtiges Strukturelement der Frauenbewegung ist der Grundsatz der Autonomie: Unabhängigkeit im Sinn der Selbstbestimmung, Unabhängigkeit von politischen und konfessionellen Bindungen, Unabhängigkeit aber auch von männlicher Einmischung. Bereits die erste Frauenbewegung war am Autonomieprinzip orientiert. Der BDF war überkonfessionell (wenn er auch eine größere Nähe zur protestantischen als zur katholischen Kirche hatte, wie an der zeitweiligen Mitgliedschaft des Deutsch-Evangelischen Frauenbundes abzulesen ist); er war überparteilich (wenngleich er den liberalen und später immer mehr den rechten Gruppierungen näherstand als den Linken). Die Autonomie gegenüber Männern wurde schon von Louise Otto mit Gründung des ADF eingeführt: „Wir sehen alles mit Freuden geschehen, was geschieht, um die Frauenfrage ihrer Lösung immer näher zu führen: an der Überzeugung aber halten wir fest, daß ihre wirkliche Lösung nur gefunden werden kann durch die Frauen selbst, durch ihren eigenen Willen und ihre eigene Kraft".[9]

Vom Autonomieprinzip waren nicht nur die Selbsthilfemaßnahmen der ersten Frauenbewegung (z. B. Gymnasialkurse, Rechtsberatungsstellen u. ä.) geprägt, sondern auch viele ihrer Forderungen im Bildungs- und Sozialbereich: Frauen sollten Frauen helfen, Lehrerinnen sollten die Mädchenbildung in die Hand nehmen, Polizeibeamtinnen weibliche Strafgefangene betreuen usw. Von einigen Frauen wurde die Autonomie weniger grundsätzlich gesehen, eher als ein Schutzbereich, in dem Frauen das lernen sollten, was Männer bereits können: „Louise Otto hat das Prinzip [Autonomie] durchgesetzt, weil sie es für die Selbsterziehung der Frau für unbedingt nötig hielt, daß sie selbst in der Öffentlichkeit stehen, ihre Ansichten verteidigen und organisierende Arbeit leisten lerne".[10]

Insgesamt wurde die Autonomie gegenüber Männern in der ersten Frauenbewegung weniger rigoros praktiziert als in der gegenwärtigen. Im ADF konnten nur Frauen Mitglieder werden, aber Männer waren als Ehrenmitglieder zugelassen. Bei der Beschreibung von Kongressen werden immer wieder vereinzelte Männer erwähnt; die Teilnahme war ihnen also nicht grundsätzlich verwehrt. Der Stimmrechtsverband hatte auch männliche Mitglieder – etwa 10%; im Bund für Mutterschutz war der Männeranteil mit etwa einem Drittel besonders hoch.[11]

Für das Selbstverständnis der heutigen Feministinnen ist der Autonomiebegriff so zentral, daß sie ihre Frauenbewegung als die ‚autonome Frauenbewegung‘ von anderen Frauengruppen abgrenzen. In diesem Autonomiebegriff ist die Unabhängigkeit von kirchlichen und politischen Organisationen selbstverständlich enthalten; im Vordergrund steht der Ausschluß der Männer, der konsequenter eingehalten wird als in der ersten Frauenbewegung. Die Notwendigkeit des Autonomieprinzips wurde auf dem Bundesfrauenkongreß 1972 folgendermaßen begründet:

„1. Frauen organisieren sich separat, weil ihnen eines Tages auf-
fällt, daß die Gesellschaft aktiv von Männern bestimmt wird
und wurde, so daß wir die Gesellschaft und ihre Institutionen
von den verschiedenen Frauenstandpunkten her untersuchen
müssen, um selbst aktiv an der Gestaltung unseres Lebens und
unserer Zukunft teilzuhaben.

2. Frauen organisieren sich separat, weil sie gemeinsame Probleme
haben, die im sogenannten ‚Privatbereich‘ besonders massiv
auftreten und von den bisherigen Organisationen als ‚unpolitisch‘ abgetan werden . . .

3. Frauen organisieren sich separat, weil sie oft so konkret unter
dem Druck, z. T. auch der Gewaltandrohung von Männern stehen, daß sie einen ‚Freiraum‘ brauchen, um sich eigene Frauen-
vorbilder zu schaffen, um neue Lebensstile für sich zu erproben . . .

4. Frauen organisieren sich separat, weil sie dazu erzogen worden
sind, ihr ganzes Leben auf Männer hin auszurichten . . . und
eines Tages feststellen, daß sie für sich gar nichts sind . . . Durch
diese Erfahrung können Frauen miteinander ein unabhängiges
Selbstwertgefühl entwickeln.

5. Frauen organisieren sich separat, weil sie erkannt haben, daß sie
als einzelne aufgeschmissen sind . . . Die Misere ihrer Lage . . .
wird von Frauen erlebt. Männer können sie nur theoretisch
‚nachempfinden‘ . . .

6. Frauen organisieren sich separat, um ihre eigensten Ansprüche,
entwickelt aus der Tatsache ihrer besonderen Unterdrückung,
ihre Vorstellungen von ihrer Zukunft im gemeinsamen Kampf
mit anderen Gruppen wirkungsvoll durchsetzen zu können, so
daß eine Zukunft nicht schon wieder ohne sie und über ihre
Köpfe hinweg gemacht wird. Diese Ansprüche gehen weiter,
als eine formale oder inhaltliche Gleichberechtigung mit Männern zu erstreben . . .“[12]

Der Autonomiebegriff beinhaltet nach dem Verständnis vieler Feministinnen nicht nur die Organisation der Frauen unter Aus-

schluß von Männern, sondern auch den Abbau hierarchischer – als ‚männlich' empfundener – Strukturen.[13]

Innerhalb der autonomen Frauenbewegung nehmen die lesbischen Feministinnen einen besonderen Platz ein, weil sie im Gegensatz zu den heterosexuellen Frauen auch in emotionaler und sexueller Hinsicht auf Frauen bezogen, also durchgehend ‚autonom' sind. Der feministische Separationismus, den einige lesbische Feministinnen propagieren, ist ein gänzlich neues Element gegenüber der ersten Frauenbewegung, in der das Thema der lesbischen Liebe tabuisiert war. „Der Separatismus ist der Versuch, sich aus allen heterosexuellen Zusammenhängen möglichst weit zurückzuziehen, um sich dem Aufbau einer Frauenkultur zu widmen", heißt es im Frauenjahrbuch 1976.[14]

Der Vergleich der Sozialstruktur der älteren und der neuen Frauenbewegung hat einige wichtige Unterschiede gezeigt: Obwohl sie erst ein Jahrzehnt besteht, hat die heutige Frauenbewegung vermutlich die gleiche oder sogar eine größere Verbreitung erreicht als die erste Frauenbewegung auf ihrem Höhepunkt. Auch die gegenwärtige Frauenbewegung wird überwiegend aus der Mittelschicht gestützt, aber was für die erste Frauenbewegung die Lehrerinnen waren, sind heute die Studentinnen. Möglicherweise spielen in der Gegenwart die Lesbierinnen eine ähnliche Rolle wie damals die ledigen Frauen. Die Feministinnen der Gegenwart sind im allgemeinen deutlich jünger; auffällig sind eine relativ große soziale Bewegungsfreiheit und unkonventionelle Lebens- bzw. Wohnformen.

Die Organisationsstruktur der ersten Frauenbewegung war Spiegel des Vereinslebens und des hierarchischen Gesellschaftsaufbaus ihrer Zeit; dagegen hat die Neue Frauenbewegung mit ihrer Strukturlosigkeit manches mit anderen Gruppierungen der gegenwärtigen ‚alternativen' Szene gemeinsam (vgl. Kapitel II.7). Während die erste Frauenbewegung Führerinnenfiguren stilisierte, gibt es heute nur wenige allgemein bekannte Frauen – z. B. Alice Schwarzer (deren Publizität allerdings weitgehend in der Entstehungsphase begründet wurde).

Das Autonomieprinzip in der ersten Frauenbewegung hatte auf

dem Hintergrund der Tatsache, daß den Frauen der Zugang zu den meisten öffentlichen Ämtern und Aktivitäten verschlossen war, den Charakter einer Selbsthilfemaßnahme. Dagegen bedeutet das Autonomieprinzip heute Verweigerung und Protest gegen die Unterdrückung in zwar gemischtgeschlechtlich besetzten, aber männlich bestimmten Institutionen.

### 3. Sexualität, Familie und Beruf:
### Die Verklammerung des weiblichen Lebenszusammenhangs

Das Leben von Frauen wird entscheidend durch die Familie geprägt, durch die sozialen Bedingungen, unter denen Sexualität und Fortpflanzung stattfinden, durch die gesellschaftlichen Vorstellungen über Liebe, Ehe, Mutterschaft. In diesem Bereich liegen auch die wichtigsten neuen Ansätze des heutigen Feminismus. Die Unterschiede zur alten Frauenbewegung treten in den Vordergrund, wenn die Ansichten des gemäßigten Flügels den heutigen gegenübergestellt werden; ein Vergleich mit dem radikalen Flügel und der ‚Neuen Ethik‘ zeigt aber auch Kontinuität, Entwicklungslinien, die in die Gegenwart führen.

Ein Grundpfeiler, auf dem die bürgerliche Familie im 19. Jahrhundert ruhte, war die Kanalisation der Sexualität – vor allem der weiblichen Sexualität – durch die Ehe. Dieses Fundament der Familie wurde von Helene Stöcker und den anderen Anhängerinnen der ‚Neuen Ethik‘ in Frage gestellt (vgl. Abschnitt I.2.4), als sie forderten, daß nicht mehr der juristische Akt der Eheschließung, sondern die Zuneigung zwischen zwei Personen die eigentliche Legitimation für eine sexuelle Beziehung sein sollte. Verglichen mit heutigen Ideen waren die Vorstellungen der ‚Neuen Ethik‘ noch recht zurückhaltend, nicht etwa gleichzusetzen mit der ‚Glas-Wasser-Theorie‘ sexueller Bedürfnisbefriedigung.[1] Es war nicht an flüchtige Eskapaden, sondern an länger andauernde Beziehungen zwischen ‚reifen‘ Persönlichkeiten gedacht, die aus verschiedenen Gründen nicht heiraten konnten oder wollten.

Konsequenterweise propagierte die ‚Neue Ethik‘ neben dem

„Recht der freien geistigen Entwicklung *und* dem Recht auf die Liebe"[2] auch selbstbestimmte Mutterschaft: Empfängnisverhütende Mittel sollten verbreitet werden, Abtreibung straffrei sein; gleichzeitig aber sollte die juristische und moralische Diskriminierung der ledigen Mutter abgebaut werden. Zur ‚freien Liebe‘ gehörte die ‚freie Mutterschaft‘.

Für eine gewisse Zeitspanne, mindestens zwischen 1903 und 1908, wurden die Ideen der ‚Neuen Ethik‘ in der Frauenbewegung von einem größeren Kreis geteilt. Bis in die Weimarer Republik hinein fanden ihre freieren moralischen Anschauungen Eingang in die Belletristik; einige vielgelesene Unterhaltungsromane thematisierten das ‚Recht der Frau auf Liebe‘. Demgegenüber neigten spätere Autorinnen aus dem Umkreis der Frauenbewegung dazu, die ‚Neue Ethik‘ nur einer kleinen Gruppe zuzuschreiben, die keineswegs repräsentativ für die Frauenbewegung gewesen sei. „Eine geringe Minderheit sucht alle sittlichen und rechtlichen Normen des Geschlechtslebens umzustürzen . . ."[3]

Helene Lange, eine der schärfsten Gegnerinnen der ‚Neuen Ethik‘ formulierte die moralische Gegenposition des gemäßigten Flügels so: „. . . den Ausgangspunkt für die Frauenbewegung bildet das Festhalten an der Dauerehe, als der einzigen rechtlichen und sittlichen Norm des Geschlechtslebens".[4] Dies bedeutete die Verurteilung jeglicher Form des ‚Sich-Auslebens‘, es war eine grundsätzliche Absage an die außereheliche Sexualität. Während Helene Stöcker – wenigstens in ihren späteren Schriften – davon überzeugt war, daß Männer und Frauen sich hinsichtlich der Intensität ihrer sexuellen Bedürfnisse nicht unterschieden und daß der andauernde Verzicht auf sexuelle Befriedigung nicht nur bei Männern, sondern auch bei Frauen „. . . zweifellos von schweren seelischen Depressionen begleitet sei . . .",[5] sahen die gemäßigten Frauen entscheidende Unterschiede zwischen männlicher und weiblicher Sexualität. Frauen hatten ihrer Ansicht nach geringere sexuelle Bedürfnisse und waren monogam veranlagt. Deswegen galt die Einehe als ein Fortschritt der Zivilisation zugunsten von Frauen und Kindern, als „. . . der Sieg der Frau über die polygamen Instinkte des Mannes".[6] Besonders deutlich wird das bei Elisabeth Gnauck-

Kühne, die auch vom gemäßigten Flügel zur katholischen Frauenbewegung überwechselte: „Die Ehe ist für das Weib ein Schutzinstitut, für den Mann ein Zwangsinstitut … Jede Bemühung, die
lebenslängliche gesetzliche Ehe auch nur zu erschüttern, ge-
schweige denn ganz abzuschaffen, läuft auf Schwächung des weiblichen Geschlechts hinaus".[7] Die Ehe verlange vom Mann „Zäh-
mung, Überwindung, sittlichen Willen", ohne sie wäre „das Weib
schutzlos männlicher Willkür preisgegeben".[8] Von den Männern
forderte die gemäßigte Frauenbewegung die Orientierung an der
weiblichen Tugendhaftigkeit: Sie sollten lernen, ihre sexuellen
Triebe zu zügeln und ebenfalls auf Sexualität außerhalb der Ehe zu
verzichten.

Auch in der Frage der Empfängnisverhütung und der Abtreibung ging der gemäßigte Flügel nicht so weit wie der radikale. Die
vom ‚Bund für Mutterschutz und Sexualreform' vorangetriebenen
Aufklärungskampagnen über Kontrazeptiva fanden nur halbher-
zige Unterstützung. Bei der Forderung nach Straffreiheit der Abtreibung erhielt die Rechtskommission des BDF, die sich weitgehend aus radikalen Frauen zusammensetzte, 1908 keine Mehrheit
(vgl. Abschnitt I.2.4). Wieder war Helene Lange eine der vehe-
mentesten Gegnerinnen; besonders starken Anstoß nahm sie an der
Begründung der Rechtskommission: „Die Frau muß als freie Persönlichkeit Herrin ihres Körpers sein dürfen".[9]

Während der radikale Flügel für ‚freie' Sexualität und Mutterschaft plädierte, wollte der gemäßigte Flügel Sexualität und Mutterschaft fest an die Ehe koppeln. „Jungfräulichkeit" und „Ehe",
der „Weg ohne den Mann" und „mit dem Mann" wurden zwar als
„gleichberechtigte Lebenswege" dargestellt,[10] aber es mußte en
bloc gewählt werden: ohne Ehe keine Sexualität und keine Mutterschaft – aber auch keine Ehe ohne Mutterschaft. Von der verheirateten Frau wurde Mutterschaft erwartet – auch in der Frauenbewegung. Dem gemäßigten Flügel lag viel daran, daß ‚Weiblichkeit'
nicht über Sexualität definiert wurde, sondern über ‚Mütterlichkeit'; Frauen, die sich von Männern darauf festlegen ließen, daß das
‚Ewig-Weibliche' etwas mit dem ‚Bereich des Sinnengenusses' zu
tun hätte, würden sich selbst zu Sklaven der männlichen Laune

degradieren, meinte Gnauck-Kühne.[11] Das einzig gültige Kriterium für Weiblichkeit sei die Mütterlichkeit, die Wesenseigenart, die die Frau vom Mann unterscheide. ‚Mütterlichkeit' sei aber nicht mit physischer Mutterschaft identisch.

Während dem radikalen Flügel nach der Jahrhundertwende zum Teil eine ‚amaternelle' (= unmütterliche) Grundhaltung vorgeworfen wurde,[12] wurde im gemäßigten Flügel das Konzept der Mütterlichkeit beständig weiter ausgebaut und aufgewertet. Die verheiratete Frau sollte die Idee der Mütterlichkeit in ihrer Familie verwirklichen, die unverheiratete Frau sollte ‚seelische Mütterlichkeit' in ihren Beruf einbringen (vgl. Abschnitt I.2.6). Die ‚seelische Mütterlichkeit' wurde zum Bindeglied zwischen zwei Leitbildern der Frauenbewegung: dem „Berufsideal der unverehelichten Frau" einerseits und der Überzeugung, daß der „Mutterberuf der höchste Beruf der Frau" sei, andererseits.[13]

Die Frage nach der Vereinbarkeit von Familie und Beruf wurde erst nach der Jahrhundertwende zum zentralen Thema der Frauenbewegung. Für die erste Generation der Frauenrechtlerinnen stellte sich das Problem nicht. Zunächst ging es der Frauenbewegung um die Tausende von unversorgten Mittelschichtsfrauen, die ohnehin nicht heiraten würden – von spöttischen Zeitgenossen wurde die Frauenfrage deswegen gelegentlich auch als ‚Jungfernfrage' bezeichnet. Die Anhängerinnen der Frauenbewegung versuchten, Ausbildung und Berufschancen gegen den Widerstand von Gegnern zu erreichen, die eine außerhäusliche Arbeit der Mittelschichtsfrau grundsätzlich ablehnten, weil sie darin einen „Rückfall in die Barbarei", einen Verfall der Familienform des ‚ganzen Hauses' sahen, das doch auch früher seine unverheirateten weiblichen Angehörigen ernährt hätte.[14] Um die Jahrhundertwende hatte sich die Situation insofern geändert, als die Erwerbstätigkeit der ledigen Frauen nunmehr in der Öffentlichkeit akzeptiert wurde. Gegner der Frauenarbeit leisteten jetzt nur noch Widerstand, wenn es sich um hochqualifizierte Ausbildungsgänge und um Berufe mit hohem Prestige handelte.

Da die Heiratsquote stieg, die Ausbildungssituation der Frauen sich allmählich verbesserte und neue Berufsmöglichkeiten sich eröffneten, wurde die Vereinbarkeit von ‚Familienpflichten' und Berufstätigkeit zwangsläufig zum Thema. „Die Stellung der Frau in der Familie, das ist der Brennpunkt in der Frauenbewegung geworden. Die Vereinbarkeit von Beruf und Mutterschaft, Form und Bedeutung der Ehe: das sind die Fragen, um die sich die Geister scheiden, bei deren Erörterung die jüngere Richtung den älteren Feministen entgegensteht" stellte Alice Salomon 1908 fest.[15] ‚Ältere Richtung' entspricht dem radikalen Flügel der Frauenbewegung, ‚jüngere Richtung' dem gemäßigten, der zu diesem Zeitpunkt die Oberhand gewann. Von den Radikalen, die sich allerdings insgesamt weniger für die Frage Familie/Beruf interessierten, wurde das Ideal einer das ganze Leben hindurch erwerbstätigen Ehefrau favorisiert. Angeblich (so Salomon) näherten sich die Radikalen auch dem ‚sozialistischen' Gedanken einer „Auflösung der Familie", einer „Einschränkung mütterlicher und hauswirtschaftlicher Aufgaben".[16] Die gemäßigten Frauen dagegen forderten die Anerkennung der Gleichwertigkeit weiblicher Leistungen in Familie und Haushalt. Für sie war die Berufstätigkeit der Ehefrau nicht allgemeines Postulat. Sie wünschten für die heranwachsenden Mädchen eine Ausbildung, die sie zugleich auf eine mögliche Erwerbstätigkeit wie auch auf den ‚Hausmutterberuf' vorbereitete. Tendenziell wurde im Verlauf der Frauenbewegung nach 1914 der ‚Hausmutterberuf' immer mehr aufgewertet – was der zunehmenden Bedeutung der Hausfrauenvereine im BDF entsprach.

Eine Abgabe von Hausmutterpflichten an andere war zur Zeit der ersten Frauenbewegung nur auf zweierlei Weise vorstellbar: als verstärkte Übernahme von Aufgaben durch Dienstboten (Kindermädchen, Erzieherinnen) – oder als mehr oder minder weit getriebene ‚Sozialisierung' des Haushalts. Die Dienstbotenlösung wurde in der Frauenbewegung zum Teil akzeptiert, wenn auch nicht als ideal angesehen. Zum einen machte sich allmählich der Mangel an gutem Hauspersonal bemerkbar, außerdem weckte die zunehmende Verbreitung der Mutterideologie immer mehr Zweifel, ob so etwas Wichtiges wie die Erziehung von Kindern bezahlten Angestellten überlassen werden dürfe.

Die mögliche Vergesellschaftung von Haushaltsfunktionen geisterte als Schreckgespenst durch die Schriften der gemäßigten Frauenbewegung. Sofern diese Möglichkeit ernsthaft diskutiert wurde – und das war selten – , stieß sie auf nahezu einmütige Ablehnung, auch wenn es sich um so harmlose Varianten handelte, wie „. . . zum Zimmerreinigen könnten täglich stundenweise auswärts wohnende Berufsarbeiterinnen kommen".[17] Vor allem mit der Vorstellung einer ‚Zentralküche' für mehrere Familien verbanden viele Frauen des gemäßigten Flügels einen Verlust an ‚Häuslichkeit' und ‚Kulturwert'.[18]

Der entscheidende Unterschied zur heutigen Diskussion besteht darin, daß eine Übernahme von Haushalts- und Erziehungsarbeit durch den Ehemann/Vater von niemandem auch nur in Erwägung gezogen wurde. Der bloße Gedanke war zur Zeit der ersten Frauenbewegung so unvorstellbar, daß er nicht einmal als utopisches Modell (wie etwa Hausgenossenschaften und Zentralküchen) auftaucht. Auch die sozialistische Idee der weitgehenden Vergesellschaftung von Haushalts- und Kinderarbeit rüttelte nicht an der geschlechtsspezifischen Arbeitsteilung. So ist in Bebels berühmtem Buch ‚Die Frau und der Sozialismus' nur von „Pflegerinnen, Erzieherinnen, befreundeten Frauen, heranwachsender weiblicher Jugend" die Rede, die der Frau im sozialistischen Zukunftsstaat bei der Kindererziehung zur Seite stehen.[19]

Da die Rollen von Ehefrau, Hausfrau und Mutter als untrennbar miteinander verknüpft gesehen wurden, gab es für die erste Frauenbewegung im Normalfall nur die Wahl zwischen den Alternativen ‚Familie' oder ‚Beruf'. Beides zu vereinbaren, wurde nur in Ausnahmefällen als wünschenswert angesehen: wenn der Beruf einen hohen ‚Persönlichkeitswert' habe, also bei künstlerischen, geistigen und ähnlichen Beschäftigungen; vertretbar sei es auch bei anderen Tätigkeiten, die im Haus durchgeführt werden könnten, so in Landwirtschaft und Heimarbeit.[20] Grundsätzlich könnten nur „starke Naturen", eine „Minderheit besonders begabter, energischer und gesunder Frauen" die Mehrfachbelastung aushalten.[21] „Verzicht auf Erotik [ist] leichter als ein quälendes ‚Vierteilen', wie die mittelalterliche Todesstrafe genannt wurde – eine Vierteilung zwischen dem Beruf, dem Manne, dem Heim, den Kindern. Und das Resultat zeigt gewöhnlich, daß das Zölibat weiser ist als der Kompromiß".[22] Doch jede Frau sollte sich selbst entscheiden können: für Familie, für Beruf, eventuell für beides. (Allerdings gab es auch in der Frauenbewegung selbst Gruppen, die das Beschäftigungsverbot für verheiratete Beamtinnen bejahten.[23])

Die Einstellung der gemäßigten Mehrheit in der ersten Frauenbewegung zu Sexualität, Ehe, Mutterschaft und Beruf kann wie folgt zusammengefaßt werden:

(1) Sexualität sollte nur in der möglichst lebenslangen, monogamen Ehe stattfinden.

(2) Innerhalb der Ehe galt Mutterschaft als vornehmste Pflicht.

(3) Die verheiratete Frau war automatisch Hausmutter, d. h. sie war für die Organisation des Haushalts und die Erziehung der Kinder verantwortlich.

(4) Diese ‚Hausmutterpflichten‘ konnten nur in geringem Umfang an andere Personen (etwa Dienstboten) abgegeben werden. Eine Vergesellschaftung von Haushaltsfunktionen wurde abgelehnt.

(5) Die geschlechtsspezifische Arbeitsteilung im Haushalt und bei der Kindererziehung wurde bejaht, genauer gesagt, sie wurde für so selbstverständlich gehalten, daß Alternativen dazu gar nicht zur Diskussion gestellt wurden.

(6) Da die ‚Hausmutterpflichten‘ nur wenig verringert oder an andere Personen delegiert werden konnten, galt eine Vereinbarung von eigener Familie und Berufstätigkeit nur in Ausnahmefällen als möglich und wünschenswert. In der Regel sollte zwischen beidem gewählt werden.

(7) Da Sexualität nur innerhalb der Ehe und nur als Heterosexualität gedacht werden konnte, bedeutete die Wahl zwischen Mutterschaft und Beruf auch die Wahl zwischen einem Leben mit und einem Leben ohne Sexualität.

Von diesen Ansichten wich der radikale Flügel insofern ab, als er für die Frau eine selbstbestimmte, von der Institution Ehe unabhängige Sexualität und Mutterschaft propagierte und das Modell lebenslanger Berufstätigkeit favorisierte – allerdings im allgemeinen auch ohne konkrete Vorstellungen, wie das Lebensmuster ‚ein Kind und Arbeit' praktisch verwirklicht werden könnte.

Die Ideen der heutigen Feministinnen sind denen des früheren radikalen Flügels verwandt, gehen aber in mancher Hinsicht weit über sie hinaus. Dabei ist es wichtig, sich zu erinnern, welcher soziale Wandel sich gerade im Bereich der Sexualität vollzogen hat (vgl. Abschnitt I.3.3). Voreheliche Sexualität wird weitgehend – auch für Frauen – toleriert. Ehe ohne Mutterschaft ist verbreitet, Mutterschaft ohne Ehe zumindest nicht mehr so diskriminiert wie um die Jahrhundertwende; Abtreibung – wenn auch noch immer nicht straffrei – wird relativ offen praktiziert.

Die gegenwärtige Frauenbewegung ist im Zusammenhang mit den Auseinandersetzungen um die Streichung des § 218 entstanden. Schon dies deutet auf den zentralen Stellenwert hin, den selbstbestimmte Sexualität und selbstbestimmte Mutterschaft für die heutigen Feministinnen haben. Im Gegensatz zu anderen Gegnern des § 218, z. B. der Linken, die traditionell die sozial ungerechten Auswirkungen des Abtreibungsverbots betont hat („Der 218 ist ein Paragraph/ der immer nur die Armen traf"), stellt die autonome Frauenbewegung stets das freie Verfügungsrecht der einzelnen Frau über ihre Reproduktionsfähigkeit in den Mittelpunkt („Mein Bauch gehört mir" und „Ob wir Kinder wollen oder keine/ entscheiden wir alleine"). In diesem Punkt liegt auch der entscheidende Grund für ihre Absage an alle Indikationslösungen; egal wie eng oder locker sie praktiziert werden – in allen Fällen muß die Frau eine andere Instanz um Erlaubnis fragen.

Auch wenn von den meisten Abtreibungsgegnern in der Diskussion um den § 218 immer wieder das Recht des ungeborenen Lebens als der entscheidende Wert in den Mittelpunkt gestellt wird, sollte dies nicht darüber hinwegtäuschen, daß es in Wirklichkeit darum geht, welche Instanz das ‚Lebensrecht des Ungeborenen' verwalten darf: die Person, die es zur Welt bringen soll und die von der Gesellschaft fast ausschließlich für seine Pflege, seine Erziehung, sein physisches und psychisches Wohlgeraten verantwortlich gemacht wird – oder andere Instanzen, die sich nur se-

kundär mit dem einmal geborenen Kind befassen? – Interessanterweise sind meist diejenigen Personen und Institutionen die schärfsten Gegner der Abtreibung (Ärzteschaft, Kirche, u. a.), die auch
am striktesten an der Geschlechtsrollenzuweisung im sozialen Leben festhalten. Dieselben gesellschaftlichen Kräfte, die Mutterschaft zum Hauptberuf der Frauen machen, erheben Anspruch darauf, die weibliche Fortpflanzungsfähigkeit zu verwalten.

Frauen wollen Sexualität genießen können, ohne schwanger
werden, d. h. ohne soziale Konsequenzen befürchten zu müssen,
die ihr gesamtes Leben verändern – wie dies Männern immer
schon eher möglich war. Es geht aber nicht nur um die Befreiung
der Sexualität vom Gebärzwang, sondern auch um die Bekämpfung der Sexualität als Herrschaftsinstrument. Dieses Problem,
von der ersten Frauenbewegung überhaupt nicht thematisiert, ist
für den heutigen Feminismus von zentraler Bedeutung.[24] In der
Sexualität wird die Deformation der Beziehung zwischen den Geschlechtern besonders deutlich sichtbar. Pornographie und Verge-
waltigung – beides in der Frauenbewegung vieldiskutierte Themen
– sind nur die extremsten Ausdrucksformen einer sexuellen Interaktion, die total vom Mann geprägt ist, in der die Frau passiv die
Rolle des Objekts oder Opfers einnimmt. Auch das kulturelle
Grundmuster der sexuellen Beziehung zwischen Mann und Frau
ist die – wenn auch spielerische – Vergewaltigungssituation: Der
Mann hat die Initiative, er muß der Frau ein wenig zusetzen, sie
etwas bedrängen; sie hat sich ein wenig zu zieren, sich etwas zu
verweigern. Die sexuelle Vulgärsprache spiegelt die Passivität der
Frau und die gewalttätige Aktivität des Mannes;[25] es ist eine männliche Sprache, in der das sexuelle Erleben von Frauen nur reaktiv
vorkommt.

Die Tatsache, daß die sexuelle Situation so vollständig von Männern bestimmt wird, könnte biologische Gründe haben: sie könnte
mit einer größeren Triebstärke des Mannes zusammenhängen. Es
könnte indes auch genau umgekehrt sein. Vielleicht ist das zwang-
hafte Bedürfnis der Männer, die sexuelle Interaktion zu kontrollie-
ren, nur Symptom einer ungeheuren Bedrohung, die die im Prinzip unbegrenzte Potenz der Frauen angesichts ihrer eigenen be-

grenzten Potenz darstellt: Solange sie die Initiative behalten, können sie Situationen vermeiden, in denen sie impotent sind. ‚Anständige' Frauen verhalten sich im allgemeinen nicht sexuell herausfordernd, solches Verhalten zeigen nur Prostituierte, durch deren niedrigen Status und deren Käuflichkeit das bedrohliche Element wieder aufgehoben und umgewandelt wird in männliche Macht und weibliche Verfügbarkeit.

Aussagen über die biologischen oder tiefenpsychologischen Ursachen der männlichen Dominanz in der sexuellen Mann-Frau-Beziehung sind spekulativ; sicher ist aber, daß durch die potentielle Mutterschaft Frauen bis in die allerjüngste Zeit hinein ein viel unfreieres Verhältnis zu ihrer Sexualität entwickeln mußten als Männer. Um nicht den sozialen Zwängen ausgeliefert zu sein, die mit sexueller Aktivität und Schwangerschaft verknüpft waren und zum Teil noch sind, haben Frauen ihre sexuellen Bedürfnisse unterdrückt, sich möglicherweise nicht einmal gestattet, sie wahrzunehmen. Diese Bedingungen haben sich mit der selbstbestimmten Empfängnisverhütung zwar grundlegend geändert – die Interaktionsmuster in den heterosexuellen Beziehungen sind davon aber noch wenig berührt.

Weibliche Homosexualität ist ein Ausdruck für die Suche nach sexuellen Interaktionsmustern, die nicht von männlichen Bedürfnissen vorgeformt sind. Es ist auch ein Protest gegen die kulturelle Definition von ‚Weiblichkeit', die den Wert von Frauen an ihrer Attraktivität für Männer mißt und Liebe, Heirat und Familie zu den wichtigsten Kriterien für den weiblichen Lebenserfolg macht. Von daher gewinnt der Lesbianismus für die gegenwärtige Frauenbewegung seine große Bedeutung. Im Zusammenhang mit dem Feminismus haben nicht nur ohnehin lesbische Frauen ein neues Selbstbewußtsein gewonnen, das ihnen erlaubt, offen zu ihrer Identität als Lesbierinnen zu stehen, sich nicht mehr wie früher zu verstecken (‚coming out'), sondern es gibt auch zahlreiche Frauen, die in der Frauenbewegung erst zu engen emotionalen und sexuellen Beziehungen mit anderen Frauen kommen (die sogenannten ‚Bewegungslesben').

Sowohl Lesbianismus als auch Bisexualität sind als offen gelebte

Alternative zur Heterosexualität ein neues Element in der Frauenbewegung, das sie von der ersten Frauenbewegung unterscheidet. – Damals gab es zwar intensive Frauenfreundschaften (so etwa die zwischen Augspurg und Heymann); mit Sicherheit gab es auch lesbische Beziehungen, aber sie wurden vor der Öffentlichkeit verborgen gehalten; das Thema Homosexualität war noch stärker tabuisiert als Sexualität überhaupt.[26] Generell standen Frauen, die sich in der ersten Frauenbewegung engagierten, bei der feindlich gesinnten Öffentlichkeit im Verdacht, keine ‚natürlichen‘, keine ‚normalen‘ Frauen zu sein: Normale Frauen gingen nicht zu Versammlungen, hielten keine Reden, schrieben keine Bücher und forderten vor allem keine Rechte; sie heirateten, hatten Kinder und gestalteten ihr ‚Heim‘.

In der Gegenwart wird ‚normale‘ Weiblichkeit vor allem über die sexuelle Attraktivität für Männer definiert. Lesbianismus bedeutet die totale Zurückweisung dieses Kriteriums als Maßstab für die eigene Weiblichkeit. Die lesbische Frau ist nicht nur ökonomisch und intellektuell, sondern auch emotional und sexuell gegenüber Männern autonom; ihre Identität ist von der Beziehung zu Männern unabhängig. Zwar sind nicht alle Feministinnen homo- oder bisexuell, aber auch für die heterosexuellen Frauen bedeuten offen gelebte lesbische Beziehungen einen Zugewinn an Freiheit. Sie zeigen, daß Alternativen zur Heterosexualität möglich sind und geben so den heterosexuellen Frauen eine stärkere Position bei der Durchsetzung ihrer eigenen Forderungen in den Zweierbeziehungen. „. . . Die Existenz einer Gruppierung von Frauen, die nicht immer einen Mann im Hinterkopf haben, und sich nicht darum kümmern, was Männer von ihnen denken, hat uns allen die Chance gegeben, uns von dem zu lösen, was von uns erwartet wird, und anzufangen, unsere eigenen Werte und Ziele zu setzen.“[27]

Auf dem Hintergrund des Problems von Sexualität und Herrschaft müssen auch Aktionen von Frauengruppen verstanden werden, die in der Öffentlichkeit gern als Ausdrucksformen sexueller Repressivität und Prüderie gewertet werden (z. B. die Klage von ‚Emma‘ gegen den ‚Stern‘ wegen pornographischer Titelbilder, die Protestaktionen in vielen Städten gegen den Film ‚Die Geschichte der O.' u. a. m.). Bei allen diesen Kampagnen geht es nicht um Sexualfeindschaft (,freudlose Grauröcke'), sondern um die Kampfansage gegen vorgefertigte Rollenmuster von Sexualität, in denen Frauen ein bestimmter Platz (als Sexobjekt, als Opfer, als gejagtes Wild, als kurvenreiches Döfchen, als Vamp etc.) von vornherein zugeordnet wird.

Die erste Frauenbewegung versuchte, die Ausbeutung der Frauen durch die Sexualität zu verhindern, indem sie die außereheliche Sexualität für Männer und Frauen bekämpfte (,Ehe als Schutzinstitut') und die ,Weiblichkeit' nicht durch ,Sexualität', sondern durch ,Mütterlichkeit' definierte. Abgesehen davon, daß sich auch die Festlegung auf die Mütterlichkeit nicht als der gewünschte Weg zur Selbstbestimmung, sondern als kulturelle Falle erwies (vgl. Kapitel II.6), lag darin auch eine Selbstverstümmelung. Aus Angst, in der sexuellen Beziehung der Fremdbestimmung durch die Männer ganz ausgeliefert zu sein, wurde der ,Bereich des Sinnengenusses' lieber gleich freiwillig geräumt.

Die Feministinnen der Gegenwart denken nicht daran, auf Sexualität zu verzichten, sondern wehren sich gegen die Fremdbestimmung ihrer Sexualität durch das selbstbewußte Ausleben von Alternativen und im Kampf gegen die penetrantesten Verzerrungen des heterosexuellen Interaktionsmusters. Als Teil des Kampfes gegen die Fremdbestimmung der weiblichen Sexualität ist auch die ,Pillenfeindschaft' einzuordnen, die in Kreisen der Neuen Frauenbewegung besteht. Auf den ersten Blick scheint es widersinnig, daß gerade Feministinnen, die so großen Wert auf die Kontrolle der Empfängnis legen, die Pille als das sicherste Mittel zurückweisen. Natürlich stehen andere Beweggründe dahinter als z. B. hinter der Pillenfeindschaft der katholischen Kirche, die den Zusammenhang Sexualität-Schwangerschaft-Ehe erhalten will, den der Feminismus gerade zerstören möchte. Zum Teil wird die Pille in der Neuen Frauenbewegung aus einem neuen Körper- und Gesundheitsbewußtsein heraus abgelehnt, ist also Weigerung, sich ständig künstlichen chemischen Einflüssen auszusetzen. In erster Linie ist aber die Zurückweisung der Pille wiederum als Protest gegen die sexuelle Verfügbarkeit der Frau in der heterosexuellen

Beziehung zu verstehen: ‚Penetration', also der Koitus als Kernstück und Höhepunkt des üblichen Geschlechtsverkehrs, macht eine Empfängnisverhütung überhaupt erst erforderlich und ist Ausdruck eines männlich bestimmten sexuellen Interaktionsmusters. Für die Frau ist sexuelle Befriedigung möglich, ohne daß ein Koitus stattfindet. Auch feministische Pillenmüdigkeit ist also nicht Prüderie, sondern Weigerung, das Spiel nur nach der patriarchalischen Regieanweisung zu spielen, und Anweisung, diese zu überdenken und vielleicht den Bedürfnissen beider Geschlechter entsprechend neu zu schreiben.

In der Einstellung der Neuen Frauenbewegung zur Sexualität gibt es einige Ähnlichkeiten zu Ansätzen der Radikalen in der ersten Frauenbewegung, so etwa bei der Forderung selbstbestimmter Mutterschaft und freier Liebe; einige Ansätze aber sind ganz neu: die Relativierung der Heterosexualität durch den Lesbianismus, durch das Propagieren alternativer Möglichkeiten sexueller Befriedigung. Alle diese Strategien zerstören die automatische Verbindung von Sexualität mit Mutterschaft und Familie. Auch der Automatismus, der Ehe und biologische Mutterschaft mit der Haushaltsrolle und der alleinigen sozialen Verantwortlichkeit der Mutter für das Kind verbindet, wird von der Neuen Frauenbewegung angegriffen. Die Forderung nach der Abschaffung der geschlechtsspezifischen Arbeitsteilung in der Familie ist gegenüber der ersten Frauenbewegung ein ganz neues Phänomen.

Mit dem Verschwinden der (weiblichen) Dienstboten aus dem Mittelklassehaushalt hat die Hausfrau-und-Mutter deren Funktionen gegenüber Ehemann und Kindern übernommen: sie räumt ihnen die Sachen hinterher, bereitet ihnen die Mahlzeiten zu, putzt ihren Dreck weg und hält ihre Garderobe instand – wie das Dienstmädchen gegen Kost und Logis (d. h. ökonomischen Unterhalt), mit der zusätzlichen neuen Belohnung ‚Liebe', die sie auch dazu bewegt, das soziale Verhältnis ‚Familie' einzugehen. „Diener für niedrige Arbeiten konnte sich nur eine Minderheit der vorindustriellen Gesellschaft leisten, im Zuge der Demokratisierung steht heute fast dem gesamten männlichen Bevölkerungsteil eine Ehefrau als Dienerin zur Verfügung".[28]

Zwar hat sich in kleinen Kreisen der Mittelschicht während der letzten Jahre bei der jüngeren Generation ein Verpflichtungsgefühl des Mannes zur ‚Mithilfe‘ im Haushalt entwickelt. Diese Mithilfe bezieht sich in der Regel eher auf bestimmte Bereiche der Haushaltsarbeit als auf die Kinderarbeit; falls Väter sich mit ihren Kindern beschäftigen, handelt es sich mehr um außergewöhnliche und vor allem unregelmäßige Aktivitäten (abends vorlesen, gelegentlich mit den Kindern spielen, am Wochenende mit ihnen einkaufen oder spazieren gehen), während die Verantwortlichkeit der Mütter für die tägliche Kleinarbeit an und mit den Kindern unverändert weiterbesteht. Die Mithilfe der Männer kommt einer Gleichverteilung der Arbeiten am nächsten, wenn Mann und Frau berufstätig und kinderlos sind; die geschlechtsspezifische Arbeitsteilung ist am ausgeprägtesten, wenn die Frau zuhause ist und kleinere Kinder da sind. ,,Wir müssen hier und heute die Übernahme der Hälfte der Hausarbeiten durch die Männer fordern, statt uns mit ihrer gnädigen Mithilfe zu bescheiden‘‘.[29]

Hausarbeit kann auch zu einem beträchtlichen Teil reduziert werden: Feministinnen wehren sich gegen den Ausbau sinnloser Routinearbeiten zum Selbstzweck, gegen absurde Anforderungen an Sauberkeit, die sich zudem störend auf den Lebensgenuß auswirken. Hausarbeit und Kindererziehung können außerdem noch zu einem weit größeren Teil vergesellschaftet werden, als es zur Zeit der Fall ist: mehr und vor allem bessere Kindergärten müßten eingerichtet, Ganztagsschulen die Regel werden usw.[30] Da das Ziel aber nicht in einer Auflösung kleinerer Lebenseinheiten besteht, in denen Menschen gemeinsam wohnen, essen, schlafen und ihre Freizeit verbringen, sind der Vergesellschaftung von Familienfunktionen Grenzen gesetzt.

Die entscheidende Veränderung ist daher die Abschaffung der Dienstmädchenrolle der Hausfrau/Mutter: Alle Mitglieder der Familie bzw. Wohngemeinschaft sollen die Verantwortung für ihre eigenen Angelegenheiten und einen Teil der gemeinsamen Arbeit übernehmen. Für die Vater-Mutter-Kind-Familie heißt dies, daß sich beide Eltern, solange die Kinder klein sind, Erziehungs- und Hausarbeit halb und halb teilen müssen; wenn die Kinder größer werden, müssen sie nach und nach ihren eigenen Teil übernehmen lernen. Auf diese Weise werden sie befähigt, in einer späteren Lebensgemeinschaft gleichverantwortliche Mitglieder zu werden – unabhängig vom Geschlecht.

Das problematische Kernstück dieses Programms ist weniger die Teilung der Hausarbeit und die Organisation des Zusammenlebens mit größeren Kindern als vielmehr die Pflege und Erziehung der Kleinkinder. Die feministischen Forderungen laufen darauf hinaus, daß sich Väter genau im selben Ausmaß für Säuglinge und Kleinkinder verantwortlich fühlen sollen wie Mütter und beide Eltern ihre Berufstätigkeit so einrichten, daß sie dem Kind in seinen ersten Lebensjahren zumindest abwechselnd zur Verfügung stehen. Daher wird auch der neue ‚Mutterurlaub‘ der gesetzlich für sechs Monate nach der Mutterschutzzeit nur den Frauen gewährt wird, von den meisten Feministinnen abgelehnt, die stattdessen einen ‚Elternurlaub‘ fordern, den *beide* Eltern zu beanspruchen verpflichtet sind.[31]

Die gerechte Aufteilung der Kinderarbeit zwischen Männern und Frauen ist – auf Dauer – die einzige Alternative zur Kinderlosigkeit. Die Motive, Kinder in die Welt zu setzen, sind heute andere als vor zweihundert Jahren: Frauen oder Eltern wünschen sich Kinder nicht als Erben oder Arbeitskräfte, auch nicht für ihre materielle Alterssicherung (da stehen sie sich mit einer Rente oder Lebensversicherung besser). Wenn sie überhaupt Kinder bekommen, dann aus psychologischen Motiven: um sie großzuziehen, sich mit ihnen zu beschäftigen, die Welt noch einmal aus ihrer Perspektive zu sehen, sie ihnen zu erklären. Diese Art des Motivs macht die vollständige Lösung der ‚Kinderfrage‘ durch ein System noch so guter Kinderaufbewahranstalten unmöglich. Eine Frau bekommt kein – gewünschtes – Kind, um es morgens früh irgendwo abzugeben, abends spät wieder zu holen und ins häusliche Bett zu legen. Ihr Wunsch nach Kindern wird aber auch zunehmend schwächer werden, wenn dies bedeutet, daß sie ihr ganzes Leben lang gesellschaftlich bestraft wird: durch ökonomische Abhängigkeit vom Mann bzw. von der Ehe, eine niedrige Rente, eingeschränkte Möglichkeiten der Berufsausübung usw. Ein Kind großzuziehen, ist eine unter anderen Facetten menschlicher Möglichkeiten, kein Hauptberuf und kein Lebensinhalt. Es ist eine Ausbeutung der Frau, wenn die Gesellschaft – weil sie Interesse am eigenen Fortbestand hat – Frauen auf die Mutterrolle festlegen will, und sogar doppelte Ausbeutung, wenn sie von ihr die gesamte Kinderarbeit wie nebenbei erwartet und sie gleichzeitig ‚gleichberechtigt‘ am Berufsleben teilnehmen läßt.

Neben den feministischen Forderungen ‚Teilung der Haushalts- und Kinderarbeit‘ und ‚Reduzierung und partielle Vergesellschaftung der Haushalts- und Kinderarbeit‘ gibt es eine dritte, die mit den beiden anderen in Widerspruch zu stehen scheint: Wie in der englischen und italienischen, gibt es auch in der deutschen Frauenbewegung Gruppen, die ‚Lohn für Hausarbeit‘ fordern.

Dieser Lohn soll – je nach Ansatz – entweder vom Staat oder vom Ehepartner demjenigen gezahlt werden, der die Arbeit im Haushalt leistet. Die Gruppen, die diese Forderung vertreten, argumentieren in zwei Richtungen: Einmal soll der Lohn die Ehefrau vom Ehemann ökonomisch unabhängig machen; sie soll nicht gezwungen sein, die Alternative ‚Berufstätigkeit plus Hausarbeit‘, nämlich Doppelbelastung, wählen zu müssen, um eigenes Geld zu haben. Zum anderen gehen diese Gruppen davon aus, daß eine Bezahlung den Stellenwert der Hausarbeit als gesellschaftlich notwendiger Arbeit sichtbar machen und die Hausfrauen, wie andere Arbeitnehmer auch, in die Lage versetzen werde, Konflikte mit dem Ehemann in derselben Weise auszuhandeln, wie dies im Arbeitsleben üblich ist: durch Arbeitsniederlegung, Zurückweisung von Überstunden u. ä. Auf diese Weise will die Strategie ‚Lohn für Hausarbeit‘ eine wichtige Grundlage der bürgerlichen Familie in Frage stellen, die darin besteht, daß normalerweise die Hausfrau-und-Mutter ihre Dienstmädchenrolle aus ‚Liebe‘ zu Mann und Kindern übernimmt. Das Konzept, das einen Arbeitslohn für diese Tätigkeit fordert, soll den Zusammenhang seiner emotionalen Verpackung berauben und ihn als ökonomischen entlarven. „Die Frau heiratet den Ernährer, aber der Mann heiratet seine Wirtschafterin ... Lohn für Hausarbeit ändert die strukturellen Bedingungen der Ehe".[32]

Während andere feministische Forderungen die Verklammerung von biologischer und sozialer Mutterschaft, von Frausein und Haushaltsrolle direkt zerstören wollen, könnte die Forderung ‚Lohn für Hausarbeit‘ (obwohl dabei nicht nur an Frauen gedacht ist) gerade die alte geschlechtsspezifische Arbeitsteilung wieder zementieren; deswegen wird sie von den meisten deutschen Feministinnen nicht gestützt. Ursula Krechel bezeichnet den Lohn für Hausarbeit als „reformistisch", Alice Schwarzer nennt ihn „gefährlich". Auch auf der 2. Berliner Sommeruniversität (‚Frauen als bezahlte und unbezahlte Arbeitskräfte‘) fand sich keine Mehrheit für diese Strategie.[33]

Mit dem Angriff auf die geschlechtsspezifische Arbeitsteilung in der Familie stellt der Feminismus auch die Grundlagen der Arbeitsteilung im Beruf in Frage. Nur der von Haus- und Kinderarbeit befreite Mann kann seine volle Arbeitskraft in den Beruf einbringen. Nur weil eine Frau seinen Haushalt führt und seine Kinder aufzieht, kann er sich in seinen eigenen vier Wänder erholen, Familienleben genießen und dabei seine Arbeitskraft wiederherstellen. Dieser Zusammenhang wurde auch von der ersten Frauenbewegung durchschaut, die aber andere Schlußfolgerungen daraus zog. „. . . über die verhängnisvolle Doppelseitigkeit allen Frauenlebens, die darin besteht, daß Mutterschaft für die Frau physisch, seelisch, geistig etwas anderes bedeutet als Vaterschaft für den Mann, wird keine Arbeitsorganisation hinweghelfen".[34] Da der höchste Beruf der Frau nun einmal die Mutterschaft sei, da aber eben diese Möglichkeit der Mutterschaft sie im Berufsleben weniger wettbewerbsfähig mache, sollten Frauen – so der Schluß der gemäßigten ersten Frauenbewegung, eben gar nicht mit Männern nach deren Maßstäben konkurrieren. „Es kommt darauf an, außerhalb der Familie mit ihrer natürlichen Arbeitsteilung wieder eine Arbeitsteilung zu schaffen, bei der die Frau den Kultureinfluß, den sie ehemals besaß, auf dem veränderten Gebiet wiedergewinnen kann", meinte Helene Lange.[35] Frauen sollten nicht versuchen, dasselbe wie Männer im Berufsleben zu leisten, sondern etwas Neues, qualitativ anderes: ‚Mütterlichkeit‘ einzubringen. Sie sollten solche Berufe ergreifen, in denen diese spezifische weibliche

Wesensart wichtig werden könnte, also vor allem soziale Berufe, und die beruflichen Leistungen der Männer ergänzen.

So führte in der ersten Frauenbewegung eine gerade Linie von der Überzeugung, daß „Liebe, Ehe, Mutterschaft" eine „unteilbare Dreieinigkeit" für die Frau bleiben müßten,[36] zur geschlechtsspezifischen Arbeitsteilung in der Familie und von dort ebenso zwingend zur Arbeitsteilung im öffentlichen Leben. Zuletzt ging es der ersten Frauenbewegung lediglich um die Anerkennung der Gleichwertigkeit weiblicher Leistungen (in Familie und Beruf) mit den männlichen Leistungen in Beruf und öffentlichem Leben; als einzige konkrete Forderung verblieb die nach rechtlicher Besserstellung der Ehefrau.

Während die erste Frauenbewegung die gesellschaftlich definierte Verkettung von Sexualität mit Schwangerschaft, Ehe und Mutterschaft und die ‚natürliche' Hausmutterrolle der Frau weitgehend akzeptierte – jedenfalls in ihrer gemäßigten Mehrheit – sind alle feministischen Strategien der Gegenwart darauf ausgerichtet, diese Verklammerung zu sprengen. Gefordert werden:
(1) selbstbestimmte Sexualität, Schwangerschaft und Mutterschaft;
(2) gesellschaftlich akzeptierte Alternativen zur Heterosexualität und zur Institution Familie;
(3) die Abschaffung der geschlechtsspezifischen Arbeitsteilung in der Familie, d. h. in der Haushalts- und Kinderarbeit, und im Beruf.

4. Frauenbewegung und Linke:
Die Sozialismus-Feminismus-Diskussion

Sozialismus und Feminismus entstammen einer gemeinsamen Wurzel, der Idee der Menschenrechte; sie sind einander in vieler Hinsicht verwandt, insbesondere in ihrer Utopie einer humaneren Gesellschaft. Trotzdem ist die Beziehung zwischen Sozialisten und Feministen nie ganz unproblematisch gewesen.

Bei den Frühsozialisten hat die ‚Frauenfrage' unterschiedliches Gewicht; für einige von ihnen – so St. Simon, Fourier, Owen – ist die Frauenbefreiung wesentlicher Bestandteil des allgemeinen menschlichen Fortschritts. Von Fourier stammt der berühmt gewordene Satz, daß der Grad der weiblichen Emanzipation das natürliche Maß der Emanzipation in einer Gesellschaft sei. Allerdings gab es im Sozialismus von Anfang an auch antifeministische Strömungen. Die erste sozialistische Internationale war vor allem vom Gedankengut Proudhons beeinflußt, „. . . der um die Herdstelle als alleinigen Arbeitsplatz der Frau kämpft".[1] Auch der deutsche Sozialismus Lassallescher Prägung sah vor allem die familienzerstörende und lohndrückende Auswirkung der Frauenarbeit (vgl. Abschnitt I.2.7).

Marx hat sich nie explizit mit der Frauenfrage als solcher beschäftigt; seine Analyse des kapitalistischen Wirtschaftssystems bildet allerdings die Grundlage der sozialistischen Frauenemanzipationstheorie von Friedrich Engels, August Bebel und Clara Zetkin. Alle drei „. . . sehen die Bedeutung des Privateigentums als Ursache der Versklavung von Arbeiter *und* Frau in der Vergangenheit und Gegenwart und ordnen so die Frauenemanzipation der Arbeiterbewegung zu und sehen ihre Verwirklichung nur durch den Sieg des Sozialismus garantiert".[2]

Die erste Frauenbewegung stand in ihrer Blütezeit um die Jahrhundertwende der Idee des Liberalismus sehr viel näher als der des Sozialismus. Das Individuum mit seinem Recht auf Freiheit stand im Vordergrund – besonders für den radikalen Flügel, obwohl dieser gelegentlich als der ‚linke‘ Flügel der Frauenbewegung bezeichnet wurde.[3] Die Etikettierung als ‚links‘ erfolgte aufgrund einiger – zum Teil nur äußerlicher – Ähnlichkeiten zwischen der radikalen bürgerlichen Frauenbewegung und den Sozialisten. ‚Links‘ waren in den Augen der gemäßigten bürgerlichen Frauen gewisse familienfeindliche Tendenzen, die den radikalen Frauen zugeschrieben wurden. Deren Hochbewertung der Frauenberufstätigkeit, ihre Sympathien für die ‚Neue Ethik‘ schienen eine Annäherung an den „sozialistischen Gedanken einer Auflösung der Familie" zu signalisieren.[4] ‚Links‘ war auch, daß von weiten Kreisen des radikalen Flügels das Wahlrecht gefordert wurde, das in Deutschland nur im Programm der Sozialdemokratischen Partei stand: das allgemeine, gleiche, direkte Wahlrecht. ,Links' war ferner die pazifistische Haltung, die bei den radikalen Frauen vor dem Ersten Weltkrieg wesentlich häufiger war als bei den gemäßigten, die – ebenso wie die revisionistische Sozialdemokratie – immer nationalistischer wurden. Der radikale Flügel der bürgerlichen Frauenbewegung bevorzugte auch militantere Methoden der politischen Agitation, und Straßenumzüge und Protestversammlungen wurden in Deutschland überwiegend von Sozialisten verwandt.

Trotzdem war die Nähe zwischen radikalen Frauen und Sozialistinnen nur punktuell und von kurzer Dauer. Die Sozialisten forderten das Frauenwahlrecht mit einer ganz anderen Begründung als die Feministinnen. „Die Zuerkennung des Wahlrechts an die Frauen ist die Voraussetzung für die zielbewußte Anteilnahme der Proletarierinnen am proletarischen Klassenkampfe ... Unsere Forderung des Frauenwahlrechts ist keine frauenrechtlerische, vielmehr eine Massen- und Klassenforderung des Proletariats", sagt Clara Zetkin in einer Rede auf dem Internationalen Sozialistenkongreß in Stuttgart.[5] Der bürgerlichen Frauenbewegung war der Klassenkampfgedanke suspekt. Von der überwältigenden Mehrheit wurde die Verwirklichung der zentralen Forderungen innerhalb der bestehenden Gesellschaftsordnung angestrebt.

Das Scheitern gerade des radikalen Flügels der ersten Frauenbewegung wird häufig darauf zurückgeführt, daß die Feministinnen eben nicht aus dem liberalen Lager gestützt wurden, indem ihre eigentlichen politischen Verbündeten hätten sitzen müssen.[6] Zu Beginn des 20. Jahrhunderts vollzog die Frauenbewegung in ihrer Mehrheit die Entwicklung des deutschen Liberalismus mit, der immer konservativer wurde. Der radikale Flügel, der zwischen Sozialismus und konservativem Liberalismus im politischen Leerraum hing, wurde immer kleiner und löste sich schließlich ganz auf.

Die Beziehungen der gegenwärtigen Frauenbewegung zum Sozialismus sind komplexer. 1974 ordnete Ursula Linnhoff in einem ersten Überblick über die deutsche Frauenbewegung seit 1968 die bestehenden Frauengruppen verschiedenen politisch-weltanschau-

lichen Standorten zu; sie unterschied eine feministisch-antiautori-
täre, eine orthodox-marxistische, eine sozialliberal-feministische,
eine radikal-feministische und eine sozialistisch-feministische Position.[7] Das Frauenjahrbuch 1976 trennt globaler zwischen einem
‚linken' und einem ‚feministischen' Feminismus.[8] Eine ähnliche
Unterteilung nimmt 1979 auch Lottemi Doormann in ihrer ‚Zwischenbilanz der Frauenbewegung in der Bundesrepublik' vor: Als
größte Gruppe bezeichnet sie die „radikalen Feministinnen" (von
ihr auch als „separationistische Feministinnen" oder – in Anleh-
nung an das Frauenjahrbuch – „feministische Feministinnen" genannt); daneben grenzt sie unter den ‚Linken' noch einmal „sozialistische Feministinnen" gegen „feministische Marxistinnen" ab.[9]
  Diese verschiedenen Bezeichnungen deuten nicht nur auf jeweils
unterschiedliche Kombinationen von sozialistisch-marxistischen
und feministischen Ideen hin. Sie sind auch ein Spiegel des Ent-
wicklungsprozesses der Neuen Frauenbewegung: Anfangs exi-
stierte noch die Vielfalt politischer Strömungen der frühen siebzi-
ger Jahre, dann bildete sich eine eigenständige autonom-feministi-
sche Position, teilweise unter Abgrenzung von der Linken.
  In den Entstehungsjahren ist die Marxismus-Feminismus-De-
batte viel lebhafter gewesen: „. . . die im Gegensatz zu anderen
kapitalistischen Ländern größere Nähe von Frauenbewegung und
sozialistischen Gruppen in der Bundesrepublik führte zu einem
Legitimationswunsch gegenüber der Linken".[10] Nachdem sich die
Frauenbewegung als autonome soziale Bewegung gefestigt hat, ist
die Diskussion mit den Marxistinnen in den Hintergrund getreten.
„Gegenwärtig sind die Konflikte mit den sogenannten Klassen-
kämpferinnen in der Frauenbewegung dadurch beigelegt worden,
daß viele ihre Positionen differenzierter sehen oder gar Feministinnen geworden sind", schreibt Ursula Krechel 1976.[11] Diese Beobachtung gilt allerdings nur für die erste ‚Generation' der Feministinnen, die die Neue Frauenbewegung aufgebaut hat und größten-
teils noch durch die Studentenbewegung geprägt war. Aber gerade
während der großen Expansion 1975/76 sind zahlreiche Frauen neu
hinzugestoßen, die eine eigenständige Frauenbewegung bereits
voraussetzten, die nicht aus dem linken Milieu kamen und für die

es daher kein vordringliches Abgrenzungsbedürfnis nach links gab.

Während zwischen der Frauenbewegung und der undogmatischen Linken eine gewisse Verwandtschaft besteht (vgl. Kapitel II.7), haben sich die Fronten zwischen der Frauenbewegung und den orthodoxen Marxisten eher verhärtet. Trotz der Abgrenzung vom *orthodoxen* Marxismus würde sich aber vermutlich eine große Mehrheit in der derzeitigen Frauenbewegung noch immer hinter die programmatische Aussage des Frauenhandbuchs (1974) stellen: „Soviel ist heute sicher, daß es keinen Feminismus ohne Sozialismus geben kann und keinen Sozialismus ohne Feminismus".[12]

Im Gegensatz zur älteren Frauenbewegung steht die Neue Frauenbewegung dem Sozialismus deutlich näher als dem Liberalismus. Das hängt nicht zuletzt mit der seit der Jahrhundertwende veränderten sozialen Situation der Frauen zusammen: Der Liberalismus verlangt freie Entfaltungsmöglichkeit des einzelnen; in der Gegenwart ist die gesetzliche Chancengleichheit weitgehend verwirklicht, so daß der persönlichen Entwicklung der einzelnen Frau nicht mehr viel im Wege steht.

Die Feministinnen der Gegenwart haben nun erkannt, daß die ‚Benachteiligung der Frau' nicht mit ein paar äußerlichen Korrekturen aus der Welt zu schaffen ist, sondern daß nur eine grundlegende Gesellschaftsveränderung den institutionell verwurzelten Sexismus beseitigen kann. Der Feminismus hat mit dem Marxismus den Glauben an die Notwendigkeit einer gesellschaftlichen Umwälzung gemein. Auch die Überzeugung, daß gerade das kapitalistische Wirtschaftssystem auf der besonderen Ausbeutung der Frauen aufbaut, die als industrielle ‚Reservearmee' Puffer für die Konjunkturzyklen sein sollen, ist in der gegenwärtigen Frauenbewegung weit verbreitet.

Die inhaltliche Auseinandersetzung zwischen Marxismus und Feminismus beginnt bei der Analyse der Ursachen der Frauenunterdrückung. Für orthodoxe Marxisten(innen) gibt es keine eigenständige ‚Frauenfrage', sondern sie ist „. . . Bestandteil der allgemeinen sozialen Frage",[13] d. h. die Unterdrückung der Frau läßt sich im Prinzip auf dieselben gesellschaftlichen Mechanismen zurückführen wie die Unterdrückung der Arbeiterklasse. Für den Marxismus gilt, „... daß das Privateigentum die letzte Ursache der Geschlechtssklaverei ist und daß einzig und allein die Aufhebung des Privateigentums an den Produktionsmitteln, ihre Umwandlung in Gesellschaftsbesitz, volle Frauenbefreiung sichert", so Clara Zetkin.[14]

Nach dieser Auffassung schließt der Klassenkampf den Kampf um die Frauenbefreiung ein; mit dem Sieg des Sozialismus ist automatisch die Frauenbefreiung erreicht. Gundula Bölke hat in ihrer Analyse der sozialistischen Frauenemanzipationstheorie einen „entscheidenden Mangel" dieses Ansatzes herausgestellt, „... nämlich das Fehlen psychologischer Kategorien, das sie [die Frauenemanzipationstheorie] bei sozialen und politischen Postulaten stehenbleiben ließ, die von den Frauen eine Assimilation an die Männer erfordern und ihre Geschlechtlichkeit verleugnen".[15] Bei der Betonung der Notwendigkeit des Klassenkampfes wurde die besondere Situation der Frauen oft übersehen.

In den letzten Jahren ist solcher Kritik von marxistischer Seite Rechnung getragen worden; man gibt zu, die Frauenproblematik zum Teil vernachlässigt zu haben und räumt dem Frauenkampf wieder verstärkte Bedeutung ein.[16] Aber der Vorrang des Klassenkampfs vor der Lösung der Frauenfrage bleibt unangefochten. „Die untergeordnete Stellung der Frau ist ein Nebenwiderspruch innerhalb des Hauptwiderspruchs zwischen Kapital und Arbeit. Deshalb läßt sich die Frauenfrage nicht geschlechtsspezifisch lösen, sondern letztlich nur durch eine Umgestaltung der kapitalistischen Klassengesellschaft in eine sozialistische klassenlose".[17] Das Dogma vom Haupt- und Nebenwiderspruch trennt Marxistinnen und Feministinnen. Während Marxisten(innen) glauben, die Frauenunterdrückung auf den Klassengegensatz zurückführen zu können, nehmen Feministen(innen) einen eigenständigen, vom Zusammenspiel zwischen Kapital und Arbeit unabhängigen Unterdrückungsmechanismus an. Nach feministischer Überzeugung beruht die Unterdrückung der Frau auf einer Aneignung ihrer Sexualität zum Zweck der Ausbeutung ihrer Reproduktionsfähigkeit durch den einzelnen Mann und/oder patriarchalische Institutionen; der Kapitalismus stellt nur eine – möglicherweise verschärfte – Spielart dieser Ausbeutung dar (vgl. auch die Kapitel III.1 und III.2 ).

Die feministischen Positionen sind dabei sehr unterschiedlich: Sie reichen von einer Anerkennung der Notwendigkeit des Klassenkampfes bis zu seiner Unterordnung unter den Frauenkampf. Alice Schwarzer stellt die Bemühungen um eine sozialistische Gesellschaftsveränderung als eigenen Ansatz gleichwertig neben die Bemühungen der autonomen Frauenbewegung: „Die Berechtigung des Klassenkampfes war für mich nie ein Problem. Wenn der Feminismus aber ein Problem ist für den Klassenkampf, dann ist das sein Problem".[18] Ursula Krechel spricht von einer „Verfilzung und Überlagerung des kapitalistischen Systems mit dem patriarchalischen", die einen Kampf gegen beide Formen der Unterdrückung nötig mache; je nach gesellschaftlicher Situation könne der Kampf gegen Patriarchat oder Kapitalismus Priorität erhalten.[19] Die radikalen Feministinnen im Frauenjahrbuch 1976 drehen die marxistische Doktrin vom Haupt- und Nebenwiderspruch um: „Der Schlüsselpunkt der Gesellschaftsanalyse ist nicht Kapitalismus, sondern Patriarchat . . . ‚Die Frauenfrage‘ ist dann nicht mehr ein Unterpunkt im Klassenkampf, sondern Klassenfragen stellen einen Unterpunkt im umfassenden feministischen Kampf gegen die patriarchalische Weltordnung dar".[20]

Feminist(in) ist, wer von einem Mechanismus der Frauenunterdrückung unabhängig vom Klassengegensatz überzeugt ist; Marxist(in) ist, wer die Frauenunterdrückung auf dem Weg über die Abschaffung der Klassengegensätze lösen will. Die Bezeichnungen ‚sozialistische Feministinnen‘ und ‚feministische Marxistinnen‘ geben darüber hinaus Aufschluß, welche Bedeutung dem Klassen- bzw. Frauenkampf im Zusammenhang mit der feministischen bzw. marxistischen Grundposition jeweils eingeräumt wird. Feministische Marxistinnen beharren im Gegensatz zu orthodoxen Marxistinnen nicht mehr darauf, daß die Geschichte der Frauenunterdrückung erst mit der Entstehung des Privateigentums angefangen hat: „Ob das Patriarchat so alt ist wie das Privateigentum und mit ihm erst entstanden (wie die ‚Klassiker‘ Engels, Bebel und

Zetkin meinen) ist bereits wieder strittig und letzten Endes eine Frage, die zu entscheiden für die heutige Situation müßig ist".[21] Sie weisen außerdem darauf hin, daß die Abschaffung des Privateigentums nicht *automatisch* die Abschaffung der Frauenunterdrückung mit sich bringt. Die sozialistische Gesellschaft stellt aber für sie die ökonomische Voraussetzung zur Frauenbefreiung dar, auf deren Grundlage sich die psychischen Korrelate der Frauenunterdrückung überhaupt erst verändern können. Deswegen ist für die feministisch beeinflußten Marxistinnen der Kampf um die Emanzipation der Frau auch nicht vom Kampf gegen das Privateigentum zu trennen.

Daß die Vergesellschaftung der Produktionsmittel nicht notwendig die Lösung der Frauenfrage mit sich bringt, hat die Praxis der sozialistischen Staaten gezeigt. Zwar nehmen sich die Statistiken der DDR über die Stellung der Frauen im Berufsleben neben den Zahlen aus der BRD sehr positiv aus: Der Anteil der Frauen in den höher qualifizierten und gesellschaftlich verantwortungsvollen Positionen ist größer, und auch in den naturwissenschaftlich-technischen Berufen sind Frauen breiter vertreten. Es gibt beeindruckende Maßnahmen zur Frauenförderung in der Aus- und Weiterbildung.[22] Trotzdem bestehen auch in der DDR besondere geschlechtsspezifische Probleme weiter. Jutta Menschik, marxistische Expertin für die Frauenfrage, hebt die schwachen Punkte hervor: „Ich weiß . . ., daß Frauen in der DDR siebzig Prozent der Hausarbeit machen (und dies zusätzlich zur Berufstätigkeit), daß jede vierte Ehe geschieden wird, daß selbst in den Modellkindergärten Geschlechtsstereotype festgestellt werden, die sich von denen kapitalistischer Staaten kaum unterscheiden".[23]Auch in der DDR bleibt die geschlechtsspezifische Arbeitsteilung, vor allem die in der Familie, erhalten. Für Menschik ist die Familie, das Privatleben, der ‚rückschrittlichste' Bereich in der sozialen Wirklichkeit der DDR. „Festzuhalten ist, daß da, wo geplant werden kann, große Schritte nach vorn gemacht worden sind. Aber Bewußtsein läßt sich nicht planen oder verordnen . . . Zusammenfassend würde ich sagen, daß im Gegensatz zur Bundesrepublik die Frauen in der DDR Staat und Partei auf ihrer Seite haben".[24]

Diese Analyse Menschiks fügt sich lückenlos in den gedanklichen Ansatz feministischer Marxistinnen: Die sozialistische Übergangsgesellschaft – Beispiel DDR – hat nicht automatisch die Abschaffung aller Frauenprobleme gebracht; sie hat aber die ökonomischen Voraussetzungen dafür geschaffen, insbesondere die Voraussetzung der materiellen Unabhängigkeit der Frau vom Mann, nämlich deren eigene Teilnahme an der produktiven gesellschaftlichen Arbeit und – besonders wichtig – Ansätze zur Vergesellschaftung der Kindererziehung. Für die endgültige Frauenbefreiung wären damit die Weichen gestellt; die nötigen Veränderungen im Bewußtsein haben begonnen und werden im Laufe der Zeit den schon eingetretenen Veränderungen der Basis, der ökonomischen und sozialen Realität, nachfolgen.

Vom feministischen Standpunkt aus ist diese Analyse falsch. Ohne die Maßnahmen im einzelnen abwerten zu wollen, die in der DDR ergriffen worden sind, um die Benachteiligung von Frauen abzubauen – viele davon sind vorbildlich, wie die gezielte Förderung der Frauen im naturwissenschaftlich-technischen Bereich, die u. a. zur Widerlegung des Mythos von der geringeren weiblichen Befähigung auf diesem Sektor beitragen kann – , wird doch schon im Ansatz deutlich, daß der DDR-Sozialismus patriarchalisch ist. Nicht etwa die Tatsache, daß es bisher ‚noch nicht‘ gelungen ist, den Frauenanteil auch in höchsten politischen Positionen zu vergrößern, fordert zur grundsätzlichen Kritik heraus. Dies ist lediglich ein Symptom für die patriarchalische Grundstruktur, die sich im wesentlichen an der Einstellung der sozialistischen Staaten zur Familie ablesen läßt.

In der DDR gibt es weit mehr Einrichtungen, die die Betreuung und Erziehung der Kinder während der beruflich bedingten Abwesenheit der Eltern übernehmen. Außerdem hat die DDR eine außerordentlich großzügige Mutterschutzregelung: sechs Monate bezahlten Mutterschaftsurlaub und das sogenannte ‚Babyjahr‘, das der Mutter bei einem unbezahlten Urlaub bis zu einem Jahr nach Geburt des Kindes den Arbeitsplatz freihält. So löst die sozialistische Gesellschaft ihr Versprechen ein, die Kinderarbeit als gesellschaftliche Aufgabe zu begreifen. Aber all diese Maßnahmen stellen den Vorrang der Mutter-Kind-Beziehung vor der Vater-Kind-Beziehung nicht in Frage; der Mutterurlaub verstärkt ihn sogar noch. Daß Väter nach der Geburt ihrer Kinder nicht beurlaubt werden können (oder sogar beurlaubt werden müssen), beweist, daß auch die sozialistische Gesellschaft die Kinderarbeit eigentlich als Pflicht der Frau begreift, die ihr von der Gesellschaft nur erleichtert wird, damit sie sich darüber hinaus so weit wie möglich am Produktionsprozeß beteiligen kann.

Elisabeth Dessai weist daraufhin, daß der Mutterschutz, weit entfernt davon, die berufliche Diskriminierung von Müttern zu verhindern, die geschlechtsspezifische Arbeitsteilung auch im Haushalt wieder verfestigt. „Da sie [die Mutter] eigens für die Betreuung des Babys und den Haushalt beurlaubt wurde, pendelt sich in diesen zwanzig Wochen die alte, bereits überwundene Arbeitsteilung wieder ein. Wie sollte es anders sein? Es ist ja auch wirklich nicht einsehbar, daß der Mann nach getaner Berufsarbeit noch staubsaugen soll, wenn die Gattin den ganzen Tag für Baby und Haushalt – bezahlt – freigestellt worden ist".[25] Wenn die Frau nach Ablauf von Mutterschutz (und gegebenenfalls Babyjahr) wieder berufstätig wird, muß sie erneut im zähen privaten Kleinkrieg dem Mann die ‚Mithilfe‘ im Haushalt abringen. Die hohen Scheidungsziffern der DDR sprechen eine deutliche Sprache: Im Prinzip ist es für die Frauen leichter, ihren Beruf und ihr Kind *ohne* Mann zu bewältigen, wenn sein Vorhandensein im Haushalt nur zusätzliche Arbeit oder zusätzliche energiekostende Auseinandersetzungen über Arbeitsteilung bedeutet.

Die Regelung des Mutterschutzes in der DDR zeigt, daß es nicht nur das zurückgebliebene Bewußtsein der einzelnen Männer ist, das im sozialistischen Staat die volle Emanzipation der Frau verhindert. Die Ungerechtigkeit ist strukturell verankert; der patriarchalische Sozialismus lebt ebenso von der Ausbeutung der weiblichen ‚Doppelrolle‘ wie der patriarchalische Kapitalismus. Die Emanzipationsstrategie der sozialistischen Staaten läuft genau wie die der westlichen Industrieländer darauf hinaus, die Frau in den Produktionsbereich einzugliedern, soweit es möglich ist, ohne ihre ‚natürlichen‘ Mutterpflichten zu beeinträchtigen. Von einer systematischen Übernahme der Haushalts- und Kinderarbeit durch den Mann/Vater ist dabei keine Rede.

Nach radikal-marxistischem Ansatz wird die Frauenemanzipation nur durch eine vollständige Vergesellschaftung der Haushalts- und Kinderarbeit ermöglicht. Es ist symptomatisch, daß auch in der Praxis der sozialistischen Staaten die „heilige Kuh Familie"[26] unberührt bleibt, daß auf halber Strecke vor dem Ziel der Verstaatlichung haltgemacht wird. So wurden in der Stalinistischen Ära in der UdSSR alle Familienexperimente rückgängig gemacht, man kehrte zu einer konservativen Familienpolitik zurück. Auch in der DDR gibt es seit 1965 ein eigenes Familiengesetzbuch, das die Familie dem besonderen Schutz des Staates unterstellt. Die Kleinfamilie hat offenbar eine hohe Beharrlichkeit. Es führt, entgegen marxistischen Vermutungen, kein zwingender Weg von der Vergesellschaftung der Produktionsmittel zur Veränderung der Familienstruktur. Das Bedürfnis der Menschen nach Kleingruppenzusammenhängen, nach Privatheit und Intimität setzt der totalen Kollektivierung Widerstände entgegen. Diesem Bedürfnis tragen die sozialistischen Staaten Rechnung, wenn sie zur traditionellen Vater-Mutter-Kind-Familie zurückkehren.

In der DDR gibt es aber auch kein individuelles Experimentieren mit alternativen Wohn- und Lebensformen, wie es in der BRD und vergleichbaren kapitalistischen Ländern zumindest für einige Bevölkerungsgruppen möglich ist. Jutta Menschik bezeichnet die Kleinfamilie als die „nicht nur typische, sondern nahezu ausschließliche Form des Zusammenlebens in der DDR. Alternative Wohn- und Lebensformen (abgesehen von Studentenwohnheimen und wenigen unverheiratet zusammenlebenden Paaren) gibt es meines Wissens nicht ... Dagegen gibt es einen individuellen Zwang zur Ehe ...".[27] Dieser entsteht u. a. durch die Wohnungsknappheit; die Ehe ist der sicherste Weg, um unabhängig von den Eltern zu werden, indem man eine eigene Wohnung erlangt, weil bei der Wohnungssuche junge Paare bevorzugt werden. Aus diesem Grund wird relativ früh geheiratet. Die Praxis der sozialistischen Staaten (am Beispiel DDR) zeigt also einen starken Zwang zur Kleinfamilie. Außerdem wird in der Kleinfamilie die geschlechtsspezifische Arbeitsteilung höchstens verbal in Frage gestellt; strukturell wird sie durch die Gewährung eines Mutter- statt Elternurlaubs nur noch in den traditionellen Bahnen verfestigt. Ganz ohne Frage sind die staatlichen Instanzen in der DDR stärker bemüht, den Frauen ihre ‚Doppelrolle‘ soweit wie möglich zu erleichtern und deren notwendiger Folge, dem Zurückfallen in den beruflichen Leistungen, durch immer neue Unterstützungsmaßnahmen entgegenzuwirken. Die nehmen sich dann aber eher wie ein „atemloses Schwimmen gegen den Strom" aus, „. . . von einem gesellschaftlichen Mechanismus, der die Evolution der Emanzipation vorantreibt, zeugen sie jedoch nicht".[28]

Auf diesem Hintergrund ist auch die Auseinandersetzung zwischen Marxistinnen und Feministinnen um die Bedeutung der Frauenberufstätigkeit als Emanzipationsstrategie zu sehen. Marxistinnen sehen in der Berufstätigkeit der Frauen die notwendige Voraussetzung ihrer Emanzipation; durch Berufstätigkeit – also Teilnahme an der ‚produktiven‘ Arbeit – und durch die Beteiligung am politischen Kampf kann sich die Frau schon vor Anbruch der sozialistischen Gesellschaft emanzipieren. Feministinnen schätzen die Bedeutung der Berufstätigkeit anders ein. Sie gehen dabei von der Erfahrung aus, daß der inzwischen hohe Anteil weiblicher Erwerbstätiger weder an der Frauendiskriminierung im Beruf noch an der geschlechtsspezifischen Arbeitsteilung in der Familie Grundlegendes geändert hat. Stattdessen hat die bequeme Institution der ‚Doppelrolle‘ Frauen doppelt verfügbar gemacht: als Hausfrau und Mutter wie als Berufstätige, je nachdem, wie es gerade besser in die konjunkturelle Lage paßt.

Es wäre jedoch eine grobe Verzerrung der Tatsachen, wollte man der marxistischen Emanzipationsstrategie ‚Frauenberufstätigkeit‘ eine angeblich alternative feministische Emanzipationsstrategie ‚Lohn für Hausarbeit‘ gegenüberstellen, wie es gelegentlich geschieht.[29] ‚Lohn für Hausarbeit‘ wird von einigen Gruppen, nicht aber von einer Mehrheit in der westdeutschen Frauenbewegung gefordert. Allerdings messen Feministinnen der Berufstätigkeit eine andere Bedeutung bei: „Die feministischen Vorstellungen unterscheiden sich [von den marxistischen] vor allem darin, was unter politischem Bewußtsein, das durch die Berufstätigkeit entfaltet wird, verstanden wird: Die Berufstätigkeit stellt eine Erfahrung dar, die die Universalität der Frauenrolle (daß Frauen nur darüber definiert werden,... daß sie zu einem Mann gehören ...) aufbricht. Die Anhängselidentität ... wird infrage gestellt".[30] Während vor der Entstehung der Neuen Frauenbewegung im Verständnis der Öffentlichkeit ‚Frauenberufstätigkeit' gleich ‚Emanzipation' gesetzt wurde, sehen Feministinnen die berufstätigen Frauen keineswegs automatisch als ‚emanzipiert' an. Berufstätigkeit ist für die meisten Feministinnen wohl eine notwendige, keinesfalls aber die einzige Voraussetzung für Autonomie und Selbstbestimmung.

Die strittigen Punkte in der Diskussion zwischen Marxistinnen und Feministinnen sind damit nicht erschöpft. Gemessen am marxistischen Anspruch hat der Feminismus keine eigene Theorie – in der Tat fehlt ihm ein ausgefeiltes (starres) Gedankengebäude; die verschiedenen feministischen ‚Tendenzen' sind zum Teil noch diffus, erscheinen teilweise sogar widersprüchlich; feministische Strategien finden eher im tatsächlichen Verhalten einiger Frauen und Frauengruppen als auf Programmpapieren ihren Ausdruck.

Aus marxistischer Sicht ist der Feminismus auch zutiefst unpolitisch, weil sein Grundsatz ‚Das Private ist politisch' zu einer vorrangigen Beschäftigung mit den zwischenmenschlichen Beziehungen führt, so daß die Bedingungen, unter denen Frauenerwerbsarbeit stattfindet, teilweise zu kurz kommen. „Sie [die Frauengruppen] haben niemals daran gedacht, ihre Forderungen und Vorstellungen in die Kämpfe z. B. der Arbeiterinnen und ihrer Organisationen einzubringen";[31] auch das akute Problem der Frauenarbeitslosigkeit sei von der Frauenbewegung vernachlässigt worden, oder es „erscheint im feministischen Interpretationszusammenhang äußerst verzerrt".[32] Stattdessen würde „blind gegen das unmittelbar Erlebte" protestiert, „gegen Arbeitsteilung, gegen Hausarbeit der Frauen, schlimmstenfalls gegen Geschlechtsunterschiede überhaupt",[33] oder es würde „innengeleitet und individualistisch an jener Frauen-Nabel-der-Welt-Schau [festgehalten], die ... zu politischer Irrelevanz verdammt".[34]

Zu solch theorielosem, spontanem, unpolitischem Handeln kommt es – aus marxistischer Sicht – infolge der falschen Grundvoraussetzung des Feminismus, der meint, durch Veränderungen im Reproduktionsbereich den Produktionsbereich verändern zu können. „Eine ‚Revolution‘ des Privatlebens zieht von sich aus keine Zerschlagung der ökonomischen, profitorientierten Produktionsverhältnisse nach sich …“.[35] Konsequenterweise richten sich – so die Marxistinnen – die Anstrengungen der Feministinnen dann auch auf den falschen Feind, den Mann. Durch eine „alberne Polarisierung von Mann und Frau ohne Rücksicht auf die Klassenlage“,[36] durch die Einführung der „Sexualdichotomie als grundlegendem Klassengegensatz“[37] würden wertvolle Energien verschleudert, die im sozialen Kampf eingesetzt werden könnten: Marxistinnen wollen Seite an Seite mit den Männern für die Emanzipation der Frau kämpfen.

Den feministischen Separationismus lehnen die Marxistinnen nicht nur wegen seiner Männerfeindlichkeit ab, sondern auch deshalb, weil er die Feministinnen von ihren politischen Handlungsmöglichkeiten abschneide. So bleibe der Feminismus „eine befriedigende Antwort auf die Frage der Strategie“ schuldig, auf die Frage nämlich, „wie Radikalfeministinnen die bestehende ‚Männergesellschaft‘ aus den Angeln heben wollen, wenn sie sich gleichzeitig aus ihr zurückziehen und sich ‚nur‘ noch auf Frauen beziehen, die aber die Schalthebel der Macht nun gerade nicht in Händen halten“.[38] Der Feminismus kann nach marxistischer Ansicht auch keine wirksame politische Kraft sein, weil die Frauenbewegung zersplittert ist und bisher nicht in der Lage war, eine straffe handlungsfähige Organisation aufzubauen, sondern lediglich aus Kleingruppen besteht, die verschiedenartig, dezentralisiert und oft sehr kurzlebig sind.

Auf diese Kritikpunkte soll hier nicht weiter eingegangen werden, sie kommen aber im Teil III noch einmal zur Sprache, der sich mit der Theorie und Politik feministischer Gesellschaftsveränderung befaßt.

## 5. Frauenbewegung und Rechte:
## Der alte und der neue Weiblichkeitsmythos

Die Überlegungen des letzten Kapitels haben gezeigt, daß die Position der Linken keineswegs automatisch ‚fortschrittlich' im Sinne des Feminismus ist. „(Wir müssen) in unserem Umdenkungsprozeß lernen, daß selbst die linken Kategorien von links und rechts, fortschrittlich und reaktionär vom Frauenstandpunkt aus sich verschieben".[1] Der kritische Punkt im Verhältnis der Frauenbewegung zur Linken liegt in der marxistischen Überbewertung des Produktionsbereichs, des Bereichs von Berufsleben und Öffentlichkeit, und der entsprechenden Unterbewertung des Reproduktionsbereichs, des Bereichs von Familie, Freizeit und privaten Beziehungen. Revolutionäre linke Ansätze wollen den Reproduktionsbereich so weit wie möglich vergesellschaften; weniger radikale linke Ansätze dagegen unterscheiden sich in ihrer Familienpolitik kaum von der rechter Parteien.

Während radikale linke Revolutionstheorien Frauen oftmals so behandeln, als könnten sie den Anforderungen des Reproduktionsbereichs ‚nebenher' nachkommen, ansonsten politisch ganz wie Männer agieren, wird die Bedeutung des Reproduktionsbereichs im konservativen Weltbild nie vergessen oder heruntergespielt. Während die radikale Linke die Frauen ermuntert und stützt, sich so weit als möglich von den Zwängen des Familienzyklus freizumachen, betont die Rechte die Pflicht (und das Privileg) der Frauen, ihr ganzes Leben nach den Gesetzmäßigkeiten des Familienzyklus einzurichten. Keiner dieser Ansätze ist feministisch.

Spielt für die Neue Frauenbewegung in ihrer gegenwärtigen Phase die Abgrenzung von der Linken eine wichtige Rolle, so hat sich historisch gezeigt, daß die größere Gefahr von der Rechten kam: In ihrem späteren Verlauf ist die erste Frauenbewegung von konservativen Strömungen vereinnahmt worden. Auch in der gegenwärtigen Frauenbewegung gibt es reaktionäre Strömungen, wenn auch in anderer Gestalt als zu Beginn dieses Jahrhunderts.

Die Frauen des radikalen und des gemäßigten Flügels hatten sehr unterschiedliche Vorstellungen, was Sexualität, Mutterschaft, Familie und Beruf betraf (vgl. Kapitel II.3). Die gemäßigte Frauenbewegung maß dem Konflikt zwischen Familien- und Berufsrolle der Frau weit größere Bedeutung zu als die radikale; sie bewertete den ‚Hausmutterberuf‘ ebenso positiv wie die Berufstätigkeit, und diese Wertschätzung beeinflußte die Konzeptionen zur Mädchenbildung und zur Frauenberufstätigkeit. Auf der anderen Seite stellten sich im Laufe der Zeit immer größere Übereinstimmungen zwischen der gemäßigten Frauenbewegung und konfessionellen wie konservativen Kreisen her. Auch die protestantische Kirche und der von ihr beeinflußte Frauenverband wollten den ‚Hausmutterberuf‘ aufwerten und begrüßten schließlich die Ausrichtung der Mädchenbildung an den alternativ verstandenen Lebenswegen in Familie und Beruf. Die katholische Kirche und die katholische Frauenbewegung betonten ebenfalls die Gleichwertigkeit der Berufsarbeit einer unverheirateten (ihrer ‚Berufung‘ folgenden) Frau mit der Familienmutter; sie beharrten im Gegensatz zur gemäßigten nicht-konfessionellen Frauenbewegung lediglich auf der größeren Familienautorität des Mannes (vgl. Abschnitt I.2.8).

Die übereinstimmende Vorstellung von der Familienrolle der Frau verband nicht nur den gemäßigten Flügel mit der konfessionellen Frauenbewegung und den konservativen Parteien. Auch bei den Sozialisten gab es Richtungen, die das bürgerliche Familienideal des 19. Jahrhunderts bewahrten, so der frauenarbeitsfeindliche Sozialismus Lassallescher Prägung, so auch der in der Weimarer Republik bestimmende revisionistische Sozialismus Edmund Fischers. Wir sind gewohnt, dieses Familienideal als ‚traditionell‘ und ‚konservativ‘ zu bezeichnen, während uns die Vorstellungen des Bebelschen Sozialismus und des radikalen Flügels der Frauenbewegung von ökonomischer Unabhängigkeit und lebenslanger Berufstätigkeit der Frau ‚moderner‘ und ‚progressiver‘ vorkommen. Dabei ist es keineswegs unproblematisch, die Rolle der Frau als ‚Hausmutter‘, die ausschließlich mit der Organisation ihres Haushalts und der Erziehung ihrer Kinder befaßt ist, als ‚traditionell‘ zu bezeichnen. Zwar war die Vorstellung, die Frau gehörte

‚ins Haus‘, sehr alt, aber das ‚Haus‘ hatte in vorindustriellen Zeiten produktive und reproduktive Arbeiten vereint; die Rolle der Hausmutter war erst mit der neuen bürgerlichen Mittelschicht durch die Industrialisierung entstanden (vgl. Kapitel I.1). Der ‚Hausmutterberuf‘, den konservative Kreise zum Zentrum der weiblichen Identität machen wollten, war also im Gegenteil ein historisch noch verhältnismäßig junges Phänomen, das erst im 19. Jahrhundert in breiteren Bevölkerungsschichten Fuß gefaßt hatte.

Das Ideal von der Gleichheit der Geschlechter, das die Vorstellungen des radikalen Flügels der Frauenbewegung (und der sozialistischen Bewegung) beeinflußte – gleiches Recht von Mann und Frau auf Arbeit, auf Entfaltung im Beruf, auf politische Mitbestimmung, eventuell auch auf Sexualität –, war historisch nicht jünger, sondern zur gleichen Zeit entstanden. Es stammte aus dem Gedankengut der Aufklärung und war mit der französischen Revolution erstmals politisch laut geworden, getragen vom aufsteigenden Bürgertum, das sich mit der Industrialisierung entwickelt hatte. Die Rolle der Hausmutter bildete sich parallel zur Abtrennung der Familie als ‚Privatsphäre‘ vom Beruf und öffentlichen Leben als ‚Außenbereich‘. Sie bedeutete de facto eine Auseinanderentwicklung der Geschlechtsrollen: eine größere Betonung der unterschiedlichen Aufgaben und der psychischen Verschiedenheit von Mann und Frau. Gleichzeitig verbreitete sich die Gleichheitsidee. Der real sich vollziehende soziale Wandel, durch den die bürgerliche Familie und der Hausmutterberuf entstanden, geriet in Widerspruch zur Gleichheitsidee.

Die Frauenbewegung, als Mittelschichtsbewegung des 19. Jahrhunderts, war von diesem Widerspruch gezeichnet: Einerseits wurzelte sie in der Gleichheitsidee, die für den radikalen Flügel im Mittelpunkt stand und die liberal-individualistische Haltung der Phase zwischen 1890 und 1908 bestimmte. Andererseits war die bürgerliche Familie eine soziale Realität geworden, und die Bedeutung des familiären Binnenbereichs wuchs: die Gemütlichkeit und Geborgenheit, die Gefühlsbestimmtheit der Beziehungen, als deren Gestalterin die Frauen gesehen wurden und sich selber sahen, wurden immer wichtiger.

Einige Arbeiten aus der ersten Frauenbewegung spiegeln diesen Konflikt. Die Familie, so sagt Bernays, habe eine Doppelstellung: Einerseits „Keimzelle aller Kulturentwicklung", werde sie andererseits, „wenn sie mit rücksichtsloser Autorität ihre Rechte geltend macht, stärkstes Hindernis alles freien Strebens".[2] In der Zeit der ‚Tendenzwende' vor dem ersten Weltkrieg setzte sich das bürgerliche Familienideal gegen das abstrakte Gleichheitsideal durch. Alice Salomon spricht in ihrem 1908 veröffentlichten Aufsatz über neuere Literatur zur Frauenfrage nicht mehr vom ‚radikalen' und vom ‚gemäßigten' Flügel, sondern von einer ‚älteren' und einer ‚jüngeren' Richtung: die ältere fordere Gleichheit, die jüngere wolle die Frauenforderungen den „natürlichen Familienaufgaben der Frau" unterordnen. Salomon, Bäumer, Lange und andere wichtige Frauen des gemäßigten Flügels sahen die Tendenzwende aber nicht als eine Neuformulierung der Ziele, sondern als Synthese, die die Gegensätze zwischen ‚alten' Frauenrechtsforderungen und ‚neuer' Einsicht in die Bedeutung des Hausmutterberufs versöhnen sollte.[3] Ihre Synthese war nichts anderes als die berühmte Formel von der ‚Gleichwertigkeit, aber Verschiedenartigkeit' der Geschlechter, die alle konservativen Gruppen übernehmen konnten – und in der Folgezeit auch übernahmen. Auf der Grundlage dieser Formel näherten sich konfessionelle und nichtkonfessionelle Frauenverbände in der Spätphase der ersten Frauenbewegung aneinander an.

Es ist leicht einsichtig, daß die Formel von der ‚Gleichwertigkeit, aber Verschiedenartigkeit' der Geschlechter für politische Kräfte annehmbar war, die an einer Verbesserung der Lage der Frauen keinerlei Interesse hatten: Man konnte die Verschiedenheit von Männern und Frauen betonen und versündigte sich dabei nicht gegen die Gleichheitsidee; die geforderte ‚Gleichwertigkeit' war im Gegensatz zur ‚Verschiedenartigkeit' nur schwer zu messen und zu überprüfen. Die Formel war ungeeignet, um aus ihr Ansprüche abzuleiten, aber vorzüglich geeignet, um mit ihr Ansprüche zurückzuweisen.

Warum sich die Frauenbewegung auf diese Formel einließ, ist schwerer zu verstehen. Es kann mit einem Hinweis auf die Ausweitung der Frauenbewegung erklärt werden, durch die im Verhältnis immer mehr Nur-Hausfrauen hinzukamen. Damit bleibt aber noch offen, warum es eine so große Zahl von Mittelschichtsfrauen gab, die gar keine Berufstätigkeit anstrebten, sondern denen der ‚Hausmutterberuf‘ viel attraktiver erschien. Das im 19. Jahrhundert sich verfestigende Leitbild der ‚Hausmutter‘ hat für die Geschichte der Frauen eine durchaus ambivalente Bedeutung, und für die Einschätzung der gegenwärtigen Frauenbewegung ist gerade das Verständnis dieser Ambivalenz von größter Bedeutung (vgl. auch Kapitel III.2). Durch die Entstehung der bürgerlichen, der nicht-mehr-produktiven Familie erhielt das Reproduktionsgeschehen – das gemeinsame Einnehmen von Mahlzeiten, die Erziehung der Kinder, das gemeinsame Verbringen von Freizeit – eine große und wachsende Wichtigkeit; in vorindustriellen Zeiten war es immer mehr schlecht als recht neben der ‚produktiven‘ Arbeit hergelaufen und ganz von deren Zwängen bestimmt. Als relativ eigenständigen Verwalterinnen dieses wichtig gewordenen – und immer wichtiger werdenden – Bereichs wuchs den Frauen eine selbstbestimmte Domäne und eine potentielle Machtposition zu. Gleichzeitig aber bedeutete die Tatsache, daß sie nun nicht mehr unmittelbar an der ‚produktiven‘ Arbeit beteiligt waren, verstärkte ökonomische Abhängigkeit, vor allem vom Ehemann. Weil die Frauen keinen eigenen Zugang zum Erwerb hatten, mußten sie ihre Reproduktionsleistungen im Haushalt und im emotionalen Bereich gezwungenermaßen im Tausch gegen ökonomischen Unterhalt leisten. Die potentielle Machtdomäne wurde so – mangels Alternativen – die Ursache für einen realen sozialen Machtverlust.

Die gemäßigte Frauenbewegung wollte Einfluß der Frau über die Familie hinaus, aber sie wollte den Frauen auch die gerade entwickelte selbstbestimmte Domäne des Innenbereichs nicht nehmen. Von der Verwirklichung des abstrakten Gleichheitsideals wurde befürchtet, es würde die Familie zerstören; dabei war es weniger die Sorge, konkrete Haushaltsarbeit könnte vernachlässigt werden – dazu hatten die bürgerlichen Haushalte ja Dienstboten. Aber wer sollte die ‚Seele des Heims‘ sein, Gemütlichkeit und Geborgenheit vermitteln, wenn auch die Frau sich, zu denselben

Bedingungen wie der Mann, ins Erwerbsleben stürzte? Die Familie wurde als der Ort gesehen, wo das Ideal der Frauenbewegung, die seelische Mütterlichkeit, noch am ehesten verwirklicht wurde oder zumindest werden könnte; als eine Insel, die als einzige dem Ansturm der Industrialisierung standgehalten hatte, und es galt als besondere Aufgabe der Frau, sie zu schützen gegen „die seelenlosen Gewalten der technischen Entwicklung", gegen die „schauerlich unpersönliche Wirtschaft" da draußen.[4]

Diese Einstellung ist nicht nur Kernstück konservativen Denkens, sondern sie wird auch heute von vielen Frauen geteilt, die in anderen Bereichen eigentlich nicht konservativ sind. Sie erklärt das Zögern der Frauen allen politischen Ideen und Parteien gegenüber, die Haushalts- und Familienaufgaben vergesellschaften wollen; sie ist der tiefere Grund der Anhänglichkeit von Frauen an die konservativen Parteien. Konservative Familienpolitik heißt ja: die Familie erhalten, stärken, stabilisieren gegen das „schauerlich unpersönliche" Leben draußen. Diese Gefühle gewinnen auch verständlicherweise immer mehr an Kraft, je weiter Industrialisierung, Technisierung, Bürokratisierung fortschreiten und ihren Druck auf das Individuum verstärken: Die angeblich ‚heilende‘ Kraft der Familie wird um so mehr gebraucht, je inhumaner Beruf und Öffentlichkeit erlebt werden.

Auf dem Hintergrund dieser Überlegungen muß auch das Verhältnis zwischen Nationalsozialismus und Frauenbewegung gesehen werden. Manche Darstellungen erwecken den Eindruck, als hätte der Nationalsozialismus die Frauenbewegung gewaltsam zerstört.[5] Doch bei der Machtübernahme löste sich nur formal eine Organisation auf, die als ‚Bewegung‘ längst verebbt, d. h. vom breiten Strom der Mehrheitsmeinung kaum mehr zu unterscheiden war. Außerdem gab es in der Frauenbewegung selbst Anknüpfungspunkte für den Nationalsozialismus; der wichtigste war die Hochbewertung der Mutterschaft.

Die Hochbewertung von Mutterschaft und Hausfrauenrolle war seit den Zeiten der Tendenzwende zentrales Thema der Frauenbewegung. Kritiker hatten der älteren Generation der ersten Frauenbewegung zwar eine ‚amaternelle‘, eine ‚unmütterliche‘ Grundeinstellung nachgesagt, aber die Kritik war schnell von der Frauenbewegung in ihren eigenen Reihen aufgegriffen und zurückgewiesen worden. ‚Amaternell' war es etwa, zu leugnen, daß ‚Mütterlichkeit' das höchste Kriterium für ‚Weiblichkeit' sei; ‚amaternell' war es auch zu behaupten, daß die Höherentwicklung der weiblichen Persönlichkeit von der Mütterlichkeit weg statt zu ihr hin führe, wie es z. B. Rosa Mayreder in ihrer ‚Theorie der Weiblichkeit' getan hatte.[6] Ellen Key warnte vor den ‚amaternellen Seelenzuständen' mancher Feministinnen: „(sie könnten) die schlimmsten Befürchtungen nicht nur der Männer in Bezug auf die Folgen der Frauenbewegung bestätigen, sondern auch die größte Gefahr für die Frauenbewegung selbst bilden".[7] Aber sie stellte bei den ‚maßvollen Feministinnen' schon eine Rückbesinnung auf die Mütterlichkeit fest. In der Tat mühte sich der gesamte gemäßigte Flügel, den Vorwurf der Unmütterlichkeit aus der Welt zu schaffen und den Beruf der Hausmutter zum „höchsten Frauenberuf" zu erklären: „Je mütterlicher das Weib ist, um so mehr nähert es sich der Vollendung, um so mehr hilft es aber auch die Kulturentwicklung vollenden".[8]

Genau diese Idee nahm auch der Nationalsozialismus auf. Erziehung zur Mutterschaft und zur Mütterlichkeit stand im Mittelpunkt der nationalsozialistischen Mädchenbildung: „Niemals wurde Mutterschaft und Muttertum, körperlich und geistig gesehen, so starr und klar als Grundlage alles schöpferischen Lebens des Volkes gefordert wie vom nationalsozialistischen Staat", hieß es 1935 in einem Aufsatz über die Mädchenerziehung im nationalsozialistischen Deutschland.[9] Zwar hatte die Frauenbewegung immer auch und besonders die seelische Dimension der Mütterlichkeit gemeint, aber die Diskussion sozialdarwinistischer Ideen und der als Problem empfundene Geburtenrückgang führten schon in den 20er Jahren auch in der Frauenbewegung zu einer Akzentverlagerung auf die physische Mutterschaft, die der Nationalsozialismus in erster Linie meinte.

Es wäre verkürzt, die Familienpolitik der Nationalsozialisten einfach als frauenfeindlich zu bezeichnen. Das ‚Weibliche' wurde keinesfalls als minderwertig erklärt, sondern im ‚Mütterlichen' stärker glorifiziert denn je. Die Mutterrolle galt als ebenso tragend für die Gemeinschaft wie die Rolle des Mannes bei der Arbeit und als Krieger. Familie und Haushalt wurden durch die Propaganda ungeheuer aufgewertet; auch bekamen Hausfrauen das Gefühl vermittelt, sie könnten die volkswirtschaftlichen Geschicke direkt mitbestimmen durch eine kluge und sparsame Haushaltsführung. „Die Propagandamaschinerie und die Sozialbehörden schienen die Probleme der verheirateten Frauen ernst zu nehmen; das hatte es vorher kaum gegeben. So trügerisch, beleidigend, verlogen und überspitzt diese Aufmerksamkeit zum großen Teil auch immer gewesen sein mochte, so richtete sich die Kampagne . . . dennoch an reale Frustrationen und Entbehrungen der Hausfrau und zehrte davon".[10]

Extrem feindselig verhielt sich das nationalsozialistische Regime nur gegen die Minderheit akademisch gebildeter Frauen, die ihrerseits auch am ehesten abgestoßen waren von der Rolle als Gebärmaschine, die der nationalsozialistische Staat den Frauen zuwies. Wer in der Frauenbewegung die liberale, individualistische Haltung vertreten hatte, wehrte sich auch gegen die ‚völkische' Idee, daß die Frau ihre eigene Entwicklung dem ‚Besten des Volkes' unterwerfen müsse – aber auch diese Idee kam nicht erst durch den Nationalsozialismus auf; schon das BDF-Programm von 1919 hatte deutlich Individualismus-Kritik geübt und die „selbstlose Hingabe der Frau für das Volksganze"[11] gefordert (vgl. auch Abschnitt I.2.9).

Die schärfste Abweichung zwischen der Idee der Frauenbewegung und dem Frauenbild des Nationalsozialismus bestand in dem Wunsch der Frauen nach politischer Partizipation: Das nationalsozialistische Regime duldete in der öffentlichen Verwaltung, in Politik und Wirtschaft keine Frauen in leitenden Positionen. Doch auch der Nationalsozialismus verwies die Frauen nicht nur auf das Haus. Für die Aktiven und Ehrgeizigen gab es genügend Betätigungsspielraum in den Frauenorganisationen; hier konnten Mittelklassefrauen hierarchisch aufsteigen, als Führerinnen, Lehrerinnen und Leiterinnen jüngerer Frauen. Die NS-Frauenorganisationen waren stärker an der Gestaltung des öffentlichen Lebens beteiligt als die organisierte Frauenbewegung im Kaiserreich und in der Weimarer Republik – wenn sich ihr Einfluß auch auf den kulturellen Bereich, auf Freizeitgestaltung, Sozialarbeit, Sport u. ä. beschränkte. In der Arbeit der NS-Frauenschaft gab es also eine Möglichkeit für Frauen, über das Haus hinaus eine Art ‚weiblichen Kulturbeitrag‘ zu leisten, also etwas, von dem die Frauenbewegung immer gesprochen hatte, in einer weitgehend autonomen Frauenorganisation, in von Frauen weitgehend autonom gestalteten Tätigkeiten. Lediglich in ihrem Zuständigkeitsbereich waren sie durch die Definition dessen, was als ‚wesensgemäß weiblich‘ galt, eingeengt wie in einem Laufställchen.

Zwar ist die Behauptung historisch unrichtig, die weiblichen Wählerstimmen hätten Hitler an die Macht gebracht (vgl. Abschnitt I.3.2). Ob nach der Machtergreifung der Widerstand gegen das NS-Regime bei den Frauen weniger ausgeprägt war als bei den Männern, ist noch umstritten. Wenn eine größere ‚schweigende Mehrheit‘ von Frauen dem nationalsozialistischen Staat bis in den Krieg hinein positiv gegenübergestanden hat, so ist dies darauf zurückzuführen, daß diese Frauen die „bürgerlichste aller bürgerlichen Ideologien“ teilten: „Denn die Nazi-Politik und -Propaganda verherrlichte bewußt oder unbewußt auch die fundamental versöhnende Funktion des Familienlebens; darauf reagierten die Menschen, denn die Kampagne traf einen traditionellen und fast universalen Schutzmechanismus gegen die Entfremdung ‚draußen im feindlichen Leben‘“.[12]

In der Bundesrepublik hat die CDU/CSU an der alten konservativen familienbewahrenden Politik wieder angeknüpft. Den zögernden Versuchen der SPD, den Gleichberechtigungsgrundsatz der Verfassung konkret ins Familienrecht umzusetzen, wird immer wieder mit dem Vorwurf der Familienzerstörung begegnet. Auch die Kirchen haben ihre Auffassung von der Familie und der Rolle der Frau in ihr nicht wesentlich geändert. Die Grußbotschaft Papst Pauls VI. zum Jahr der Frau spricht für sich: „Die Würde und die Aufgabe der Frau müssen gewahrt bleiben. Gott hat die Frau zur empfindsamen Tochter, zur starken und reinen Jungfrau, zur liebenden Ehefrau und besonders zur heiligen und würdevollen

Mutter und schließlich zur frommen und arbeitsamen Witwe bestimmt."

Die Frauenorganisationen aus der Zeit der ersten Frauenbewegung, die sich zum Teil nach der Unterbrechung durch das Dritte Reich in der Bundesrepublik neu konstituierten – sie sind weitgehend dem Deutschen Frauenrat als der Dachorganisation angeschlossen – , haben im allgemeinen wieder an den Vorstellungen des gemäßigten Flügels angeknüpft. Die ‚Doppelrolle‘ der Frau ist akzeptiert, doch die Gleichwertigkeit des ‚Hausfrauenberufs‘ und die Unterordnung einer eventuellen Berufstätigkeit der Frau unter ihre ‚natürlichen‘ Familienaufgaben bestimmen noch immer die Vorstellungen. Als Leitthema herrscht auch heute die Überzeugung von der ‚Verschiedenheit, aber Gleichwertigkeit‘ der Geschlechter vor, die die geschlechtsspezifische Arbeitsteilung in der Familie, ebenso wie die Familie als Institution in ihrer gegenwärtigen Form bejaht.

Die Feministinnen der Neuen Frauenbewegung sind von ihrer politischen Identifikation her kaum in der Nähe der Rechtsparteien anzusiedeln. Die ‚erste Generation‘ der späten 60er und frühen 70er Jahre stammte zum größten Teil aus der linken Studentenbewegung oder sympathisierte mit der sozialliberalen Koalition, eher mit der SPD als mit der FDP. In der ‚zweiten Generation‘, die nach 1975 mit der Frauenbewegung in Berührung gekommen ist, gibt es ein großes Potential politisch indifferenter bzw. politisch resignierter Frauen. Für sie sind die Rechtsparteien indiskutabel, sie fühlen sich aber von der SPD enttäuscht, und die linken Organisationen meiden sie wegen ihres Dogmatismus und männlichen Chauvinismus. Am ehesten sind politische Sympathien für die ‚Grünen‘ vorhanden; häufig äußert sich die politische Resignation in Wahlverweigerung.

Bei einer solchen politischen Identifikation besteht in der gegenwärtigen Frauenbewegung kaum eine Tendenz zur Annäherung an rechtsgerichtete Parteien. Unter Feministinnen ist auch eine extrem kritische Haltung gegenüber der Institution Familie und eine Ablehnung der Institution Kirche verbreitet. Eine Wiederbelebung des Ideals der bürgerlichen Vater-Mutter-Kind-Familie ist deswe-

gen zur Zeit innerhalb der Frauenbewegung sehr unwahrschein-
lich.

Und doch gibt es Ähnlichkeiten zwischen einer Forderung, die
von Gruppen in der Neuen Frauenbewegung erhoben wird, und
der Familienpolitik der CDU: ‚Lohn für Hausarbeit‘ einerseits,
‚Erziehungsgeld‘ für Mütter andererseits. Sicher stehen für die
CDU andere Motive hinter diesen Plänen: Sie will die Hausfrauenrolle aufwerten, für die Frauen wieder attraktiv machen, während
die Feministinnen (vgl. Kapitel II.3) die emotionale Basis der geschlechtsspezifischen Arbeitsteilung durch eine kommerzielle er-
setzen und so der Frau ökonomische Unabhängigkeit und damit
Verhandlungsmacht geben wollen. Die CDU denkt an eine Art
Taschengeld, die Feministinnen an ein regelrechtes Gehalt. Die
feministischen Frauengruppen sind sich zwar der Nähe ihrer Forderung zu konservativen Konzeptionen klar; sie halten es aber für
einen Zufall, daß gerade die CDU die Forderung nach einem
‚Lohn für Hausarbeit‘ vertritt. Sie weisen darauf hin, daß in anderen Ländern andere Parteien (in Italien auch die Kommunisten)
hinter diesen Plänen stehen, und zwar jeweils die gerade oppositio-
nellen Parteien. – Die Beurteilung einer feministischen Strategie als
‚reaktionär‘ folgt nicht ohne weiteres aus dem politischen Rechts-
Links-Spektrum, wie in Kapitel II.4 bereits gezeigt wurde. Entscheidend für die Einschätzung kann nur die tatsächliche Auswirkung sein: Würde eine Bezahlung der Hausarbeit tatsächlich die
„strukturellen Bedingungen der Ehe unterlaufen“ – wie die Autorinnen im Frauenjahrbuch 1976 meinen – oder würde sie vielmehr
die Frau „zusätzlich versklaven“ – wie Alice Schwarzer vermutet?[13]

Es gibt noch andere Tendenzen in der Neuen Frauenbewegung,
die reaktionäre Züge haben, das heißt, Gefahr laufen, sich als Bu-
merang gegen die Feministinnen zu wenden. Global können sie als
der ‚neue Weiblichkeitsmythos‘ bezeichnen werden. Sie äußern
sich z. B. in einer schwärmerischen Aufwertung der physischen
Mutterschaft, in extensivem Körper- und Naturkult, in der Koket-
terie mit Irrationalität und Mystizismus.

In der Öffentlichkeit ist das Bild der Feministin als ‚amaterneller‘

Frau verbreitet. Dazu trägt u. a. die Tatsache bei, daß die Frauenbewegung stark von Studentinnen, also überwiegend jüngeren kinderlosen Frauen, geprägt ist. In den ersten Jahren nach Entstehen der Frauenbewegung gab es auch zahlreiche Erfahrungsberichte von Müttern und Hausfrauen, die sich in der Frauenbewegung diskriminiert, unterdrückt und minderwertig eingeschätzt fühlten. Viele Feministinnen teilen die Ansicht Simone de Beauvoirs, daß die Abhängigkeit der Frau vom Mann in dem Augenblick beginnt, wo sie ein Kind bekommt („Mutterschaft ist eine böse Falle"[14]).

Seit einigen Jahren gibt es eine Gegenwelle, die vor allem die Bedeutung des Körpererlebnisses der Mutterschaft betont und Schwangerschaft, Geburt und Stillen als einen zentralen Teil des Frauseins in den Mittelpunkt weiblicher Identität rückt.[15] Der ,alte Weiblichkeitsmythos', dem die erste Frauenbewegung verfiel, stellte die ,seelische Mütterlichkeit' als das ,wesensgemäß Weibliche' in den Mittelpunkt und übernahm damit nach und nach das kulturell vorgeformte Frauenbild als eigenes Ideal. Im ,neuen Weiblichkeitsmythos' der gegenwärtigen Frauenbewegung hat die ,Mütterlichkeit' eine nur untergeordnete Bedeutung, in seinem Mittelpunkt steht die Wiederentdeckung des Körpers. Menstruation, Schwangerschaft, Geburt und Stillen – Vorgänge, die von der patriarchalischen Kultur tabuisiert und ins Dunkel verbannt wurden – sollen von ihrer Negativbesetzung befreit werden; sie sollen aus der Fremdbestimmung durch die Institutionen (Krankenhaus, Pharmazie) wieder in den eigenen Erlebensbereich gerückt werden. Dies findet seinen Ausdruck in Selbstuntersuchungs- und Selbsthilfegruppen, in Schwangerengruppen und in Gruppen, die gemeinsam stillen.

Eine andere Variante des ,neuen' Weiblichkeitsmythos besteht in der radikalen Ablehnung von ,männlichen' Denkstrukturen, also von Rationalität und Wissenschaft. „Das ständige Umgehen mit rationalen Systemen, Erkenntnissen, meßbaren Fakten ist kümmerlich. Dieses Wirklichkeitsdenken geht einher mit Unterdrükkung, alles muß handhabbar, verfügbar sein, ,logisch', sichtbar, formbar mit der Spitzhacke, nur kein Blick für das, was durch die

Gitter dieses Aneignungsrasters fällt. Alles beruht auf Trennung und Beherrschung, Zerstörung und willkürlicher Zusammensetzung ... Wem nützt eine Form von Aufklärung, die *Reduzierung* auf sichtbare Ursache-Wirkung-Komplexe ist?"[16]

Das Unbehagen am ,männlichen' Erkenntnisprozeß führt zu einem Interesse an Magie und Spiritualismus, an Mythen und Märchen, an vorgeschichtlichen Matriarchaten und Göttinnenkulten mit ihren Ritualen. Dieses Interesse ist aber nicht nur ein historisches, das sich auf die Wiederaneignung eines Stückes verschütteter Geschichte der Frauen richtet. Sondern der neue ,weibliche' Spiritualismus meint ein (Wieder-)Erlernen medialer Fähigkeiten, die dann im Kampf gegen das destruktive ,männliche Prinzip' eingesetzt werden sollen. ,,Ein Aspekt der aus der Frauenbewegung heraus entwickelten weiblichen Spiritualität ist der Kampf auf medialer und spiritueller Ebene gegen den unabdingbaren männlichen Willen, jegliche Energie, derer er habhaft werden kann, auf ein Ziel zu richten: Tod, Vernichtung, nunmehr auf planetarischer Ebene".[17] Die Zunahme des Interesses an ,weiblicher Spiritualität' ist an den in letzter Zeit sehr zahlreichen Veröffentlichungen in diesem Bereich, vor allem im Verlag Frauenoffensive, abzulesen; extreme Ausdrucksformen dieses Interesses – ,feministische' Hexenzirkel und Göttinnensekten, Gruppen, die ,feministische' Astrologie betreiben u. ä. – gibt es in der Bundesrepublik, im Gegensatz zu den USA, allerdings noch kaum.

Kritisch an diesen Tendenzen in der Frauenbewegung ist m. E. nicht, daß sie bestimmte Themen aufgreifen, die im patriarchalischen Weltbild verdrängt oder unterbewertet oder in bestimmter Weise verzerrt werden – im Gegenteil, ich bin überzeugt, daß darin positive neue Orientierungsmöglichkeiten liegen, die der Feminismus bietet. Es geht dem Feminismus ja gerade darum, eine neue Weltsicht, ein verändertes Verhältnis zur Natur, zum Körper, zum anderen Menschen zu schaffen. Zum ,neuen Weiblichkeitsmythos' werden diese Ansätze erst dann, wenn sie Mutterschaft, Körper, Natur, Gefühl ins Zentrum weiblicher Identität stellen. Problematisch ist die – selbstverstümmelnde – Annahme der alten patriarchalischen Formeln ,Frau gleich Körper', ,Frau gleich Natur', ,Frau gleich Gefühl und Irrationalität' – auch dann, wenn ihnen durch die selbstgewählte Identifikation mit diesen Elementen ein positives statt des kulturüblich negativen Vorzeichens verliehen wird.

Feminismus ist der Kampf gegen die gesellschaftlich definierte Frauenrolle, die Ablehnung der Definition des Frauseins durch den Mann bzw. die patriarchalische Kultur. Was reaktionär im Sinn des Feminismus ist, kann nur aus dieser Definition abgeleitet werden. Reaktionär ist demnach nicht nur die Festlegung von Frauen auf die Mutterrolle, wie sie vor allem von konservativen und konfessionellen Kreisen vorgenommen wird. Reaktionär ist auch der ‚neue Weiblichkeitsmythos' in der Frauenbewegung selbst, weil er sich an den alten Vorstellungen vom ‚wesensgemäß Weiblichen' orientiert. So schleicht sich durch die Hintertür wieder die alte biologistische Argumentation ein, die die Feministinnen gerade entlarven wollen. ,,Der Feminismus ist in seinen eigenen Reihen zweifach bedroht: auf der einen Seite vom Vereinnahmungsversuch der Linken, auf der andern von dem der ‚neuen Weiblichkeit', die in Wahrheit eine ganz alte ist . . .".[18]

Die erste Frauenbewegung akzeptierte im Verlauf, daß ‚weiblich' gleich ‚mütterlich' sei und ließ sich auf die Formel von der ‚Verschiedenartigkeit, aber Gleichwertigkeit' der Geschlechter ein. Es gibt in der gegenwärtigen Frauenbewegung Gruppen, die akzeptieren wollen, daß ‚weiblich' identisch ist mit Körperverbundenheit, Naturnähe, Gefühlsbestimmtheit, Irrationalität. Dieser neue Weiblichkeitsmythos ist reaktionär, weil er freiwillig eine kulturell zugeschriebene Regieanweisung für Weiblichkeit übernimmt. ,,Es gibt . . . keine Bewegung, die so sehr gegen die eigenen Identifizierungen mit dem Unterdrücker ankämpfen muß wie gerade die Frauenbewegung."[19]


## 6. Erscheinungsformen des Antifeminismus damals und heute

Die beiden letzten Kapitel haben zu der Frage geführt, welche Vorstellungen aus feministischer Perspektive ‚fortschrittlich', welche hingegen ‚reaktionär' sind. In diesem Kapitel soll das Phänomen des Antifeminismus ausführlicher analysiert werden.

Es erscheint sinnvoll, zwischen ‚Frauenfeindlichkeit' im allgemeinen und ‚Antifeminismus' im engeren Sinn zu trennen, obwohl beide Phänomene gelegentlich ineinander übergehen. Frauenfeindlichkeit hat es, lang vor dem Auftreten einer Frauenbewegung, immer wieder gegeben; sie bildet einen festen Bestandteil abendländischer Kultur. Unter ‚Antifeminismus' soll hier nur Frauenfeindlichkeit verstanden werden, die direkt als Reaktion auf die Frauenbewegung, als Widerstand gegen deren tatsächliche oder vermeintliche Ziele anzusehen ist.

Der Widerstand gegen die erste Frauenbewegung war in den verschiedenen Phasen, die sie durchlief, unterschiedlich stark ausgeprägt. In der Zeit, als sie weitgehend durch den Allgemeinen Deutschen Frauenverein repräsentiert wurde (von 1865 bis in die 80er Jahre) gab es polemische Schriften einzelner Männer, die zumeist aus dem Universitätsbereich stammten und ihr Mißfallen über die Ziele des ADF – Frauenbildung und Frauenberuf – zum Ausdruck brachten. Zu ihnen gehörten Heinrich von Sybel, nationalliberaler Professor der Geschichte, 1870, Lorenz von Stein, freisinniger Professor der Nationalökonomie, 1875, Theodor von Bischoff, Professor der Anatomie, 1872, Philipp von Nathusius, christlich-konservativer Professor der Theologie, 1871.[1] Sie alle lehnten höhere Bildung und akademische Berufe für Frauen entschieden ab und begründeten dies ausführlich mit den intellektuellen und körperlichen Besonderheiten, d. h. Defiziten, des weiblichen Geschlechts. Es waren die teils immer noch gängigen Argumente von der Unfähigkeit zu logischem und abstraktem, zu schöpferischem Denken, teils die heute in Vergessenheit geratene Behauptung von der körperlichen Schwäche der Frau, deren Zartheit und Hinfälligkeit, deren ständige Beeinträchtigung durch entweder Menstruation oder Schwangerschaft oder Klimakterium als ein gravierendes Hindernis für Bildung und Beruf angesehen wurde. Auch der mögliche Verlust der ‚Weiblichkeit' wurde damals schon befürchtet.

Die Argumentation war in sich recht widersprüchlich; so wurde einmal behauptet, daß Frauen zur geistigen Betätigung eigentlich gar nicht in der Lage seien, andererseits, daß sie damit ihre seelische und körperliche Gesundheit ruinieren würden. Die geringe physische Belastbarkeit der Frauen sprach in den Augen der Antifeministen gegen den Ärztinnenberuf, hinderte sie aber nicht, den Beruf der Hebamme und der ‚Krankenwärterin‘ als angemessen zu betrachten. Auch war von den Menstruations-, Schwangerschafts- und Klimakteriumsbeschwerden der Dienstmädchen und Fabrikarbeiterinnen nie die Rede – wahrscheinlich rangierten sie nicht unter ‚Frauen‘.

In den 90er Jahren, als die Radikalisierung der Frauenbewegung begann, wurde die Kritik an ihren Zielen in der Öffentlichkeit zurückhaltender. Zwar erschienen um die Jahrhundertwende Möbius' und Weiningers frauenfeindliche Bücher, die in der Folgezeit viel gelesen wurden.[2] Allgemein aber war die Frauenbewegung eine ernstzunehmende Kraft geworden, die von der Presse berücksichtigt, von Kirchen und Parteien beobachtet wurde. Die Forderungen nach verbesserter Bildung gewannen immer mehr Boden: 1908 war das Jahr der Mädchenschulreform und der Universitätszulassung; 1908 traten auch die Vereinsgesetze außer Kraft und eröffneten den Frauen eine Möglichkeit politischer Partizipation. Eine breite und heftige Welle des Antifeminismus setzte interessanterweise erst mit der ‚Tendenzwende‘ in der Frauenbewegung ein: Während der gemäßigte Flügel die Mehrheit im BDF erlangte und die Äußerungen der führenden Frauen deutlich einen konservativen Kurs nahmen, formierten sich die Gegenkräfte. 1912 wurde – nach englischem und amerikanischem Vorbild – der ‚Deutsche Bund zur Bekämpfung der Frauenemanzipation‘ gegründet, der seine Ziele direkt in der Bekämpfung der Frauenbewegung und ihrer ‚Auswüchse‘ sah. Von der Mitgliederzahl her blieb diese Organisation unbedeutend; interessant aber war die Zusammensetzung der Mitgliedschaft: wieder einmal waren deutsche Hochschulprofessoren, meist ziemlich unbekannte, führend, daneben gab es auch einige Militärs und Lokalpolitiker, schließlich zahlreiche Lehrer, die die Konkurrenz der weiblichen Kollegen fürchteten.

Der ‚Bund zur Bekämpfung der Frauenemanzipation‘ erhielt Schützenhilfe durch eine andere, zahlenmäßig weit stärkere Organisation, den ‚Deutschnationalen Handlungsgehilfenverband‘. Diese Berufsvereinigung hatte schon in den 90er Jahren gegen die Konkurrenz der weiblichen Angestellten heftig Stellung bezogen, um die Jahrhundertwende aber den Widerstand gegen die Frauenarbeit allgemein aufgegeben. Nun begannen die ‚Deutschnationalen Handlungsgehilfen‘ die Frauenbewegung direkt zu attackieren, die sie – im Verein mit Sozialdemokratie, Pazifismus und Judentum – zu kulturellen Verfallserscheinungen stempelten.[3] Die beiden antifeministischen Organisationen warfen der Frauenbewegung vor, daß sie die Frauen gegen ihre Männern aufwiegeln und die ‚weibliche Natur‘ zerstören wolle, indem sie verheiratete Frauen zur Berufstätigkeit ermuntere und Frauen Selbständigkeit als ein erstrebenswertes Ziel darstelle. Außerdem gefährde sie Deutschlands militärische Kraft, indem sie die Geburtenwilligkeit untergrübe. Die Antifeministen forderten das Verbot der Erwerbsarbeit für verheiratete Frauen wie das Verbot der koedukativen Schulen für Jungen und Mädchen; Frauen sollten nur in Ausnahmefällen, bei größter Begabung, studieren dürfen – allerdings nur ihrem Wesen entsprechende Fächer auf eigens einzurichtenden Frauenhochschulen.

Alle diese Vorwürfe wurden auch an die Adresse des gemäßigten Flügels der Frauenbewegung gerichtet, obwohl dessen Vertreterinnen fast allen ihren Äußerungen ein Bekenntnis zur ‚Heiligkeit‘ der Familie voranschickten und ständig ihren Patriotismus beteuerten. Nach Ansicht des ‚Deutschen Bundes zur Bekämpfung der Frauenemanzipation‘ waren die gemäßigten Frauen nur ein Deckmäntelchen, mit dem die Radikalen sich tarnten. Die in den beiden Organisationen versammelten Männer bekämpften die Frauenbewegung von unterschiedlichen Positionen aus. Hedwig Dohm hat in ihrer 1902 erschienen geistreichen Streitschrift ‚Die Antifeministen‘ die Opposition der ersten Phase in vier Kategorien unterteilt: in „Altgläubige“, „praktische Egoisten“, „Ritter der mater dolorosa“ und „Herrenrechtler“. Nach dieser Systematik überwogen im ‚Bund zur Bekämpfung der Frauenemanzipation‘ und bei den ‚Deutschnationalen Handlungsgehilfen‘ Vertreter der ersten drei Gruppen: „Altgläubige“, die sich unter Berufung auf

„den lieben Gott und die Naturgesetze" allen Neuerungen wider-
setzten; „praktische Egoisten", die die Frauenemanzipation unter
dem Gesichtspunkt des persönlichen Schadens oder Nutzens beur-
teilten; und „Ritter der mater dolorosa", die „auf dem Grab der
Weiblichkeit schluchzen".[4]

In die Kategorie der ‚Herrenrechtler' gehörten u. a. Möbius und
Weiniger, die von der grundsätzlichen Überlegenheit des männlichen Geschlechts und des männlichen Prinzips überzeugt waren.
Ein späterer ‚Herrenrechtler', Hans Blüher, der Historiker der Ju-
gendbewegung, baut seine Auffassung zum Prinzip des ‚geistigen
Antifeminismus' aus. Er grenzt sich von den Vertretern des bloßen
‚bürgerlichen Antifeminismus' ab, die er im ‚Bund zur Bekämpfung der Frauenemanzipation' vertreten sieht. ‚Bürgerlicher Antifeminismus' bekämpfe lediglich aus einer konservativen Werthal-
tung heraus die ‚Auswüchse' der Frauenemanzipation, während
der ‚geistige Antifeminismus' ein eigenes philosophisches System
sei. Im Mittelpunkt des ‚geistigen Antifeminismus' steht die Vorstellung von der gänzlichen Wesensverschiedenheit der Geschlechter. Im Einklang mit Nietzsche, Weininger, Möbius sieht Blüher
den zentralen Geschlechtsunterschied in der „Ungeistigkeit des
Weibes", das – unfähig zu eigener schöpferischer und kritischer
Denkleistung – immer nur das Denken des Mannes reflektiere.
Ausnahmen von dieser Regel seien ‚Hermaphroditen', seltene
Mischtypen der Natur. Aus der Ungeistigkeit der Frau folge die
absolute Notwendigkeit, sie von allen Positionen im Staat fernzu-
halten. Die „Suprematie der Männerbünde" sei ein wichtiges Auf-
bauprinzip der menschlichen Gesellschaft, daraus leite sich die „antifeministische Mindestforderung" ab, den Frauen den Zugang zu
Männergremien und -bünden zu untersagen, natürlich auch das
politische Stimmrecht. Im Gegensatz zu den ‚bürgerlichen Antifeministen' sieht Blüher sich nicht genötigt, die Institution der
Einehe gegen die Frauenbewegung zu verteidigen; im Gegenteil, er
glaubt an die „freie Gattenwahl" des Mannes und dessen natürliche
Polygamie.[5] Blühers Ansatz enthält schon fast alle Elemente des
nationalsozialistischen Frauenbilds – lediglich die Glorifizierung
der Mutterschaft fehlt.

,Geistiger' und ,bürgerlicher' Antifeminismus erleben nach 1908 und noch einmal in der Weimarer Republik einen Aufschwung. Dabei wird das Feindbild ,Feminismus' gewaltig ausgeweitet. Feminismus ist nicht nur die ,Intellektualisierung' und ,Individualisierung' der Frau, durch die ihr Wesen zerstört und sie vermännlicht werde, es ist auch die Verweichlichung und ,Verweibischung' des Mannes. Feminismus ist ein Angriff gegen die männlichen kulturtragenden Werte, gegen den schöpferischen aktiven Geist, gegen das Kraftvolle und Kriegerische – die „Verwässerung und Abstumpfung des Männlich-Rigorosen durch das Konziliante, das Hingebende, das Gefühlsmäßige".[6] Die Frau verkörpert die sinnliche Welt und die materiellen Genüsse; in dem Augenblick, wo sie dem Mann gegenüber einen Machtzuwachs gewinnt, verbreiten sich Wohlleben, Trägheit und Ausschweifung. „Der Sieg der Zivilisation über die Kultur, der Kult des Nützlichen und Angenehmen über den Idealismus, bedeutet den Sieg des Feminismus über den Maskulinismus".[7] Der Feminismus sei ein bedenkliches Verfallssymptom, das häufig in den Spätphasen alternder Kulturen vor ihrem Untergang auftrete; der Untergang könne sich als „Rassenselbstmord" vollziehen, denn die emanzipierten Frauen würden unfähig zur Mutterschaft, was sich an der sinkenden Geburtenzahl zeige. Mal werden „Revolution und Emanzipation" als „zwei wesensverwandte Krankheitserscheinungen am Menschheitsorganismus" gesehen;[8] mal sind „Frauenbewegung, Sozialismus und das allgemeine Wohlleben",[9] dann wieder Kapitalismus, Materialismus und Feminismus[10] die Ursachen des Verfalls. ,Feminismus' wächst sich zu einer Leerformel für all das aus, was in der Gegenwart an negativen Tendenzen festgestellt wird – zur Leerformel wie zum Sündenbock.

Einig sind sich alle Antifeministen darüber, daß der Feminismus einen Angriff auf die Geschlechtsrollendifferenzierung darstellt. „Der Feminismus ist nur eine Unterform einer ganz allgemeinen, es auf Verwischung der Gegensätze absehenden Kulturanschauung der Moderne".[11] Die Geschlechtsrollendifferenzierung aber gilt ihnen als ein tragender Pfeiler der menschlichen Gesellschaft. „Alle Kulturmöglichkeit beruht auf der höchstmöglichen Differenzierung der Geschlechter".[12] Der „kulturell verderbliche Mischtyp" muß unbedingt vermieden werden.[13]

Die Notwendigkeit der Geschlechtsrollendifferenzierung wird verschieden begründet:

(1) Die Geschlechtsrollendifferenzierung muß erhalten bleiben, weil sie immer schon bestand, weil sie in der göttlichen Ordnung und in der Natur des Menschen verankert ist:

„Contra naturam! – das ist das häßliche Brandmal auf der Stirn jedes emanzipierten Weibes".[14]

(2) Die Geschlechtsrollendifferenzierung muß erhalten bleiben, weil sonst die erotische und sexuelle Attraktivität der Frau für den Mann verringert oder gar ganz zerstört würde:

„. . . wir müssen zusehen, wie sie sich entkörpern, entweiblichen, wie sie Brillen tragen und schlechte Kleider, wie sie herumsitzen in dürftigen Lokalen . . ."[15]

„Dem intellektuell hochstehenden Mann kann ein solches [nicht-weibliches] Weib nicht Erlöserin sein . . ."[16]

(3) Die Geschlechtsrollendifferenzierung muß erhalten bleiben, weil die ‚Unweiblichkeit‘ der Frauen die ‚Männlichkeit‘ der Männer gefährden würde:

„Ihr christlichen Frauen! . . . Bleibt oder werdet wieder ganz deutsche christliche Frauen, damit wir Männer wieder an Euch zu Männern werden!"[17]

(4) Die Geschlechtsrollendifferenzierung muß erhalten bleiben, weil auf ihr Gesellschaftsordnung und Kulturfortschritt aufbauen:

„Ein Volk, dessen Geschlechter sich schließlich nur durch die primären Geschlechtsmerkmale unterscheiden, kann weder physisch noch kulturell einen Bestand haben".[18]

(5) Die Geschlechtsrollendifferenzierung muß erhalten bleiben, weil von der Rolle der Frau und Mutter die Familie und alle durch die Familie vermittelten Werte abhängen:

„. . . wer ist dann für die Werke der Liebe übrig? Nur die bezahlten Hände. Was wird aus der Wärme im Menschenleben?"[19]

„Sie [die Frau] kann doch nicht wollen, daß der unersetzlichen Grundlage unseres Volkslebens, dem deutschen Hause, der Todesstoß versetzt werde . . ."".[20]

Der Überblick zeigt, daß die befürchtete Verwischung der Geschlechtsunterschiede von den Frauen ausgeht: Frauenemanzipation wird mit ‚Vermännlichung der Frau‘, in der Regel durch ‚Intellektualisierung‘ oder Berufstätigkeit oder beides, gleichgesetzt; die ‚Verweibischung‘ des Mannes ist nur eine der möglichen schrecklichen Folgen.

Der extreme ‚Herrenrechtler‘ behauptet häufiger, daß die Polarität der Geschlechtsrollen letztlich gar nicht aufgehoben werden könne, weil sie natürlich im Wesen der Geschlechter verankert sei; der bürgerliche Antifeminist warnt vor den Folgen – einer immerhin als möglich vorgestellten – Aufhebung oder Annäherung der Geschlechtsrollen. Der offene, grobschlächtige Antifeminismus nennt die Frauen anders und minderwertig; der subtile nennt sie auch anders, aber genau so wichtig. Die subtilste Variante ist die, bei der die weibliche Geschlechtsrolle nicht nur als gleichwertig, sondern sogar als höherwertig dargestellt wird: „... wir sind davon überzeugt, daß wir Gattinen und Mütter brauchen, die im Hause bleiben und das Kostbarste was wir Deutsche besitzen, uns pflegen und erhalten: die deutsche christliche Familie, die Pflegerin des Gemütes, des Innenlebens, des Glaubens und der Liebe".[21]

In allen seinen Erscheinungsformen ist der Antifeminismus Reaktion auf wahrgenommene Bedrohung; eine Bedrohung, die einerseits von der Frauenbewegung ausgeht, andererseits aber auch von der tatsächlich veränderten Rolle der Frau – z. B. ihrer beruflichen Konkurrenz – , die aber am besten an der Frauenbewegung festgemacht werden kann. Die bloße Tatsache, daß die männliche Überlegenheit herausgestrichen und begründet werden muß – am liebsten physiologisch, wie bei Möbius, weil die naturrechtliche und religiöse Begründung nicht mehr unumstößlich scheint – , zeigt, daß sie geschwächt ist. Was allgemein akzeptiert und im sozialen Leben selbstverständlich verankert ist, muß nicht gerechtfertigt werden. Besonders offensichtlich wird die Schwächung der männlichen Überlegenheitsposition in den Varianten des Antifeminismus, die an die Einsicht und den guten Willen der Frauen appellieren. Der so argumentierende Antifeminist spricht nicht

mehr von der Warte des Stärkeren, der der Frau Privilegien ver-
wehren will, sondern er stellt den Frauen nur die schrecklichen
Folgen vor, die ihre Emanzipation unweigerlich zeitigen müßte,
und beschwört ihre Verantwortung für die menschliche Gemeinschaft.

Genau für diese letzte subtile Form des Antifeminismus erwies
sich die erste Frauenbewegung am zugänglichsten. Die grobe offene Frauenverachtung war leicht zu erkennen und zu entlarven,
aber der Appell an die hohe Verantwortung der Frauen für die
Familie und die Werte des Familienlebens traf diese im Kern ihrer
Selbstdefinition. Da sich die Frauenbewegung als die ‚Bewegung
organisierter Mütterlichkeit‘ verstand, wollte sie nicht an der Sa-
botage der Familie beteiligt sein, auch nicht in den Ruf geraten, sie
herbeizuwünschen.

In der Frauenbewegung selbst herrschte seit der ‚Tendenzwende‘ eine beträchtliche Verunsicherung, inwiefern nicht die Forderung nach Frauenrechten, das Ideal der Entwicklung und Entfaltung der eigenen Persönlichkeit ‚egoistisch‘ und damit schlecht sei.
Das Konzept der ‚Mütterlichkeit‘ selbst war ein Versuch der Lösung dieses Konflikts; denn wenn die einzelne Frau eine ‚Hebung‘
ihrer Persönlichkeit verlangte, um sie dann wieder in den Dienst
anderer zu stellen, so konnte darin nichts Negatives liegen. So
veränderte die erste Frauenbewegung sich auch an der antifeministischen Reaktion: Je mehr man ihr die Zerstörung der Familie und
der Grundlagen der Gesellschaft vorwarf, desto mehr stellte sie
heraus, daß jedes Mehr an Bildung, an Berufsmöglichkeiten, an
Rechten für die Frauen von einem Mehr an sozialer Verpflichtung,
an Selbstaufopferung begleitet sein müßte.

So fragt sich Ika Freudenberg: „Heißt es wirklich, die Selbstsucht zum Leitstern unseres Lebens zu machen, wenn wir auch für
die Frau die Parole ausgeben: trachte danach, daß du durch deine
Arbeit selbständig und dein eigener Herr wirst?“, und ihre Antwort lautet: „Der Individualismus muß sich gewissermaßen selbst
in die Zügel nehmen; um zu Kultur werden zu können, muß er
sich allgemeinen Interessen beugen“.[22] Genauso warnen alle anderen gemäßigten Frauen in ihren Arbeiten öfter vor der Gefahr des

‚schrankenlosen Subjektivismus' der Frauen als vor der Übervorteilung der Frauen durch die Männer.

Besonders stark ist dieser Tenor in der konfessionellen Frauenbewegung. So ist beispielsweise Elisabeth Gnauck-Kühne ganz davon überzeugt, daß die Bedenken ernsthafter Gegner der Frauenbewegung nicht auf „kleinlichen Brotneid" oder „krassen Geschlechtsegoismus, der alle fetten Pfründen selbst besetzen will" zurückzuführen ist, auch nicht auf die „Gereiztheit durchkreuzter Herrsucht, die . . . in der Frauenbewegung einen Sklavenaufstand sieht". Im Gegenteil seien es berechtigte „Sorgen um die Nation und die kulturelle Entwicklung".[23] Die Gegner hätten „. . . insofern recht, als ein unheilbar vom individualistischen Geiste zersetztes weibliches Geschlecht unfähig sein müßte, den aufopferungsvollen Mutterberuf zu versehen, und damit die Gesellschaft ruinieren würde, wie Rom unterging, weil es keine Mütter mehr hatte".[24]

‚Selbstsucht', ‚Egoismus' waren die schlimmsten Vorwürfe für die Anhängerinnen der Frauenbewegung, die ja nicht nur die Stellung der Frau, sondern die Welt überhaupt verbessern wollten. Keinesfalls wollten sie ihr Geschlechtsinteresse über das der Gemeinschaft stellen. So gingen sie, konfrontiert mit der Kritik der immer subtiler argumentierenden Antifeministen, in die selbstgestellte Falle ihrer Weiblichkeit. Die eigene Selbstsucht beschäftigte sie mehr als die der Männer, sie fragten auch nicht mehr danach, wem ihre Bejahung der weiblichen Geschlechtsrolle nützte oder wer die ‚Interessen der Gemeinschaft' definierte.

So einträchtig klingt manchmal der Chor der Stimmen, der die ‚Verschiedenheit, aber Gleichwertigkeit' der Frau und die Notwendigkeit einer ausgeprägten Geschlechtsrollendifferenzierung hervorhebt, daß Anhängerinnen der Frauenbewegung und Antifeministen kaum zu unterscheiden sind. „Der männlichste Mann und das weiblichste Weib werden mithin die größten Zierden ihres Geschlechts sein", sagt Gnauck-Kühne,[25] die erst zum BDF und später zum Katholischen Frauenbund Deutschlands gehörte; und Boelicke, der die Frauenbewegung heftig verurteilt, weil sie die „wahre Weiblichkeit verzerrt", sieht als erstrebenswertestes Kulturziel, „… daß dem männlichsten Mann das weiblichste Weib sich paare".[26] Gewiß gibt es einen Unterschied in dem, was Gnauck-Kühne und Boelicke unter dem ,weiblichsten Weib' verstehen: Gnauck-Kühne meint die gebildete Frau, die Frau mit Persönlichkeit, bei der der „altruistische Mutterinstinkt" auf höchster Ebene ungeformt, zugleich „ursprünglichste Natur und potenzierte Kultur" ist.[27] Boelicke dagegen meint die Frau, bei der der „zerstörerische Intellekt" noch nicht das „instinkthafte Einssein mit dem All" vernichtet hat.[28]

Während des Dritten Reichs war die Formel von der ,Verschiedenartigkeit, aber Gleichwertigkeit' der Geschlechter die dominante Ideologie. In den 50er und 60er Jahren war sie – trotz der offiziell proklamierten Gleichberechtigung – noch immer verbreitetes ideologisches Allgemeingut. Mit dem Entstehen der Neuen Frauenbewegung sind auch neue antifeministische Strömungen aufgekommen. In den ersten Jahren wurden die neuen Frauengruppen von der Presse eher übergangen als diffamiert. Lediglich linke Zeitschriften reagierten schon relativ früh auf die Entstehung der Frauenbewegung, überwiegend negativ, zumal diese sich in einem Abgrenzungsprozeß von der Linken herausbildete. Die linke Presse behält ihre ablehnende Haltung gegenüber der Frauenbewegung weitgehend bei.[29]

Im ,Jahr der Frau' wird die Frauenbewegung erstmals von einer breiteren Öffentlichkeit wahrgenommen; in den Medien wird über ,Frauenthemen', über Aktionen und Ziele von Frauengruppen berichtet. In diesem Jahr erscheint auch Alice Schwarzers Buch ,Der kleine Unterschied und seine großen Folgen', in dem es um den Zusammenhang zwischen Sexualität und Herrschaft geht, einem zentralen Thema des neuen Feminismus. Mit dieser Veröffentlichung schwappt eine heftige Welle des Antifeminismus hoch, die sich bevorzugt gegen die Person von Alice Schwarzer richtet und sich in Publikumsreaktionen auf Funk- und Fernsehsendungen wie in Leserbriefen äußert.

In der Berichterstattung vieler Zeitschriften überwiegt, kaum daß die Frauenbewegung zur Kenntnis genommen worden ist, eine Tendenz, von Orientierungslosigkeit, Flügelkämpfen und

Sackgassen in ihrer Entwicklung zu sprechen. Auffällig ist auch, wieviel Raum von Anfang an Gegenströmungen gegeben wird, so z. B. den amerikanischen Organisationen, die konservative Leitbilder wie die ‚totale Frau' und ‚faszinierende Weiblichkeit' propagieren, – weit mehr Raum, als es ihrer tatsächlichen Bedeutung und Mitgliederstärke entspricht. Während viele Indikatoren (Zunahme von Frauenprojekten und -gruppen, wachsendes Interesse am Thema auf dem Buchmarkt) eine weitere Ausdehnung der Frauenbewegung anzeigen, wird in der Presse wiederholt ihr Ende oder der Beginn der Auflösung prophezeit. Ausgeprägt ist diese Tendenz im ‚Spiegel'. „Ist die Befreiung der Frau von traditionellen Fesseln und Vorurteilen an ihr Ende gekommen? Hat der Wind sich gedreht, gibt es auch hier eine Tendenzwende?", fragt er sich schon 1975,[30] und 1976, im Zusammenhang mit dem Konflikt zwischen den Frauenprojekten ‚Emma' und ‚Courage': „Frißt die Emanzipation ihre Kinder?".[31] 1977 heißt es: „Hat sich die Emanzipationsbewegung vom Kampfbund gegen den § 218 zum Tante-Emma-Laden für Gesinnungen verharmlost?".[32] 1979, unter der fettgedruckten Überschrift „Nicht rosig": „In ihrem zehnten Jahr steht die westdeutsche Frauenbewegung an einer Wende. Sektierertum ... könnte die Emanzipationsbemühungen zunichte machen".[33]

Wenn von der Tendenz, die Frauenbewegung totzusagen, einmal abgesehen wird, so läßt sich doch insgesamt in den Medien seit etwa 1977 eine größere Offenheit und eine positivere Einstellung gegenüber ‚Frauenthemen' beobachten. Ob dies damit zusammenhängt, daß die Frauenbewegung selbst sich seit dieser Zeit durch eigene, auflagenstärkere Zeitschriften und durch ein eigenes Netz von Buchverlag, -vertrieb und -verkauf artikulieren kann, ist kaum zu beantworten. Möglicherweise ist auch einfach auf die Phase des Entstehens der Frauenbewegung, die von Abwehr und einer gewissen Feindlichkeit begleitet war, eine Phase gefolgt, in der ihre Ideen zur Kenntnis genommen werden. Für diese ‚Diffusionshypothese' spricht z. B. auch die Tatsache, daß feministische Ansätze in wissenschaftlichen Veröffentlichungen inzwischen häufiger berücksichtigt werden.

Ein Überblick über antifeministische Äußerungen in der Gegenwart (in Leserbriefen, Zeitungsartikeln, populärwissenschaftlichen Veröffentlichungen usw.) zeigt thematische Anklänge an den Antifeminismus zu Beginn des Jahrhunderts, aber auch einige ganz neue Züge.

Als erstes läßt sich allgemein feststellen, daß der Antifeminismus der Gegenwart eher subtil ist; offene Formen der Frauenverachtung oder gar ‚philosophische‘ Systeme, die die Inferiorität des Weiblichen belegen sollen, fehlen bisher. Eine Ausnahme von dieser Regel scheint auf den ersten Blick nur Esther Vilar darzustellen, die in ihrem Buch ‚Der dressierte Mann‘ (1971) – frei nach Möbius und Schopenhauer – einige bekannte frauenfeindliche Thesen wiederholt („Spätestens mit zwölf Jahren . . . hört die Frau auf, ihren Geist zu entwickeln".[34]) Allerdings schreibt sie, im Gegensatz zu den Antifeministen der Jahrhundertwende, kaum in dem Wunsch, ernst genommen zu werden, sondern provozierend, in verkaufswirksamer Übertreibung. Ein zweiter Blick auf den ‚Dressierten Mann‘ zeigt zudem, daß sie die Karikatur eines Frauentyps liefert, der die traditionell definierte Weiblichkeit manipulativ einsetzt, um zu herrschen.

Eine zweite allgemeine Feststellung bezieht sich auf das Zentrum des Schlachtfeldes zwischen Feministen und Antifeministen, das sich deutlich verlagert hat. Um die Jahrhundertwende verteidigten die Antifeministen vor allem die Bastion der ‚Geistigkeit‘, des schöpferischen Intellekts, gegen die geschlechtsrollenzersetzenden Frauen. In der Gegenwart scheint es mehr um Sexualität als um Geist zu gehen. Die heftigsten und emotionalsten Äußerungen des Antifeminismus hat Alice Schwarzers ‚Der kleine Unterschied‘ hervorgerufen. Auch die Kommentare, die die Pornographie-Klage von ‚Emma‘ gegen den ‚Stern‘ begleiteten (1978), deuten darauf hin, daß mit dem Thema Sexualität und Herrschaft ein zentraler Nerv männlicher Identität berührt wird. Die bloße Andeutung der sexuellen Verweigerung oder der sexuellen Autonomie von seiten der Feministinnen wird offensichtlich als eine so extreme Bedrohung empfunden, daß sie mit einer Gegenattacke abgewehrt werden muß: Die ‚Emanzen‘ sind unansehnliche, unattraktive Frauen, ‚frustrierte Tucken‘, ‚freudlose Grauröcke‘, die in Wirklichkeit froh wären, wenn sich nur ein Mann für sie interessierte. „Ich gebe nur ganz leise zu bedenken, warum 95% der Damen ... so ‚pfui teuflisch anzuschauen sind‘ ... ob sich diese Damen auf den Kriegspfad begeben hätten, wenn sie in den Wohnzimmern, von den Schlafzimmern ganz zu schweigen, etwas erfolgreicher wären?"[35] „Sollte sich tatsächlich mal ein Mann bereitfinden, es der Alice zu besorgen, daß die Heide weint – ich wette, Deutschland hätte eine Frauenrechtlerin weniger".[36] Zwar hat auch diese Variante des Antifeminismus Vorläufer in der Zeit der ersten Frauenbewegung („... man gebe den Suffragetten statt harmlosen Verkehr der Geschlechter harmlosen Geschlechtsverkehr, und sie werden milde wie Tauben"),[37] sie spielte damals aber keine so zentrale Rolle.

Die dritte allgemeine Beobachtung bezieht sich auf die verschiedenen Anti-Emanzipationsgruppen. Bisher gibt es solche organisierten Gegen-Vereine wohl nur in den USA: ‚Martha Movement‘, ‚Pussy Cats‘, ‚M. O. M.‘ – sinnträchtige Abkürzung für ‚Men Our Masters‘ – und die Gegenorganisation zur ERA (Equal-Rights-Amendment) von Phyllis Schafly. Ziel dieser Clubs ist die Aufwertung der Rolle von Hausfrau und Mutter; sie wollen der Zerstörung von Ehe und Familie durch Women's Lib entgegenwirken. Von dieser Zielsetzung her sind sie wohl unmittelbar als Parallele etwa zum ‚Bund zur Bekämpfung der Frauenemanzipation‘ während der ersten Frauenbewegung anzusehen. Eine ganz neue Facette in dieser Anti-Emanzipations-Front sind aber die verschiedenen ‚Schulungskurse für Weiblichkeit‘, von denen einer inzwischen auch eine Zweigniederlassung in der Bundesrepublik hat.[38]

Solche Kurse heißen ‚Faszinierende Weiblichkeit‘ oder ‚Totale Frau‘ und wollen die richtige, eben die nicht-feministische Einstellung zum Frausein vermitteln, diejenige Haltung, die eine glückliche Ehe, einen erfolgreichen Mann und zufriedene wohlgeratene Kinder garantiert. Am wichtigsten ist dabei, so lernt die Kursteilnehmerin, die Bedürfnisse ihres Mannes zu erkennen und auch zu befriedigen. Der männliche Wunsch, bewundert zu werden, in der Familie die Nummer Eins und der Beschützer von Frau und Kind zu sein, soll von der Ehefrau unbedingt respektiert, genährt und aufgebaut werden. Die Frau soll ihren Mann nicht kritisieren und ihre eigenen Wünsche mit kindlicher Naivität oder mit Charme äußern, so daß es das Selbstwertgefühl des Mannes erhöht, wenn er sie erfüllt. Sie soll jederzeit gut zurechtgemacht, anziehend gekleidet, verführerisch und jung sein.

Neu an diesen Kursen ist, wie unverhüllt die manipulative Absicht zutage tritt: Frauen lernen die Techniken der Unterwerfung, um den Mann über die Erfüllung seiner Bedürfnisse, mit geheuchelter Bewunderung, um so besser ausnutzen zu können. Die Kurse vermitteln zwar das Bild der traditionellen, aber keineswegs der schwachen, abhängigen Frau (und erinnern damit wieder an die Karikatur, die Esther Vilar zeichnet).

Auch der gegenwärtige Antifeminismus will die Geschlechtsrollendifferenzierung vor dem Feminismus in Schutz nehmen und die Definition von Weiblichkeit, die sich an männlichen Bedürfnissen orientiert, erhalten. Insbesondere die geschlechtsspezifische Arbeitsteilung im Haushalt und bei der Kindererziehung, aber auch die Geschlechtsunterschiede auf emotionaler Ebene, sollen erhalten bleiben. Begründet wird die Notwendigkeit einer Geschlechtsrollendifferenzierung nicht mehr mit Naturrecht und göttlicher Ordnung, auch nicht mehr mit dem Recht des Stärkeren. Am häufigsten ist die Argumentation, die die Notwendigkeit der geschlechtsspezifischen Arbeitsteilung aus den psychologischen Erfordernissen des Mutter-Kind-Zusammenhangs ableitet, dabei aber die Hochwertigkeit der weiblichen Rolle und die Freiwilligkeit ihrer Übernahme betont. Ein gutes Beispiel bietet der offene Brief eines ‚Bild'-Journalisten an seine Frau, mit der er einen einwöchigen Rollentausch ausprobiert hat, wobei er die Leser(innen) laufend über seine Erfahrungen im Haushalt unterrichtete. „Die Milch ist angebrannt, die Waschmaschine ist kaputt, der Große hat in die Hose gemacht – bleibe bitte zuhause, mein Schatz, und übernimm wieder das Kommando über Kinder, Kochtopf und Kühlschrank! ... Vor vierzehn Tagen wollte ich Dir noch beweisen, daß man einen Haushalt mit der linken Hand machen ... kann ... Jetzt steht unser Haushalt kurz vor der Auflösung ... Wenn ich Dich noch einmal heiraten sollte, würde ich Dich zweimal um Deine Hand bitten: um die Linke fürs Herz und um die Rechte für die fürchterliche Arbeit ... Ich weiß, Du würdest gern beides tun wollen: den Haushalt und die Kinder – und die Abwechslung im Beruf. Ich liebe Dich dafür, daß Du Dich für Dein Heim und die Kinder entschieden hast. Noch brauchen sie Dich ...".[39] Hier wird die Geschlechtsrollendifferenzierung mit Liebeshuldigungen an eine Weiblichkeit abgesichert, die von Altruismus bestimmt ist, von der Orientierung an den Bedürfnissen anderer.

Die gegenwärtigen Formen des Antifeminismus zeigen, im Vergleich zu denen bei Jahrhundertbeginn, eine deutlich gestärkte Position der Frauen.


## 7. Die Neue Frauenbewegung und andere alternative Bewegungen

Die Neue Frauenbewegung ist – in der Bundesrepublik wie anderswo – aus früheren Protestbewegungen hervorgegangen und hat viele Gemeinsamkeiten mit anderen Strömungen der gegenwärtigen sogenannten ‚Alternativbewegung‘.

Die meisten Protestbewegungen der Jugendlichen entstanden in den USA und kamen über England, Holland und Skandinavien nach Westdeutschland; das galt für die Beatniks und die Hippies, auch für die Bewegung der Studenten, der Feministinnen und der Homosexuellen. In der Bundesrepublik traten als erste die Gammler der frühen 60er Jahre deutlich hervor. Mit langem Haar und betont vernachlässigter Kleidung, mit ihrem vagabundierenden Lebensstil und ihrer Verachtung für alles Materielle protestierten sie gegen die bürgerlichen Normen von Fleiß, Sauberkeit, Ordnung, Leistungswillen und Wohlstandsstreben. Obwohl sie sich nicht aggressiv, sondern nur passiv-verweigernd auflehnten, erregten sie im Wirtschaftswunderland empörte Aufmerksamkeit. Die Gammler waren Einzelgänger, selbst wenn sie sich in größeren Städten zahlreicher einfanden; sie hatten keinerlei Weltverbesserungsabsichten, sondern stilisierten einen „durchaus asozialen Individualismus".[1]

Erst mit dem Entstehen der Studentenbewegung Mitte der 60er Jahre erhielt der bis dahin überwiegend emotional getönte und in der Negation des Bestehenden verharrende Protest eine theoretische Dimension und ein starkes Engagement zur Gesellschaftsveränderung. In die Studentenbewegung gingen viele Elemente von Protestbewegungen ein, die in der Bundesrepublik nicht als deutlich abgegrenzte eigene Entwicklungsphasen auftraten: so die Aktionsformen der holländischen ‚Provos', Happenings, die darauf abzielten, die Aufmerksamkeit der Öffentlichkeit für politische und soziale Probleme zu gewinnen. Auch Ansätze zum Aufbau einer Gegenkultur, die in der Zeit der Studentenbewegung entwickelt wurden, gab es schon vorher im amerikanischen und englischen Underground: verschiedene alternative Läden, Alternativpresse, das Leben in Kommunen.

Der Zerfall der deutschen Studentenbewegung Anfang der 70er Jahre hatte verschiedene Gründe. Zum Teil scheiterte sie daran, daß die erwartete Solidarisierung der Arbeiter ausblieb, deren reale Situation und Unzufriedenheit die Studenten, trotz ihrer vielfältigen Bemühungen in Betriebs- und Stadtteilarbeit, in Kinderläden und Schulen, falsch eingeschätzt hatten. Die Studenten hatten hohe Erwartungen an die Veränderungen und konnten mit der Enttäuschung darüber, welch winzige Veränderungsschritte sie in der praktischen politischen Arbeit tatsächlich erreichten, nicht umgehen. Aus der zerfallenden Studentenbewegung entwickelten sich verschiedene neue Strömungen: zahlreiche linke Gruppierungen mit unterschiedlicher Ausrichtung (Marxisten-Leninisten, Trotzkisten, Maoisten, Spontis u. a.). In Abgrenzung von der Neuen Linken entstanden die Frauenbewegung und andere alternative Gruppierungen. Ihre Wurzeln gehen zum Teil in die Neue Linke zurück, zunehmend rekrutierten sie sich auch aus anderen Kreisen mit einem weniger engen Politikverständnis.[2]

Es ist schwierig, eigentlich unmöglich, genauer abzugrenzen, was in der Gegenwart alles zur Alternativkultur zählt: da sind Landkommunen und handwerkliche Kommunen, verschiedene Produktionskollektive und Werkstätten, Ökologiegruppen, Bio-Läden und Bio-Kneipen, Anti-Atomkraft- und Soft-Technology-

Initiativen, alternative Buchläden, Verlage, Zeitschriften, Cafés, Alternativschulen und -kliniken, Resozialisierungs- und Antipsychiatrieprojekte, therapeutische Wohngemeinschaften, Selbsthilfe- und Selbsterfahrungsgruppen, Eltern-Kind-Initiativen, Wohngemeinschafts-Kooperativen, Künstlergruppen, mystisch-spiritualistische Gruppen, Homosexuellengruppen, Männeremanzipationsgruppen u. a. m. Der Ausdruck ‚Alternativkultur' – gelegentlich wird auch von ‚Gegenkultur' oder ‚Gegengesellschaft' gesprochen – impliziert das Vorhandensein eines anderen Normen- und Wertsystems als das der Gesamtgesellschaft. Die Alternativen verbindet, bei aller inhaltlichen Verschiedenheit der Aktivitäten, ihre Kritik an der gegenwärtigen Gesellschaft und der Wunsch, mit den Veränderungen sofort zu beginnen. Hier und jetzt sollen konkrete, praktische Ansätze, Modelle, ‚Inseln' eines qualitativ neuen Lebens geschaffen werden.

Die Neue Frauenbewegung hat mit diesen alternativen Bewegungen viele Werte und Zielsetzungen, aber auch Organisations- und Aktionsformen gemein. Zu den Gemeinsamkeiten gehört die Kritik an einem technisch orientierten Fortschrittsglauben, der zu immer gewaltsameren Eingriffen in die Natur, zur Zerstörung der Umwelt und Gefährdung der Rohstoffbasis geführt hat, auch die Kritik an einer Wissenschaft, die sich zum Erfüllungsgehilfen dieses Fortschrittsdenkens degradieren ließ. Gemeinsam kritisiert wird der materialistische Wohlfahrtsbegriff, der Wirtschaftswachstum und quantitative Steigerung des Lebensstandards zum Ziel der Gesellschaftspolitik macht; gemeinsam beklagt wird der Verlust an Ursprünglichkeit, Einfachheit, an Gefühl, Solidarität und Vertrauen, an überschaubaren Lebens- und Arbeitszusammenhängen, in denen Sinn und Erfolg der eigenen Arbeit unmittelbar erfahren werden kann.

Wie die Frauenbewegung gehen die meisten Alternativen von der kleinen Gruppe als Basis gemeinsamen Lebens und Arbeitens aus. Im Gegensatz zur dogmatischen Linken geben sie der praktischen Arbeit ein höheres Gewicht als der Theorie. Ihr Politikbegriff ist weitgehend subjektiv, nämlich an den Bedürfnissen des einzelnen, den von ihm selbst erfahrenen Problemen und seinem individuellen Lebenszusammenhang orientiert. In den meisten Gruppen besteht der Anspruch, keine Hierarchien entstehen zu lassen, sich nicht Führern unterzuordnen, auch keiner Expertenmacht zu trauen. Die meisten Alternativen versuchen, wie die Frauengruppen, ihren Umgang miteinander in den kleinen Gruppen zu emotionalisieren. Für die Frauenbewegung wie für die Alternativen sind Identität, Selbstverwirklichung, Selbstbestimmung, die Aktivierung des Selbsthilfe- und Selbstheilungspotentials Schlüsselbegriffe. Die meisten Gruppen der alternativen Szene verstehen sich, wie die Mehrheit der Frauenbewegung, als vage ‚links‘, wobei der Marxismus aber in der Regel als zu rigide und einseitig abgelehnt wird; es mischen sich sozialistisch-utopistische, anarchistische und humanistische Elemente.[3]

Nicht alle in der gegenwärtigen Alternativkultur bestimmenden Prinzipien und Wertvorstellungen sind ursprünglich von der Frauenbewegung entwickelt worden; viele sind bereits in früheren Varianten der Protestbewegung entstanden. Allerdings ist die Neue Frauenbewegung älter und zahlenmäßig gewichtiger als die meisten anderen Facetten der Alternativbewegung. Im Gegensatz zu anderen hat sie mit dem Feminismus auch ein integrierendes Konzept, das die verschiedenen Ideen und Wertvorstellungen nicht in einem lockeren Nebeneinander beläßt, sondern zu einem umfassenden, wenn auch in sich nicht widerspruchsfreien Weltbild zusammenfügt.

Sich makrobiotisch zu ernähren, kann zur zentralen Lebenshaltung werden, zu der sich meist auch andere Überzeugungen, wie etwa Atomkraftgegnerschaft, Konsumverweigerung u. a. m. gesellen. Aber diese Überzeugungselemente gehören nicht notwendig zueinander, und sie lassen sich auch nicht auf eine gemeinsame Idee zurückführen, die mehr umfaßt, als den Wunsch nach einem gesunden, natürlichen, einfachen Leben.

„. . . die Frauen [haben] etwas zum Prinzip erhoben, was viele Männergruppen nun ebenfalls gern tun würden, wenn es nicht so schwierig wäre, sich eindeutiger als unterdrückt zu bestimmen: weil keine soziale Stabilität des Widerstands zu gewinnen war, haben die Frauen als erste einfach sich selber – ihre eigene Natur –

zum schlechthin Rebellierenden erklärt. So drückt die Frauenbewegung klarer als fast alle anderen der in der scene vorfindbaren
Varianten der Alternativbewegung schon per definitionem aus,
worin sie ihre neue Identität gern sehen möchte".[4] Dieses Zitat
von Kraushaar, einem linken Kritiker der Alternativen, belegt wider Willen die größere Eigenständigkeit der Frauenbewegung.
Ihm ist allerdings weder in der Begründung noch in der Schlußfol-
gerung zuzustimmen. Die Frauen haben nicht ,ihre eigene Natur
zum schlechthin Rebellierenden' erklärt, weil sie nach etwas suchten und sonst nichts fanden, das ,ihrem Widerstand soziale Stabilität' gegeben hätte. Sondern die Frauen stellen gerade deswegen
eine große Mehrheit des Protestpotentials dar, weil die meisten
Verhaltensweisen, Eigenschaften und Werte, die traditionell in unserer Kultur als ,weiblich' gelten, vom herrschenden System unterbewertet und unterdrückt werden. Die Frauen mußten deswegen
nicht erst nach einer ,sozialen Stabilität' für ihren Widerstand suchen: Sie ergab sich von selbst aus der Tatsache ihrer Unterdrükkung als Frau bzw. aus der Unterdrückung des ,Weiblichen' an
ihnen. Folglich ist Kraushaar auch in seinem weiterführenden Gedanken nicht beizustimmen, daß es sich um eine „Ersatzidentität"
handele, aus der sich „keine Befreiung begründen" lasse[5] – im
Gegenteil.

Die meisten Wertvorstellungen der Alternativen können dem
kulturell tradierten, patriarchalisch-dualistischen Stereotyp nach
als ,feminin' oder ,weiblich' eingestuft werden. Diese Tatsache
beweist die zentrale Rolle, die der Feminismus – und damit die
gegenwärtige Frauenbefreiungsbewegung – für den sozialen Wandel spielt und noch spielen wird.

Zur Illustration dieser Behauptung sei hier zunächst die ,Werte-
Konfrontation' der Hippie-Community wiedergegeben. Die Hippies, als wichtige Vorläufer-Bewegung der heutigen Alternativen,
lieferten, indem sie die ,straight values' – d. h. die Werte der offiziellen Gesellschaft – ihren eigenen Werten gegenüberstellten, bereits einen Ansatz zur Definition der Alternativkultur. Die meisten
von diesen Werten werden fraglos auch heute geteilt.[6]

| Straight Values | Hippie Values |
|---|---|
| Überfluß | Genügsamkeit* |
| Reichtum | selbstgewählte Armut |
| weiß | indianisch |
| urban-industriell | dezentralisiert |
| sophistisch | einfach* |
| *männlich* | *weiblich* |
| genital | polymorph-zärtlich* |
| Arbeit | Spiel* |
| Leistung | Vergnügen* |
| angstbesessen | hoffnungsvoll |
| verkrampft | entspannt |
| lineare Logik | metaphorisch, analogisch* |
| Wort | Bild* |
| Macht | Liebe* |
| individualistisch | kommunitär* |
| Gewalt | Blumen* |
| Routine | kreative Anarchie |
| objektiv | persönlich-subjektiv* |
| gesellschaftskonform | selbst-entdeckend |
| Vernunft | Empathie* |

In dieser Gegenüberstellung taucht einmal explizit das Gegensatzpaar ‚männlich – weiblich' auf: die Hippies als ‚weiblich' bestimmte Gegenkultur zur herrschenden ‚männlichen' amerikanischen Gesellschaft. Darüber hinaus lassen sich in den mit Sternchen versehen Gegensatzpaaren unschwer die bekannten kulturell verwurzelten Stereotypen wiederfinden: der ‚weibliche' Denkstil (metaphorisch-analogisch, bildnah, persönlich-subjektiv), die ‚weibliche' Personenorientiertheit (kommunitär, d. h. in Beziehungen lebend, Empathie), die ‚weibliche' Friedfertigkeit (Liebe, Blumen – als Symbol für Gewaltlosigkeit), die ‚weibliche' Anspruchslosigkeit (Genügsamkeit, einfach), die ‚weibliche' Sexualität (polymorph-zärtlich) und schließlich die ‚männlich-weibliche' Dissoziation von Leistungs- und Lustprinzip (Arbeit – Spiel, Leistung – Vergnügen).

Wenn die neue Gesellschaft, die die Utopie der Alternativen ist, von ‚weiblichen‘ Werten bestimmt sein soll, dann ist der Feminismus ein integrierendes Konzept dieser Bestrebungen. Dieser Gedanke findet eine theoretische Ausformulierung in Herbert Marcuses Konzept vom ‚feministischen‘ Sozialismus. Marcuse sah mit Entstehung der Neuen Frauenbewegung die Frauen – wie vorher und gleichzeitig auch andere diskriminierte gesellschaftliche Randgruppen – als ‚revolutionäre Subjekte‘ an, die die neue Gesellschaft schaffen würden. Die neue Gesellschaft seiner Utopie ist sozialistisch, aber im Gegensatz zu den existierenden sozialistischen Ländern, die er patriarchalisch nennt, von ‚femininen‘ Qualitäten geprägt. ‚Maskulin‘ sind nach Marcuse die Werte des „kapitalistischen Realitätsprinzips“: das Leistungsstreben, die Herrschaft funktionaler Rationalität, durch die die Emotionen unterdrückt werden, der Wille zur Macht; über alle dominiert die Aggressivität. „Als Antithese zu den herrschenden maskulinen formuliert wären die femininen Qualitäten Rezeptivität, Sensitivität, Gewaltlosigkeit, Zärtlichkeit usw. . . . Auf der primären psychologischen Ebene rechnet man sie gewöhnlich dem Bereich des Eros zu; sie stehen für die Kraft der Lebenstriebe, gegen den Todestrieb und gegen die Destruktion“.[7]

Die Neue Frauenbewegung ist nicht eine beliebige Facette der Alternativkultur, die als solche die Werte der anderen Protestler teilt. Vielmehr kann behauptet werden, daß die Idee des Feminismus die Alternativen insgesamt prägt.

In diesem Zusammenhang erscheint es besonders wichtig festzuhalten, daß der Wunsch nach „der besseren, der weiblichen Welt“[8] nicht erst in der neuen Frauenbewegung aufgekommen ist. Auch in diesem Punkt steht sie in einer gewissen Kontinuität zur ersten Frauenbewegung – wenn sich auch die wenigsten Feministinnen heute dieser Tatsache bewußt sind. Während der radikale Flügel der ersten Frauenbewegung sich auf die Forderung nach gleichen Rechten konzentrierte, hatte der gemäßigte Flügel einen durchaus kulturrevolutionären Anspruch: die in der Männergesellschaft geringgeschätzten ‚weiblichen‘ Qualitäten aufzuwerten und dadurch die Gesellschaft zum Besseren zu verändern.

Die Gesellschaftskritik der ersten Frauenbewegung klingt der heutigen stellenweise sehr ähnlich; auch damals wurde die Beschädigung des Menschen durch die fortschreitende Zivilisation, vor allem durch Technisierung und Industrialisierung beklagt. Helene Lange wollte die Familie vor den „seelenlosen Gewalten der technischen Entwicklung"[9] schützen; sie verstand die Frauenbewegung als „. . . eine Bewegung der Frauen zu dem Ziel hin, den sittlichen Gesetzen ihrer Persönlichkeit innerhalb der Kultur neben denen Geltung zu verschaffen, nach denen der Mann sie bisher einseitig aufgebaut hat".[10] Das Konzept der ‚seelischen Mütterlichkeit' war nichts anderes als ein Konglomerat derjenigen ‚weiblichen' Qualitäten, denen die Frauen Anerkennung verschaffen wollten. Seelische Mütterlichkeit bedeutete, „. . . daß die Frau die Vermenschlichung der mechanischen und daher toten Dinge, Einrichtungen und Vorgänge erstrebt: Vermenschlichung der Arbeit, Vermenschlichung der Wissenschaft, Vermenschlichung des Verkehrs unter den Menschen. Denn sie fühlt sich als Hüterin alles Lebendigen, das aus ihrem Schoß entsprungen ist . . .".[11] Das Frauenstimmrecht wurde vielfach in der Hoffnung angestrebt, der politische Einfluß der Frauen würde die Gesellschaft auf diese Ziele hin verändern, die Frauen würden einen ‚veredelnden' Einfluß auf die Politik ausüben.[12]

Eben in diesem ‚kulturrevolutionären' Anspruch sahen einige zeitgenössische Beobachter die Bedeutung der ersten Frauenbewegung. So äußerte der Philosoph Max Scheler 1915 in seiner Abhandlung ‚Vom Umsturz der Werte' die Überzeugung, „. . . daß es innerhalb der gesamten Geschichte keine einzige friedliche Bewegung gegeben hat, die eine so durchgreifende Veränderung aller menschlichen Verhältnisse vollziehen wird wie eine siegreiche Frauenbewegung. Die Befreiung des dritten Standes durch die Französische Revolution und die langsame Emanzipation des viertes Standes . . . werden, ihrer dauernden Wirkung auf die Menschen nach betrachtet, gegenüber der Bedeutung der Frauenbewegung – *wenn* sie siegreich ist – ins Bedeutungslose verschwinden".[13] Alles hinge davon ab, „. . . wieweit unser auf spezifisch männlichen Werten, Idealen und Fähigkeiten aufgebautes Kultur-

und Arbeitssystem durch den langsamen Fortschritt der Bewegung selbst im Sinne einer Mitherrschaft spezifisch weiblicher Werte und Ideale verändert werden kann".[14]

In ähnliche Richtung gehen Überlegungen des Philosophen und Soziologen Georg Simmel (1919). Simmel stellte fest, daß die ‚menschliche' Kultur in der existierenden Form eigentlich eine ‚männliche' Kultur sei, nicht nur, weil überwiegend Männer sie geschaffen hätten, sondern hauptsächlich, weil alle Leistungen auch nach von Männern geschaffenen Wertmaßstäben beurteilt würden. Die Frauenbewegung könnte seiner Meinung nach dazu führen, daß qualitativ ganz neue Kulturgüter entständen, wenn es in Zukunft dahin käme, daß Frauen nicht nur männliche Leistungen nach männlichen Maßstäben anstrebten, sondern ihren eigenen Kulturbeitrag nach ihren eigenen Wertmaßstäben einbrächten.[15]

Alle diese Mutmaßungen haben sich nicht bewahrheitet. Das Frauenwahlrecht hat die Politik nicht veredelt, die Frauenbewegung hat das gesellschaftliche Wertesystem nicht in Richtung auf ‚spezifisch weibliche Werte und Ideale' verändert, es sind auch keine neuen ‚weiblichen' Kulturgüter geschaffen worden. Die Idee der ‚Mütterlichkeit' hat die erste Frauenbewegung nicht gehindert, während des ersten Weltkriegs nationalistisch zu werden und den Pazifismus des radikalen Flügels als unpatriotisch zu verdammen. Müssen vor diesem Hintergrund die Hoffnungen Marcuses auf den ‚feministischen Sozialismus' nicht als ebenso zum Scheitern verurteilt angesehen werden?

Es gibt aber einen sehr wichtigen Unterschied zwischen der ersten und der gegenwärtigen Frauenbewegung, zwischen den Überlegungen Schelers und Simmels und denen von Marcuse. Die Frauen des gemäßigten Flügels der ersten Frauenbewegung (auch Scheler und Simmel) gingen von einem angeborenen ‚weiblichen Wesen' aus, von relativ konstanten Eigenschaften und Verhaltensweisen der Männer und Frauen. Sie stellten sich eine *Mit*herrschaft weiblicher Werte in Gesellschaft und Kultur, nicht eine generelle Veränderung des gesamtgesellschaftlichen Normen- und Wertesystems vor. Sie wollten den Dualismus der Geschlechter nicht abbauen, im Gegenteil die Spannung zwischen den Polen erhöhen.

Im Gegensatz dazu glauben die heutigen Feministinnen nicht an ein angeborenes ‚Wesen‘ des Weiblichen, sondern an spezifische Dispositionen und Verhaltensweisen, die durch den Sozialisationsprozeß und den sogenannten ‚weiblichen Lebenszusammenhang‘ entstehen, also gesellschaftliches Produkt sind. In Marcuses Worten: „Über und jenseits der offensichtlichen physiologischen Unterschiede zwischen Mann und Frau sind die femininen Qualitäten sozial determiniert. Doch durch den Jahrtausende dauernden Prozeß sozialer Determinierung können diese Qualitäten zur ‚zweiten Natur‘ werden, die sich nicht von selbst mit dem Entstehen neuer Institutionen ändert".[16] – Die Neue Frauenbewegung will im Gegensatz zur alten die Geschlechtsrollendifferenzierung nicht erhalten, sondern abbauen: aber nicht durch eine Angleichung von weiblichem an männliches Verhalten – sondern umgekehrt.

Neu an der Situation der gegenwärtigen Frauenbewegung im Vergleich zur ersten ist dabei die Tatsache, daß neben ihr andere soziale Bewegungen existieren, die eine Veränderung der Gesellschaft in dieselbe Richtung anstreben. In der Zeit der ersten Frauenbewegung bildete sich ein Bund zur Bekämpfung der Frauenemanzipation (solche Organisationen gibt es auch gegenwärtig, wenngleich anders; vgl. Kapitel II.6) – heute entstehen, zwar nicht massenhaft, so doch unübersehbar, Männeremanzipationsgruppen, die versuchen, von der Idee des Feminismus für ihre eigene Veränderung zu lernen.

# III. Ansätze zu einer Theorie des Feminismus

In den ersten beiden Teilen sind die Vorstellungen der Frauenbewegung nur im Bereich der Familie (Sexualität, Ehe, Mutterschaft) ausführlicher dargestellt worden. In den anderen Kapiteln habe ich die Idee des Feminismus eigentlich eher umkreist: sie wurde abgegrenzt von der marxistisch-sozialistischen und der konservativen Sichtweise der Frauenfrage; sie wurde gespiegelt in den feindseligen Reaktionen, die die Frauenbewegung hervorgerufen hat und noch hervorruft; sie wurde in einen Zusammenhang gebracht mit verwandten zeitgenössischen Strömungen.

Das Umkreisen hatte seinen Grund: ,Feminismus' ist zur Zeit noch ein sehr diffuses Konzept; die größte Übereinstimmung ergibt sich bei der Negativdefinition (was Feminismus alles nicht ist bzw. nicht sein will). Viele Feministinnen verstehen darunter nicht mehr als ein kritisches Reflektieren der (eigenen) Frauenrolle, eine kämpferische Sensibilität für alle Formen der Frauenunterdrückung. „Feminismus bedeutet Kampf gegen den Sexismus", heißt es bei Marielouise Janssen-Jurreit,[1] deren Analyse die Universalität des Phänomens aufzeigt: Sexismus überall, kein Bereich unserer Kultur, in dem Frauen nicht diskriminiert würden. Simone de Beauvoir versteht „. . . unter Feminismus, daß man für die speziellen Forderungen der Frau kämpft".[2] Aber welche Forderungen? Das bleibt im Ermessen der einzelnen Frau, der Feminismus ist keine ausgeformte Weltanschauung, aus der sich ein widerspruchsfreies Programm ableiten ließe. So meint Ursula Krechel ausdrücklich: „Man kann Feminismus nicht als Theorie, als Denkgebäude fassen, wohl aber als Grundstruktur des Bewußtseins".[3] Da scheint es nur konsequent, wenn linke Kritikerinnen dem theorielosen Feminismus die marxistische Interpretation entgegenhalten, in der es konkrete Vorstellungen über die Mechanismen gesellschaftlicher Veränderung gibt. Es liegt nahe, eine Weltanschauung für politisch bedeutungslos zu halten, die sich anscheinend überwiegend in Kritik am Bestehenden äußert und keine entwik-kelte Utopie dessen, was an seiner Stelle sein sollte, vorweisen kann.[4]

Demgegenüber wird hier die Ansicht vertreten, daß den sehr vielfältigen, zum Teil sogar widersprüchlichen und bestimmt nicht miteinander koordinierten Enzelbestrebungen der Neuen Frauen-bewegung doch ein allgemeines Konzept unterliegt. In den letzten beiden Kapiteln will ich meine Auffassung von diesem Konzept entwickeln.

## 1. Die feministische Zielkonzeption: Abbau der Geschlechtsrollendifferenzierung

Das allgemeinste Ziel des Feminismus ist die Abschaffung der Frauenunterdrückung – oder der ‚Benachteiligung der Frau‘, wie weniger radikale Kreise es ausdrücken würden. Die Aufhebung der Frauenunterdrückung orientiert sich *nicht* an der männlichen Geschlechtsrolle als Ideal, d. h. die ‚befreite‘ Frau will nicht den männlichen Lebensstil kopieren, der durch Priorität des Sachbe-zugs vor dem Personenbezug, durch emotionale Kontrolle, Kon-kurrenzdenken, Leistungs- und Erfolgsorientierung gekennzeich-net ist. Stattdessen soll die Frauenbefreiung auch die gesamtgesell-schaftliche Dominanz ‚weiblicher‘ Normen und Werte wie Perso-nenbezogenheit, emotionale Expressivität, Solidarität mit sich bringen. Eine Präzisierung des allgemeinen Ziels würde also lau-ten: Der Feminismus strebt die ‚Feminisierung‘ des gesellschaftli-chen Normen- und Wertsystems an. Im Gegensatz zu den meisten Anhängerinnen der ersten Frauenbewegung sind die Feministin-nen der Gegenwart weitgehend überzeugt, daß dieses Ziel nur durch die Aufhebung der geschlechtsspezifischen Arbeitsteilung, den Abbau der Geschlechtsrollendifferenzierung zu erreichen ist.

Soweit es der Neuen Frauenbewegung darum geht, ‚femininen‘ Qualitäten gesellschaftliche Geltung zu verschaffen, hat sie – wenn auch unwissentlich – das Erbe der ersten Frauenbewegung angetreten, die in diesem Anspruch gescheitert ist. Gemessen am heutigen Feminismus-Konzept war die erste Frauenbewegung in ihrem Anspruch auf Gesellschaftsveränderung nicht radikal genug, weil sie die Geschlechtsrollendifferenzierung nicht in Frage stellte, sondern im Gegenteil den Dualismus der Geschlechter als tragenden Pfeiler der sozialen Ordnung ausdrücklich anerkannte.

In den Kapiteln II.3 und II.5 ist erklärt worden, warum die erste Frauenbewegung die soziale Arbeitsteilung zwischen den Geschlechtern akzeptierte. Die Frauen sahen die Verbindung zwischen Liebe und Sexualität, Sexualität und Mutterschaft, Mutterschaft und Hausmutterberuf als zwingend an, und sie bejahten die Institution Familie, weil sie notwendig schien, um Frauen vor den gesellschaftlichen Nachteilen der scheinbaren biologisch-soziologischen Zwänge zu schützen. Außerdem bewerteten sie die psychologische Dimension der bürgerlichen Hausmutterrolle, die sich ja gerade erst etabliert hatte, positiv: Die Rolle der Frau in der Familie wurde *auch* als Freiraum, der den äußeren Zwängen des Erwerbslebens entzogen ist, verstanden, als Chance der Selbstverwirklichung, die die Frauen nicht aufgeben wollten.

Die geschlechtsspezifische Arbeitsteilung im Berufsleben wurde einmal akzeptiert, weil sie sich notwendig aus der familiären ergeben mußte: Der weibliche Lebenszusammenhang benachteiligte Frauen in der Konkurrenz mit den Männern, so daß es sinnvoller schien, spezifisch ‚weibliche‘ Fähigkeiten in ‚weiblichen‘ Berufen anzubieten. Nur die ledigen Frauen konnten sich der männlichen Konkurrenz mit einiger Aussicht auf Erfolg stellen; da aber bei einem Mädchen noch nicht vorauszusehen war, ob es sich einmal für den Hausmutter- oder einen anderen Beruf entscheiden würde, ergab sich ganz von selbst, daß auch eine geschlechtsspezifische Sozialisation bejaht wurde, die zu beiden Lebenswegen befähigen sollte.

Darüber hinaus wurde von der ersten Frauenbewegung ‚Weiblichkeit‘ zum Teil auch als Strategie benutzt, mit der der Zugang zu bestimmten Berufen besser legitimiert und die Konkurrenzfurcht der Männer abgebaut werden konnte (wenn z. B. weibliche Ärzte wegen des Schamgefühls weiblicher Patienten, Lehrerinnen für die Mädchenbildung, Sozialarbeiterinnen wegen der ‚seelischen Mütterlichkeit‘ u. ä. gefordert wurden). Eigentlich war es keine schlechte Strategie, denn sie arbeitete mit denselben Argumenten wie die Antifeministen, minimierte so den Widerstand und erweiterte doch die Möglichkeiten der Frauen über die Familie hinaus.

Sicher ist die Tatsache, daß heute im Berufsleben eine geschlechtsspezifische Arbeitsteilung besteht, nicht Ergebnis der Bemühungen der ersten Frauenbewegung, sondern des allgemeinen sozialen Wandels, und in erster Linie auf die Entstehung vieler neuer Angestellten- und Dienstleistungsberufe zurückzuführen. Aber die Frauenbewegung bejahte und beschleunigte diese Entwicklung; sie lieferte den stellensuchenden Frauen Rechtfertigung und Rückendeckung. – Erwerbstätige Frauen konzentrieren sich in den personenorientierten Dienstleistungsberufen. Auf niedriger Qualifikationsebene sind sie lieber Verkäuferin und Friseuse statt Fabrikarbeiterin, auf mittlerer Qualifikationsebene eher Sekretärin und Sozialarbeiterin statt Technikerin, auf höherer Qualifikationsebene Lehrerin und Ärztin statt Ingenieurin oder Physikerin. Aber die Spaltung trennt nicht nur männlich-sachorientierte von weiblich-personenorientierten, sondern auch männlich-leitende und weiblich-dienende, männlich-anweisende und weiblich-ausführende, männlich-hochdotierte und weiblich-schlechtbezahlte Berufe. Der Frauenanteil in einem Beruf entspricht in negativer Umkehrung dessen Prestige und der Höhe des Gehalts:[1] Weibliche Berufstätigkeit hat einen niedrigeren Marktwert als männliche. Ganz wie die weiblichen Dienstleistungen im Haushalt und in der Familie umsonst bereitgestellt werden, so wird die ‚professionalisierte Weiblichkeit‘ im Berufsleben niedriger bezahlt und geringer geschätzt.

Die erste Frauenbewegung teilte mit der gegenwärtigen die allgemeinste Zielvorstellung: Abschaffung der Frauenunterdrückung. Sie stellte sich darunter neben ‚Gleichberechtigung‘ zunehmend auch eine Veränderung der Gesellschaft im Sinne der Mitherrschaft ‚weiblicher‘ Normen vor. Ihre Erwartung, daß Frauen sich einen breiten Zugang zur außerfamiliären Sphäre erobern würden, hat sich erfüllt, nicht aber die damit verbundene Utopie, daß die Frauen die Gesellschaft ‚menschlicher' machen würden. Auch hat die Verbreitung der Frauenberufstätigkeit die Benachteiligung oder Unterdrückung der Frauen nicht beendet; im Gegenteil stellt die ‚Doppelrolle' nicht nur eine doppelte Belastung, sondern auch eine doppelte Ausbeutung dar.

Deswegen sind die Feministinnen der Neuen Frauenbewegung überzeugt, daß die Abschaffung der Frauenunterdrückung und die Aufwertung femininer Qualitäten nur durch eine Abschaffung der Geschlechtsrollendifferenzierung erreicht werden kann. Im Gegensatz zur ersten Frauenbewegung, im Gegensatz zu staatlichen Gleichberechtigungshilfen und sozialistischen Frauenförderungsprogrammen greift der Feminismus die Frauenunterdrückung vor allem da an, wo ihre eigentlichen Wurzeln liegen: nicht im Beruf, sondern bei der geschlechtsspezifischen Arbeitsteilung in der Familie, im Privatbereich.

Wenn Frauen allein für die Hausarbeit verantwortlich sind, so bedeutet dies, daß die Männer, mit denen sie leben, von ihr freigestellt sind und doch die Produkte – das fertige Essen, die aufgeräumte Wohnung, die gepflegte Kleidung – in Anspruch nehmen können. Dies scheint zunächst in Ordnung zu sein, wenn die Frau nicht berufstätig ist, hat aber bei näherem Hinsehen weitreichende Implikationen. Für den Mann, der mit einer Nur-Hausfrau lebt, entstehen so Vorteile gegenüber dem Mann, der mit einer berufstätigen Frau lebt (und dabei etwas mehr im Haushalt tut, gleichzeitig etwas weniger Bequemlichkeiten in Anspruch nehmen kann), und gegenüber dem Mann, der allein – d. h. ohne Mutter oder Freundin – lebt und für seine physische Reproduktion selbst sorgen muß. Erst recht entstehen ihm aber Vorteile gegenüber der berufstätigen Ehefrau und gegenüber der nicht-verheirateten Nur-Berufsfrau. Die Berufsarbeit fast aller Männer lebt von der Ausbeutung der Frauen insoweit, als sie auf weiblichen Reproduktionsleistungen aufbaut. Berufstätige Frauen hingegen sind doppelt geschädigt: Einmal müssen sie mit Männern konkurrieren, die ihre Reproduktionsarbeit nicht selber leisten, also mehr Zeit und Energie in die Arbeit investieren können, zum andern müssen sie –

wenn sie verheiratet sind und Kinder haben – solche Reproduktionsleistungen in mehr oder minder großem Umfang zusätzlich noch für andere bereitstellen.

Solche ungleichen Wettbewerbsbedingungen für Männer und Frauen bestehen aber nicht nur in Bezug auf die reale handgreifliche Hausarbeit. Auch bei der psychischen Reproduktion privilegiert die geschlechtsspezifische Arbeitsteilung die Männer und benachteiligt die Frauen. Männer erwarten von ihren Frauen auch dann, wenn die berufstätig sind, mehr Rücksichtnahme auf ihre Überlastung und Ermüdung, mehr Anteilnahme an ihren beruflichen Problemen als umgekehrt. Kinder erwarten von ihren Müttern mehr Interesse an ihren schulischen Angelegenheiten und täglichen Sorgen als von ihren Vätern. Im allgemeinen erwarten Ehemänner und Kinder dies nicht nur, sondern Frauen sind auch bereit, sich diesen Anforderungen entsprechend zu verhalten; aufgrund ihrer Sozialisation fühlen sie sich in erster Linie für das Wohlergehen ihrer Familie verantwortlich. Sie haben Schuldgefühle, wenn sie nicht ‚für Mann und Kind da sind‘, sie ziehen aber auch einen Teil ihres Selbstbewußtseins daraus, von ihrer Familie gebraucht zu werden.

Auch in Bezug auf die psychische Reproduktion ist die berufstätige Frau also gegenüber dem berufstätigen Mann doppelt benachteiligt. Von diesem Teil ihrer Arbeit kann sie sich meist weniger entlasten als von der realen Haushaltsarbeit, die – bei guter Organisation – zumindest teilweise an den Mann, die älteren Kinder oder außerhäusliche Kräfte (Putzhilfe, Wäscherei, Reinigung etc.) delegiert werden kann. Als Berufstätige ist sie ihrerseits dem Streß des Arbeitslebens ausgesetzt, der Atmosphäre und den Leistungsnormen, die von den Männern der Nur-Hausfrauen geprägt sind. Selber psychisch reproduktionsbedürftig, kann sie von Mann und Kindern nicht dieselbe emotionale Unterstützung erwarten, die sie für andere bereitzustellen gelernt hat: Mutter-Kind- und Mann-Frau-Beziehung sind in dieser Hinsicht asymmetrisch definiert. (Karrierefrauen ziehen deswegen häufig das Leben ohne Mann vor; sie stehen sich dann zwar immer noch schlechter als die männlichen Karrierekollegen, es sei denn, sie hätten noch eine Mutter oder Freundin, die sie dann und wann aufmöbelt – aber wenigstens gibt es keinen, der in dieser Hinsicht auch noch Ansprüche an sie stellt.)

Frauen spüren diesen Druck erst, seit sie in großer Zahl erwerbstätig sind. Zwar hat sich der Anteil der weiblichen Erwerbstätigen als solcher in den westlichen Industrieländern gar nicht so sehr erhöht (vgl. Abschnitt I.3.3) – aber die Zahl der verheirateten Frauen im Beruf und der berufstätigen Mütter ist erheblich gestiegen. Für diese Frauen ergibt sich gegenüber der Zeit der ersten Frauenbewegung eine ganz neue Situation: Sie stehen mit einem Bein im männlich normierten Erwerbsleben, mit dem anderen Bein in ihrer alten Familienrolle, wobei die psychischen Erwartungen an diese Rolle sich in den Zeiten der ‚Mittelschichts-Muße‘ gebildet haben, in denen Frauen weder außer Haus arbeiteten, noch die handfeste Haushaltsarbeit selbst leisten mußten.

Bei diesen Überlegungen drängt sich die Frage auf, warum denn Frauen überhaupt in so großer Zahl berufstätig werden. Das Leben wäre doch für sie viel einfacher und der Druck viel geringer, wenn sie ganz in der Familie blieben wie die frühere Mittelschichtsfrau. Darauf gibt es viele Antworten: eine materialistische, die von den veränderten Produktionsverhältnissen ausgeht, lautet: Die Strukturveränderungen der Wirtschaft haben die Frauenarbeit zunehmend notwendig gemacht (und werden sie auch weiter und noch mehr erfordern). Aber es gibt auch Antworten, die von den Veränderungen des Reproduktionsbereichs ausgehen: Die Ehe ist kein lebenslängliches Versorgungsinstitut mehr (und wird es in Zukunft immer weniger sein), sondern eine kürzer- oder längerfristige Gemeinschaft auf emotionaler Basis – einer Basis, die sehr labil ist. In einer solchen Beziehung, die auf dem persönlichen Wert der Partner füreinander beruht, hat die wirtschaftlich abhängige Ehefrau ohne Alternative eine zunehmend schwächere Position. Es gibt noch andere, bekannte Gründe: die Tatsache, daß es kein Lebensinhalt für vierzig oder fünfzig Jahre ist, ein oder zwei Kinder großzuziehen; die Tatsache, daß ein vom Beruf des Ehemanns abgeleiteter Status im Widerspruch zu einer Sozialisation steht, die auf Individualisierung und Erreichung eigener Ziele angelegt war (so die schulische und berufliche Ausbildung) und anderes mehr.

Der Feminismus will aber die geschlechtsspezifische Arbeitsteilung in der Familie nicht nur abschaffen, weil die alleinige oder überwiegende Verantwortung der Frau für die physische und psychische Reproduktion der Familienmitglieder sie im Berufsleben gegenüber den Männern benachteiligt und den Männern einen unverdienten Vorteil schafft. Die geschlechtsspezifische Arbeitsteilung und die auf ihrer Basis entwickelte psychische Geschlechtsrollendifferenzierung wird auch für die inhumanen Bedingungen des Erwerbslebens und die psychische Deformation von Männern und Frauen verantwortlich gemacht.

Eine soziale Arbeitsteilung nach Geschlecht gab es auch in vorindustriellen Zeiten; sie war sogar sehr ausgeprägt, ebenso wie die Unterdrückung und Geringschätzung der Frauen.[2] Der Bauer bestimmte, und die Bäuerin bediente ihn; in vielen Gegenden Europas standen die Frauen am Tisch, während die Männer aßen. Männer schlugen ihre Frauen und empfanden diese Gewalt als legitim. Neu ist also nicht die Tatsache, daß Männer über Frauen Herrschaft ausüben, neu ist lediglich, daß die psychische Dimension der Geschlechtsrollendifferenzierung seit der Industrialisierung eine zentrale Bedeutung erhalten hat. Es kann sogar behauptet werden, daß sich die psychische Polarisierung verschärft hat, während die formale Gleichheit angestrebt wurde.

Die Ausprägung der psychischen Geschlechtsrollendifferenzierung ist eine Begleiterscheinung der Auseinanderentwicklung von Familie und Arbeitsplatz: Familie und Privatbereich als ‚weibliche‘ Sphäre, Beruf und Öffentlichkeit als ‚männliche‘ Sphäre. Wiederum gilt, daß auch schon in der vorindustriellen Gesellschaft Frauen überwiegend für die Hauswirtschaft, Männer überwiegend für die Landwirtschaft und die Außenvertretung zuständig waren. Neu ist, daß sich mit der Ausdifferenzierung der Gesellschaft in den beiden Bereichen ganz verschiedene Normen- und Wertsysteme entwickelt haben.

In der Familie traten Sozialisation und psychische Regeneration in den Vordergrund; die Beziehungen zwischen den Menschen wurden so mehr und mehr zum Hauptinhalt und Selbstzweck des Familienlebens; Bedürfnisse nach Vertrauen, Geborgenheit und Liebe wurden dominant; die neuen familiären Verhaltensnormen waren Solidarität und Emotionalität. Solange innerhalb der Familie noch produziert wurde, hatten die Beziehungen gar nicht diesen gefühlsbetonten Charakter annehmen können, denn sie wurden vom Arbeitsablauf mitbestimmt; der Sachzusammenhang überlagerte die persönlichen Bedürfnisse und war um so wichtiger, je mehr das Gesetz der Knappheit regierte; Kinder und Ehegatten wurden nicht als Individuen, sondern unter praktisch-wirtschaftlichen Gesichtspunkten gesehen: als Arbeitskollegen.

Aber auch das Arbeitsleben entwickelte, als es sich von der Familie als Wohn- und Lebenseinheit löste, ganz andere Gesetzmäßigkeiten. Man arbeitete ja jetzt nicht mehr in der Gruppe, von deren gemeinsamem Arbeitsergebnis das Überleben, der Lebensstandard abhing, sondern als Individuum mit oder gegen andere Individuen, mit denen einen sonst nichts verband. Die Belohnungen – Essen, Trinken, Schlafen, Familie, freie Zeit, Freunde – lagen außerhalb; es war also das beste, alle Bedürfnisse, die nichts mit der Arbeit zu tun hatten, zu unterdrücken und die Zeit am Arbeitsplatz eben ganz ‚bei der Sache‘ zu sein. Konkurrenz, weil sie leistungssteigernd wirkte, wurde angestachelt, Effizienz und Geschwindigkeit belohnt, Solidarität mit anderen war unerwünscht und brachte nichts, Sachlichkeit war Gebot, Emotionen störten nur den Arbeitsablauf. – Solange in der Familie produziert worden war, hatte die Tatsache des gemeinsamen Lebens und Wohnens nicht zugelassen, daß die Arbeit Selbstzweck wurde und sich ganz und gar über die menschlichen Bedürfnisse und Beziehungen hinwegsetzte.

Die Spaltung zwischen Familie/Privatleben einerseits und Beruf/Arbeitsleben andererseits war eine Spaltung zwischen den sozialen Lebenssphären der Geschlechter. Die Frau verblieb zunächst in der Familie; sie entwickelte und intensivierte personen- und beziehungsorientierte sogenannte ‚weibliche‘ Verhaltensweisen; der Mann, dessen Erfolg vom Funktionieren im äußeren Bereich abhing, entwickelte die sachorientierten, die berufsbezogenen, die sogenannten ‚männlichen‘ Verhaltensweisen. Aber die Pole waren nicht gleichwertig: wie zuvor wurde ‚Weiblichkeit' kompensatorisch definiert, d. h. im Sinne einer Stützung und Erhaltung von ‚Männlichkeit'. So war es dem Mann überhaupt nur möglich, die ‚männliche' Haltung aufzubauen, weil es den emotional stützenden Bereich der Familie und die auf seine Bedürfnisse hin angelegte Frauenrolle gab. Ihre Emotionalität, ihre Wärme, ihre Spontaneität lockerten, zerstreuten, entspannten ihn, wenn er vom beruflichen Schlachtfeld zurückkam, das ihm Härte und Disziplin, äußerste Anspannung abverlangte, falls er nicht ins Hintertreffen geraten wollte. Ihre Abhängigkeit, Hilflosigkeit, Ängstlichkeit, und Naivität verliehen ihm das Gefühl der eigenen Stärke, Überlegenheit, Unverletzlichkeit. – Die ‚Weiblichkeit' der Frauen machte die ‚Männlichkeit' der Männer überhaupt erst möglich; nur weil die Frauen die emotional kompensierende Rolle übernahmen, wurde jene Karikatur von Männlichkeit möglich, die heute die Leistungsgesellschaft beherrscht.[3]

Diese Polarisierung hat Männer wie Frauen psychisch verkrüppelt. Für Frauen begann der Ablösungsprozeß, als sie sich nicht mehr ausschließlich darauf beschränkten, dem vom Arbeitsrummel und ‚Egotrip' erschöpften Mann die ‚weibliche' Sphäre bereitzustellen, d. h. als sie selber erwerbstätig wurden. Aber noch immer übernehmen Frauen für Männer die emotionale Rolle; sie sind seine Beziehungsagenten, die für ihn (neben dem Haushalt) den Bereich ‚menschliche Beziehungen' verwalten; sie vermitteln bei Konflikten zwischen ihm und seinen Kindern, sie besuchen seine Mutter im Krankenhaus oder Altenheim, sie schreiben für ihn Briefe an seine Verwandten; bewirten seine Freunde und Kollegen, suchen für seine Sekretärin Geschenke aus. Weil sie sich um den alltäglichen ‚sozialen Kram' kümmern, können die Männer sich den ‚eigentlichen' Problemen zuwenden: Den Sachproblemen, den politischen und wirtschaftlichen Problemen, der Produktion von Kulturgütern. Aber die Lösungen, die die Männer für politische und wirtschaftliche Probleme finden, und die Kulturgüter, die sie schaffen, tragen ihren Stempel: sie sind von und für Menschen gemacht, die von der Reproduktionsarbeit anderer profitieren, aber selbst keine leisten, Menschen, die durch ein soziales Beziehungsnetz gesichert sind, sich aber nicht für seine Aufrechterhaltung zuständig fühlen. Wenn in den Büros und Fabriken, den Parteien und Aufsichtsräten Männer säßen, die neben ihrer Arbeit dort ihre Einkäufe selbst erledigen, ihre Hemden selbst bügeln, ihre Kinder vom Kindergarten abholen oder bei den Schulaufgaben beaufsichtigen würden, sähen diese Institutionen anders aus. Jetzt werden die Leistungsnormen, das Arbeitstempo, der Energieeinsatz von der Mehrheit der Männer diktiert, die von der Reproduktionsarbeit freigestellt sind und die nicht gelernt haben, sich auf andere Menschen zu beziehen.

Die psychische Geschlechtsrollendifferenzierung soll nicht nur abgeschafft werden, weil sie, wie ausgeführt, Frauen benachteiligt (sie benachteiligt sie nicht *nur,* das wäre einseitig: auf die Motive der Frauen, sich auf diesen Handel einzulassen, wird noch eingegangen), sondern weil erst durch sie männliche Verhaltensnormen in gesellschaftlich wichtigen Bereichen außerhalb der Familie – in der Politik, in der Wirtschaft, in der Wissenschaft, in der Kultur – normative Geltung erlangen. In diesen Bereichen dominiert der Mann mit dem Teil seiner Person, der frei von Rücksicht auf das ihn stützende Beziehungsnetz ist. Der feministische Angriff auf die geschlechtsspezifische Arbeitsteilung richtet sich auch gegen eine bestimmte Ausprägung der männlichen Geschlechtsrolle, gegen die männlichen Verhaltensnormen, die gesamtgesellschaftlich (im ‚äußeren‘ System) dominant sind.

Das ‚männliche Prinzip‘, ‚männliches‘ Verhalten und Wertsystem, wird von Feministinnen für viele politische und soziale Probleme der Gegenwart verantwortlich gemacht und auf jeden Fall für unfähig befunden, sie zu lösen. Vom ‚männlichen Prinzip‘ bestimmt ist der ausbeuterische Umgang mit der Natur und ihren Ressourcen, das Auf- und Wettrüsten als Gebärde der Drohung und der Stärke, die Ideologie des unbegrenzten wirtschaftlichen Wachstums, ein ständiges ‚Größer‘ und ‚Mehr‘ um seiner selbst willen (oder, um ‚größer‘ zu sein und ‚mehr‘ zu haben als die anderen). ‚Männlich‘ ist die Idee der Konkurrenz als leistungssteigernd und das Ideal des starken, unabhängigen, unverletzlichen Individuums, das die anderen in einsamer Größe verachtet.

„...wir wollen das Patriarchat zerstören, bevor es den Planeten zerstört", verkündet das Frauenjahrbuch 1976,[4] und Ursula Krechel grenzt in ähnlicher Weise ,Feminismus' von Gleichberechtigungsbestrebungen ab: „Den Übergang von der Frauenrechts- zur Frauenbefreiungsbewegung setzen wir dort an, wo sichtbar geworden ist, daß das auf Expansion, Unterordnung und Beherrschung ausgerichtete männliche Prinzip zerstörerisch für jedes Leben ist. Unsere Aufgabe kann es nicht mehr sein, funktionierendes Rädchen in diesem System zu bleiben ...".[5]

Die psychische Geschlechtsrollendifferenzierung ist asymmetrisch, weil die ,Männlichkeit' die ,Weiblichkeit' voraussetzt, auf ihr aufbaut. Wenn der Feminismus die Geschlechtsrollendifferenzierung angreift, dann meint er, daß bestimmte Ausprägungen von ,Männlichkeit' in sich zusammenfallen müssen, wenn ihnen die ,weibliche' Basis entzogen wird. Gäbe es keine ,weiblichen' Frauen, müßte der ,männliche' Mann an seiner emotionalen Verkrüppelung zugrunde gehen – falls er nicht lernt, sein Potential an ,Weiblichkeit' zu aktivieren. Der Feminismus will den Kuhhandel zwischen den Geschlechtern abschaffen, bei dem es heißt: Gib du mir von deiner Emotionalität (und sorge für meine seelischen und körperlichen Bedürfnisse), dann gebe ich dir von meiner Stärke, meinem Geist, meiner wirtschaftlichen Macht und meinem gesellschaftlichen Prestige – und außerdem das Gefühl, daß ich ohne dich nicht leben kann.

Im Gegensatz zum heutigen Feminismus wollte die erste Frauenbewegung zwar, daß die Frauen ,feminine' Verhaltensweisen und -normen in den öffentlichen Bereich einbrächten, aber sie stellte das gesellschaftlich dominierende Prinzip als solches nicht in Frage, sondern gab sich damit zufrieden, das die Männer ergänzende Prinzip zu sein. Das ,Prinzip Mütterlichkeit' wollte das ,Prinzip Männlichkeit' nicht entthronen, sondern ihm lediglich gleichwertig zur Seite treten. „Der Frauenbewegung geht es nicht um das Gleichsein, sondern um das Anderssein; nicht um den Einklang mit dem Mann, noch weniger um den Diskord, sondern um den Akkord".[6]

Das Schiefe und Falsche im Ansatz der ersten Frauenbewegung

kommt gerade im Konzept der ‚seelischen Mütterlichkeit‘, ihrer Gleichsetzung mit ‚Weiblichkeit‘, zum Ausdruck: „Grundzug der Weiblichkeit ist die altruistische Gefühlsrichtung, die im allgemeinen in der Mütterlichkeit ihren stärksten Ausdruck findet".[7] Die Frauen glaubten an einen angeborenen Pflege- und Hegetrieb, der kulturell zu einer fürsorglichen, liebevollen, zuwendenden Haltung gegenüber allem Schwachen, Hilflosen und Liebebedürftigen überhöht werden sollte. Die Mütterlichkeit wurde ausschließlich positiv gewertet; und wenn dabei ein Unterton von Selbstaufopferung und Hingabe für andere mitschwang, so sollte dies ein Gegengewicht zu den anderen, den egoistisch-individualistischen Bestrebungen der Frauenbewegung – wie auch der Männerwelt – darstellen.

In Wirklichkeit ist das kulturell hochbewertete Prinzip ‚Mütterlichkeit‘ – auch ‚Altruismus‘ oder ‚selbstloses Eingehen auf die Bedürfnisse anderer‘ – eine moralisch sehr problematische Sache. Die Asymmetrie des Geben-ist-seliger-als-Nehmen ist keineswegs ein brauchbares Modell für die Beziehung zwischen erwachsenen freien Menschen. Sicher ist es eine unabänderliche Tatsache, daß die Beziehung zwischen einem Kleinkind und einem verantwortlichen Erwachsenen asymmetrisch sein muß – aber auch das Ziel einer solchen Beziehung ist der graduelle Abbau der Asymmetrie mit dem Ziel der Autonomie des Kindes. In unserer Kultur, mit ihrer aufgeblähten Mutter-Kind-Beziehung, ist oftmals das Gegenteil der Fall: Da die Mutter ihre – oft einzige – Selbstbestätigung daraus bezieht, vom Kind gebraucht zu werden, hat sie jedes Interesse daran, den Zustand der emotionalen Abhängigkeit und der Asymmetrie zu verlängern. Die gesellschaftlichen Sozialisationsbedingungen sind so gestaltet, daß die Mutter vor allem in den ersten Lebensjahren des Kindes ein ungeheuer großes Maß an Verzicht auf eigenes Leben erbringen muß. Diese Selbstaufgabe wird zum Prinzip erhoben und moralisch überhöht, obwohl eben diese Überhöhung eine Verzerrung der angeblich altruistischen Haltung zu einer moralischen Machtposition begünstigt. Die Mutter hat jahrelang *für* das Kind leben müssen, jetzt will sie auch *durch* das Kind leben. Dem Kind wird die Rechnung für die mütterliche

Selbstaufgabe in der Pflicht zur Dankbarkeit gemacht. Überidentifikation mit der Mutter und Schuldgefühle verhindern seine Ablösung, seine Individuation um so mehr, je weniger alternative Möglichkeiten zur Selbstbestätigung die Mutter noch für sich sieht.

Ist die Notwendigkeit einer gewissen Asymmetrie in der Beziehung Erwachsener – Kind noch einsehbar, so ist sie im Verhältnis zwischen Erwachsenen nur schädlich. Die Selbstaufopferung des einen macht den andern freiwillig oder unfreiwillig zum Egoisten; die ,altruistische‘ Empathie macht ihn seinerseits unsensibel für die Wahrnehmung der Bedürfnisse anderer; die ,mütterliche‘ Emotionalität, die den anderen nur versorgt, ohne gleiches von ihm zu verlangen, läßt seine Emotionalität vertrocknen. Frauen verhalten sich so, weil sie Männern begegnen, die durch die Mutter-Sohn-Beziehung bereits in diese Richtung geprägt sind, also solche Frauen brauchen; sie verhalten sich aber auch so, weil es sie bestätigt, ,gebraucht zu werden‘.

So verständlich es ist, daß Frauen über die Kontrolle und Manipulation der Bedürfnisse anderer, nämlich der Bedürfnisse von Mann und Kind, Macht auszuüben versuchen, so wenig sind sie dadurch in der gewünschten Weise gesichert. Diese Art der Macht bleibt immer personengebunden, sie ist nicht übertragbar; sie ist nicht abhängig von eigenen Leistungen, sondern immer von der Bedürfnisstruktur des Gegenübers. Diese kann auch bei bester emotionaler Versorgung nicht vollständig kontrolliert werden, so daß die Macht der Frauen immer eine hilflose bleibt: Die Kinder werden doch erwachsen, und es kann nie ausgeschlossen werden, daß der Ehemann eine andere Frau vorzieht. – Abgesehen von den negativen Auswirkungen, die diese ,Mütterlichkeit‘ auf andere hat, ist sie auch für die Frauen selbst eine Sackgasse. Unter dem Deckmantel der Selbstlosigkeit ist sie Dominanzanspruch, unter dem Deckmantel der Dominanz ist sie wieder Hilflosigkeit, Mangel an Alternativen.

Altruistische Du-Bezogenheit ist der verlogene Gegenpart zu einem Egoismus, der sich mehr oder weniger offen, mit mehr oder weniger großen Schuldgefühlen, ausleben darf. Diese ,Mütterlichkeit‘ ist der weibliche Pol der ausgeprägten psychischen Geschlechtsrollendifferenzierung; wenn der Feminismus das destruktive Prinzip ,Männlichkeit' angreift, so will er gleichzeitig auch der falschen ,Mütterlichkeit' entgegenwirken. Zwar sollen ,weibliche' Werte normative Kraft erhalten, und zentral für diese ,weiblichen' Werte sind die Bezogenheit auf andere, die Sensibilität für die Bedürfnisse anderer, die Bereitschaft, andere zu akzeptieren usw. Aber positiv sind diese Verhaltensnormen nur zu werten, wenn sie für alle Menschen unabhängig vom Geschlecht, verbindlich werden.

Die psychische Geschlechtsrollendifferenzierung baut auf der geschlechtsspezifischen Arbeitsteilung in der Familie auf. Im Zentrum dieser Arbeitsteilung steht die Gebärfähigkeit der Frau, die biologische Mutterschaft, von der auch die ,Mütterlichkeit' als spezifisch weibliche Disposition abgeleitet ist. „Die Mutterschaft ist – so wie sie heute verstanden wird – das stabilste Glied in der Fessel der Frauen. Im Namen dieser an sich zweifelsohne sehr positiven Fähigkeit, gebären zu können, werden Frauen dazu verurteilt, ihr Leben lang für andere zu kochen, zu putzen, zu waschen und zu trösten. Aus der Fähigkeit zur biologischen Mutterschaft folgert unsere Gesellschaft die Pflicht zur sozialen Mutterschaft", heißt es bei Alice Schwarzer.[8]

Die erste Frauenbewegung nahm diese Automatismen des weiblichen Lebenszusammenhangs als unabänderlich hin, weil sie die soziale Mutterschaft für ein ,natürliches' Phänomen hielt. „... über die verhängnisvolle Doppelseitigkeit allen Frauenlebens, die darin besteht, daß Mutterschaft für die Frau physisch, seelisch und geistig etwas anderes bedeutet als Vaterschaft für den Mann, wird keine Arbeitsorganisation hinweghelfen", meinte Bernays 1920 und gab damit der Meinung der meisten Frauen des gemäßigten Flügels Ausdrucks.[9]

Sicher ist es richtig, daß Elternschaft heute für die meisten Mütter anderes und mehr bedeutet als für die meisten Väter: diese intensive und komplizierte Mutter-Kind-Beziehung ist aber keinesfalls ,natürlich', sondern Kulturprodukt (vgl. Kapitel I.1). Die Entwicklung der sozialen Mutterschaft ist in vieler Hinsicht positiv zu werten; die enge Mutter-Kind-Beziehung hat den Prozeß der Individualisierung des Menschen entscheidend vorangetrieben; wahrscheinlich ist sie die Grundlage des Bedürfnisses nach kontinuierlicher liebevoller Beziehung zu anderen Menschen.

Die positiven Folgen sozialer Mutterschaft sollen weder geleugnet, noch soll auf sie verzichtet werden. Abbau der geschlechtsspezifischen Arbeitsteilung heißt nicht, daß in breitem Ausmaß zu quasi-vorindustriellen Formen der Kindesvernachlässigung zurückgekehrt werden soll. (Den Eltern, die damals ihr Kind als festgeschnürtes Bündel an einem Haken an der Wand befestigten, um es vor Beschädigung zu schützen, während sie ihrer Arbeit in Land- und Hauswirtschaft nachgingen, würden in der Gegenwart Eltern entsprechen, die ihre Kinder frühmorgens auf dem Weg zur Arbeit in einer Bewahranstalt abgeben, um es spätabends wieder abzuholen und zuhause in sein Bett zu legen.) Aber die negativen Folgen der einseitigen und übermäßig intensiven sozialen Mutterschaft werden immer deutlicher: Überbemutterung auf der einen Seite, Abhängigkeit und Trennungsangst auf der anderen Seite. Die Mutter-Kind-Beziehung wird das Muster für die spätere Zweierbeziehung, die wegen der überhohen Erwartungen, die an sie gerichtet werden, oft zusammenbricht. Die psychische Überlastung der Mutter-Kind-Beziehung wird um so wahrscheinlicher, je ‚feindlicher‘ die Außenwelt ist, je mehr schon das Kind sich außerhalb der Familie Konkurrenz, Leistungsdruck, emotionaler Kontrolle unterziehen muß. Die negativen Folgen der engen Mutter-Kind-Beziehung werden in Zukunft wohl noch gravierender, denn diese Beziehung ist immer enger geworden: durch die Verkleinerung der Haushalte und der Wohnungen, die Reduzierung der Hausarbeit, den Wegfall entlastender Geschwisterbeziehungen. Mutter und Kind sind einander über Jahre hinaus vollkommen ausgeliefert.[10]

Daß der Mutter von der Gesellschaft nicht nur der größte Teil der Arbeit mit dem Kind, sondern auch die alleinige Verantwortung für das ‚Gelingen des Sozialisationsprozesses‘ zugeschrieben wird, ist eine schwere Hypothek für die Mutter-Kind-Beziehung. Dabei ist es besonders fatal, daß die Kriterien für mütterlichen *Mißerfolg* klar sind: Wenn das Kind Verhaltensstörungen zeigt, in der Schule versagt, bei seiner Altersgruppe unbeliebt ist, in schlimmeren Fällen kriminell wird oder Drogen nimmt. Dagegen sind die Kriterien für den mütterlichen Sozialisations*erfolg* alles andere als klar; eigentlich könnte die Mutter schon zufrieden sein, wenn keines der negativen Symptome auftritt. Aber das ist kaum etwas, dessen sie sich im selben Ausmaß rühmen kann, wie sie umgekehrt für Versagen kritisiert wird. Orientiert sich die Mutter dagegen an dem Erziehungsziel, ein besonders erfolgreiches, hochleistungsfähiges und beliebtes Kind großzuziehen, überfordert sie es oft und legt die Basis für seine späteren Persönlichkeitsprobleme.[11] Auch die Berufstätigkeit der Mutter garantiert keinen Schutz vor der Gefahr der Überbemutterung. Zwar ist die berufstätige Mutter nicht ständig mit dem Kind befaßt und hat möglicherweise noch andere Bestätigung; andererseits steht sie aber bei der Erziehung unter noch größerem Erfolgszwang als die Nur-Mutter, denn beim Auftauchen der ersten negativen Symptome wird ihr ihre Berufstätigkeit als Egoismus angelastet werden.

Wie die soziale Mutterschaft kein biologisches Phänomen, sondern ein Kulturprodukt ist, das sich mit dem Freiwerden der Mittelschichtsfrauen von den Zwängen der Erwerbsarbeit herausgebildet hat, gibt es keinen Grund, warum nicht mit dem weiteren Nachlassen der Zwänge des Produktionsbereichs das Kulturprodukt sozialer Elternschaft entstehen könnte. In der spätindustriellen Gesellschaft ist die Produktivität so hoch, daß zwei erwachsene Personen nicht mehr täglich acht Stunden arbeiten müssen, um sich und ein Kind zu ernähren. Berufstätigkeit beider Eltern, allgemeine Arbeitszeitverkürzung und Gleichverpflichtung des Mannes zur Kinderpflege und -erziehung würden aus sozialer Mutterschaft soziale Elternschaft machen.

Es geht den Feministinnen nicht, wie häufig behauptet, um die bloße Befreiung der Frau von den Lasten der Kinderarbeit („Alle feministischen Konzepte enthalten als wesentlichen Kernpunkt die Forderung, die Frauen von der Last der Kindererziehung zu befreien", behauptet z. B. Cordula Koepcke[12]). Ziel ist vielmehr die Gleichverpflichtung des Mannes zur Kinderarbeit – langfristig nicht nur zum Vorteil des Kindes, sondern auch wichtig für ihn selbst. „Heute fangen Mutter und Kind an, Vater einen Eintrittspreis für die Aufnahme in die Familie abzufordern, und dieses Eintrittsgeld heißt Mitarbeit. Er muß es wohl oder übel zahlen, weil er die schwächere Position hat: Er mag für die Familie unwichtiger geworden sein, aber die Familie wird allmählich immer wichtiger für ihn".[13]

## 2. Theorie der feministischen Revolution

Im letzten Kapitel ist gezeigt worden, daß die Unterdrückung der Frau und die gesellschaftliche Dominanz männlicher Werte in der geschlechtsspezifischen Arbeitsteilung wurzeln. Zerstörung patriarchalischer Herrschaft bedeutet also Abschaffung der geschlechtsspezifischen Arbeitsteilung in der Familie, Abbau der auf ihr basierenden psychischen Geschlechtsrollendifferenzierung und Feminisierung des gesamtgesellschaftlichen Normen- und Wertesystems.

Abbau der geschlechtsspezifischen Arbeitsteilung in der Familie heißt konkret: Halbierung der Hausarbeit (keine erwachsene Person bedient eine andere; jede erwachsene Person ist im gleichen Ausmaß für die in der Lebensgemeinschaft anfallenden gemeinsamen Reproduktionsarbeiten verantwortlich), soziale Elternschaft (Abbau sozialer Mutterschaft zugunsten einer Intensivierung sozialer Vaterschaft), gleiche Verantwortung in der Beziehungsarbeit (jede erwachsene Person bringt den anderen im selben Ausmaß emotionale Unterstützung und Verständnis entgegen, wie sie dies von anderen erfährt; Männer und Frauen einer Lebensgemeinschaft bringen Kindern im gleichen Ausmaß Zuwendung und Interesse entgegen).

Abbau der psychischen Geschlechtsrollendifferenzierung bedeutet konkret die eigene Veränderung und die Sozialisation von Kindern auf das Ideal der androgynen Persönlichkeit hin.[1] Die androgyne Persönlichkeit vereint in sich positiv bewertete ‚weibliche‘ Züge (z. B. soziale Sensibilität, emotionale Expressivität, Zärtlichkeit, Wärme) und positiv bewertete ‚männliche‘ Züge (z. B. Konfliktbereitschaft, Sachorientierung, Disziplin, Leistungswillen). Sie ist in der Lage, situationsspezifisch eher ‚weibliches' oder eher ‚männliches' Verhalten zu aktualisieren. Die Spannung zwischen den kulturell dualistisch gedachten Polen ‚männlicher' und ‚weiblicher' Eigenschaften besteht dann nurmehr in der Person, nicht mehr zwischen Gruppen. Als Spannung innerhalb der Person sind ‚männliche' und ‚weibliche' Dispositionen Korrektiv füreinander. Bildet dagegen eine Gruppe von Menschen überwiegend die eine, die andere Gruppe überwiegend die polar entgegengesetzte Disposition aus, so wirkt die Spannung im Sinne einer Verstärkung der (negativen) Extreme. (Der antifeministische Einwand des augenzwinkernden ‚Vive la difference' – ‚es lebe der kleine Unterschied!' ist insofern unaufrichtig, als er eben nicht nur den kleinen, sondern einen großen Unterschied zwischen Kategorien von Menschen meint; es geht ihm ja gerade nicht um die Vielheit der Individuen mit ihren unterschiedlichen Persönlichkeiten, sondern darum, Personen weiterhin nach stereotypen Erwartungsmustern für ‚männlich' und ‚weiblich' behandeln zu können.)

Das dritte Ziel: Feminisierung des gesamtgesellschaftlichen Normen- und Wertsystems ist am schwierigsten zu konkretisieren, am meisten Utopie. Es entspräche Marcuses Vorstellungen vom feministischen Sozialismus. Es ließe sich umschreiben mit den utopischen Hoffnungen der ersten Frauenbewegung auf ‚Vermenschlichung der Gesellschaft, Vermenschlichung des Verkehrs unter den Menschen' (vgl. Kapitel II.7). In einer solchen Gesellschaft ständen soziale Belange im Vordergrund der Politik, die Institutionen wären stärker an den Bedürfnissen der Individuen orientiert, das Ausmaß der Entfremdung wäre verringert, zentralistischen Tendenzen würde durch Demokratisierung und soziale Partizipation in kleinen Gruppen entgegengewirkt.

Die drei Teilziele sind nicht voneinander unabhängig; nach meiner Ansicht ist das letzte nur auf dem Umweg über die beiden ersten zu erreichen; aber nicht alle feministischen Einzelstrategien wollen direkt einen Abbau der Geschlechtsrollendifferenzierung herbeiführen. Ein Großteil der Arbeit innerhalb der Frauenbewegung richtet sich zunächst auf die Bewußtseinsveränderung bei den Frauen selbst. Feministinnen versuchen, sich und anderen Frauen klarzumachen, welche Dimensionen die Frauenunterdrükkung in unserer Gesellschaft hat. Dies ist mehr als bloße Vorarbeit: es ist schon Attacke gegen die patriarchalische Herrschaft. Unsere gesamte Kultur ist männliches Produkt; sie spiegelt das Herrschaftsverhältnis zwischen den Geschlechtern, die geschlechtsspezifische Arbeitsteilung; das Bild der Frau, soweit es sich in den Kulturerzeugnissen niederschlägt, ist die Frau, wie Männer sie sehen, wie Männer sie brauchen. Durch das männliche „Monopol auf Welterklärung"[2] perpetuiert das Patriarchat seine Herrschaft. Die Geschlechtsrollensozialisation von Kindern kommt ja nur zu einem geringen Teil durch die bewußten Erziehungsmaßnahmen und die Imitation der Eltern (und anderer wichtiger Bezugspersonen) zustande, sondern zu einem größeren Teil durch die Selbstsozialisation des Kindes, das in Filmen, Büchern, im Fernsehen, in der Werbung usw. den kulturellen Definitionen von Junge/Mädchen und Mann/Frau begegnet und sich in seiner Entwicklung an ihnen orientiert.[3]

Viele Gruppen in der Frauenbewegung und viele feministischen Kulturprojekte beschäftigen sich damit, die Erscheinungsformen des Sexismus in verschiedenen Bereichen der Kultur aufzuspüren und andere Frauen für sie zu sensibilisieren. Auch das Einbringen feministischer Perspektiven in die Wissenschaft (die Geschichte, die Sozialwissenschaften, die Psychologie, die Psychotherapie, die Medizin, die Theologie, die Literaturwissenschaft) dient diesem Ziel. Es wird gefragt: Wo und warum wurden Frauen vergessen oder einseitig wahrgenommen? In welcher Weise ist ihr Bild patriarchalisch verzerrt? Was hat sie daran gehindert, in diesem Bereich selber Beiträge zu leisten? Inwiefern sind die Beurteilungskriterien und die beurteilenden Instanzen selber patriarchalisch? Zu welchen neuen Fragestellungen könnte die feministische Perspektive führen? (Dies ist eine fundamental andere und fruchtbarere Vorgehensweise als die beispielsweise Anfang der 60er Jahre in der Soziologie übliche eindimensionale Feststellung, daß die Frau ‚benachteiligt‘ sei).

Ob es sich nun um Fachfrauen handelt, die ihre Ausbildung in einer bestimmten Disziplin mit der feministischen Perspektive verbinden, oder ob sich einfach Theoriegruppen (vgl. Abschnitt I.4.3) zusammentun und Werbung, Schulbücher, Literatur, Kunst, Musik usw. untersuchen – immer geht es darum, das männliche ‚Monopol auf Welterklärung' zu brechen, um überhaupt die Voraussetzungen für eine nicht-patriarchalische Definition der eigenen Identität zu schaffen. Die feministischen Kulturprojekte (Theoriegruppen, Diskussionsveranstaltungen der Frauenbuchläden, Frauensommeruniversitäten, Zusammenschlüsse von Fachfrauen usw.) setzen bewußtseinsverändernde Prozesse in Gang. Wie aber sollen die gewünschten gesellschaftlichen Veränderungen genau erreicht werden?

Insgesamt gibt es in der gegenwärtigen Frauenbewegung drei Hauptstrategien, die nebeneinander bestehen:

(1) die ‚Gleichberechtigungsstrategie' oder die Strategie des ‚das wollen wir auch – das können wir auch';

(2) die Strategie ‚Ausbau der Frauensubkultur' als alternativer Lebensform;

(3) die ‚Strategie der individuellen Veränderung' mit der Frauenbewegung als Bezugsgruppe.

Die ‚Gleichberechtigungsstrategie' orientiert sich an der männlichen Geschlechtsrolle. Die Männer haben innerhalb der Gesellschaft die wichtigen Machtpositionen inne, und Frauen müssen sehen, daß sie diese Positionen in größerer Zahl besetzen. Weibliche Sozialisation wird teilweise als defizitär begriffen (Frauen haben nicht genügend naturwissenschaftliche Ausbildung, Leistungsmotivation, Durchsetzungsfähigkeit und Aufstiegswillen etc.), und es geht darum, diese Defizite zu beheben, auszugleichen. Der Strategie des ‚das wollen wir auch – das können wir auch' wären Kampagnen wie ‚Frauen in Männerberufe!', Unterstützung von Frauen in den Parteien (‚Frauen wählen Frauen'), die Forderung nach ‚gleichem Lohn für gleiche Arbeit', nach Antidiskriminierungsgesetzen und nach einer Geschlechtsquotierung bei der Vergabe führender Positionen in öffentlichen Institutionen zuzuordnen.

Die Strategie der Frauensubkultur will innerhalb der patriarchalischen Gesellschaft Modelle für das gemeinsame Leben und Arbeiten von Frauen schaffen. In feministischen Projekten und Frauen-
wohngemeinschaften sollen der Umgang mit ‚weiblichen' Verhaltensweisen, der Aufbau von ‚weiblichen' Gruppenstrukturen (d. h.
nicht-hierarchischen, Sach- und Personenbezug vereinenden usw.,
vgl. Kapitel I.4) gelernt werden, ohne daß diese Verhaltensweisen
von Männern oder patriarchalischen Institutionen ausgebeutet
werden können. In der Frauensubkultur, wo keine Abhängigkeits-
beziehungen zu Männern bestehen, können Frauen in ihren Ar-
beitsbezügen wie ihren emotionalen und sexuellen Bedürfnissen
eine nicht an Männern und männlichen Bedürfnissen orientierte,
eine ‚frauenidentifizierte' weibliche Identität entwickeln.

Die dritte strategische Linie ist die der individuellen Veränderung des persönlichen Umfeldes. Für viele Frauen bewirkt ihre
Mitarbeit in einer Frauen-(Selbsterfahrungs-, Theorie- oder auch
Projekt)gruppe eine feministische Sensibilisierung. Sie versuchen,
die neuen Einsichten in ihrem Alltag umzusetzen, in der Familie
und am Arbeitsplatz Forderungen zu stellen, neue Verhaltensweisen zu zeigen (vgl. auch Kapitel I.4). Sie sind nicht mehr ohne
weiteres bereit, in ihrer Lebensgemeinschaft die Spielregeln geschlechtsspezifischer Arbeitsteilung einzuhalten, sie akzeptieren
nicht mehr sexistisches Verhalten ihrer Vorgesetzten und Kollegen. Das bringt zahlreiche Konflikte mit sich, die viel Energie
kosten und oft aus Kraftlosigkeit wieder vermieden werden. In
diesem Auseinandersetzungsprozeß fungiert die Frauenbewegung
als Bezugsgruppe. Durch den Kontakt zu den anderen Frauen, die
das feministische Wertsystem teilen, erhält die Frau immer wieder
eine neue Stärkung, die sie zur Veränderung ihrer unmittelbaren
Umgebung treibt. Erleichtert wird der Prozeß, wenn die Frau im
unmittelbaren Umfeld der feministischen Subkultur lebt, wenn
z. B. ihr männlicher Partner in einer Männergruppe ist und/oder
sie Beziehungen zu anderen Männern und Frauen hat, die in Män-
neremanzipations- oder Frauengruppen sind.

In den Zusammenhang der Strategie individueller Veränderung
mit Hilfe einer Bezugsgruppe gehören auch die zahlreichen Versu-

che, durch eine Vielfalt von Lebensformen die Quasi-Automatismen des weiblichen Lebenszusammenhangs zu zerstören. In Experimenten mit Alternativen zur Kleinfamilie wird meist auch die geschlechtsspezifische Arbeitsteilung in Frage gestellt; Sexualität soll ohne Schwangerschaft, Zusammenleben mit Männern ohne Ehe, Mutterschaft ohne Mann, ‚Familie‘ auf der Basis gegenseitiger Zuneigung, ohne Ansehen des Geschlechts, möglich sein.

Die ‚Gleichberechtigungsstrategien‘ operieren weitgehend im öffentlichen Bereich, die Strategie der Frauensubkultur findet teils im öffentlichen, teils im privaten Bereich statt (im sogenannten ‚feministischen Separationismus‘ werden Formen des Wohnens und des Arbeitens miteinander verbunden), die Strategie der individuellen Veränderung bezieht sich weitgehend auf den privaten Bereich, den Bereich der persönlichen Beziehungen. Keine der drei Strategien ist ohne Nachteil.

Die Gleichberechtigungsstrategien sind den herkömmlichen Emanzipationsbemühungen vor Entstehung der Neuen Frauenbewegung am ähnlichsten, auch wenn sie jetzt selbstbewußter verfolgt werden als z. B. Anfang der 60er Jahre. Sie können zum Teil mit den üblichen Mitteln politischer Auseinandersetzung betrieben werden, also durch Streiks, Demonstrationen, Aufbau einer Lobby, die eine Forderung vertritt usw. In der Frauenbewegung selbst wird von einigen Seiten an diesen Strategien ausgesetzt, daß sie sich die männliche Geschlechtsrolle zum Vorbild nehmen, Männerprivilegien auch für (einige) Frauen erlangen wollen, aber auf eine grundsätzliche Veränderung der Gesellschaft (Veränderung der Machtstruktur, Feminisierung der Werte) verzichten. So heißt es im Frauenjahrbuch 1976: „Frauen sollen in die von Männern dominierten Bereiche einbrechen: Mehr Frauen in die Politik! Mehr Frauen in die Naturwissenschaften etc. ... Frauen sollen auch all das können, was Männer können! Diese Frauenemanzipationsvorstellung ist insoweit immer noch formal, als inhaltlich nicht angegriffen wird, was Männer machen. ‚Das wollen wir auch!‘- oder ‚Wir können auch!‘-Prinzip mißt Emanzipation an Männern, und somit wird wieder über Männer definiert, was wir wollen.“ Und weiter: „Da in dieser Gesellschaft männliche Eigenschaften grundsätzlich mehr Prestige, Anerkennung und vor allem mehr Macht beinhalten, verfallen wir leicht in den Mechanismus, alles, was als typisch weiblich gilt, abzulehnen und zu verachten und alles, was als männlich gilt, zu bewundern und anzustreben."[4]

Dieselbe Kritik einer an männlichen Standards orientierten Emanzipation fand sich bereits in der ersten Frauenbewegung. Agnes von Zahn-Harnack kritisierte jene Frauen, die sie als ‚Realpolitikerinnen' bezeichnete und in denen sie die „schädlichsten, ja gefährlichsten Gegner der Bewegung" sah; sie seien nur darauf aus, so viel zu lernen wie der Mann, so viel Geld zu verdienen wie der Mann, einen Beruf auszuüben wie der Mann und – in Zahn-Harnacks Augen besonders abscheulich – das Leben zu genießen wie der Mann.[5]

Bei der Ablehnung einer an männlichen Standards orientierten Emanzipation stehen zwar heute andere Kriterien im Vordergrund als die von Zahn-Harnack genannten, aber die Richtung der Kritik ist eine ähnliche: Von den Gleichberechtigungsstrategien sei nicht mehr zu erhoffen, als daß sie die Zahl der Frauen in den gesellschaftlichen Spitzenpositionen oder den männlichen Berufen geringfügig erhöhen. Auf dem Weg in diese Positionen müßten die Frauen sich anpassen, selber männliches Verhalten übernehmen, so daß die jeweilige Institution unverändert bliebe. Unter den gegebenen gesellschaftlichen Bedingungen, in denen Frauen neben Berufsarbeit noch die Reproduktionsarbeit leisten, könnten immer nur *wenige* Frauen diesen Weg gehen – eben die, die sich wie Männer von den Anforderungen des Privatbereichs freimachen, zu wenige, um Veränderung zu bewirken.

Diese Kritik ist insofern verkürzt, als sie übersieht, daß es eine Schwelle gibt, bei der Quantität in Qualität umschlägt: In einer ursprünglich männlich dominierten Institution können *fünf* miteinander solidarische Frauen mehr erreichen als *eine* Frau; sie können als Minderheit eventuell so viel erreichen, wie eine 50:50-Verteilung der Positionen bewirken würde. Von dieser Annahme gehen feministische Sozialwissenschaftlerinnen aus, die das 50:50-Modell als Richtwert beim Geschlechtsrollenwandel für sinnvoll halten: Obwohl es noch nicht die gewünschten qualitativen Veränderungen beinhaltet, wären diese die notwendige Folge.[6]

Möglicherweise ist diese Annahme zu optimistisch. Trotzdem sind die Gleichberechtigungsstrategien im Sinne einer feministischen Gesellschaftsveränderung so lange nicht wirkungslos, wie sie *gleichzeitig* mit Strategien der anderen Art eingesetzt werden. Dadurch läßt sich verhindern, daß die aufsteigenden Frauen sich beim Gang durch die patriarchalischen Institutionen zu sehr anpassen (müssen).

Die feministische Strategie ‚Ausbau einer Frauensubkultur' läuft im Gegensatz zur ‚Gleichberechtigungsstrategie' nicht Gefahr, die negativ bewerteten Aspekte der männlichen Geschlechtsrolle zu imitieren, denn es werden ja gerade die ‚weiblichen' Umgangsformen gepflegt und entwickelt. Bei der Suche nach einer neuen ‚weiblichen' Identität gerät die feministische Subkultur auch kaum in die Situation der ersten Frauenbewegung, die sich auf eine kompensatorische Definition von ‚Weiblichkeit' einließ und damit wieder nur ‚Männlichkeit' stabilisierte. Dies wird durch den Ausschluß von Männern verhindert und durch die radikale Weigerung, sich an den Bedürfnissen von Männern zu orientieren – Haltungen, die der Frauenbewegung den Vorwurf aggressiver Männerfeindschaft eintragen.

Trotzdem besteht die Gefahr, in der Frauensubkultur nur das zum Zentrum der neuen weiblichen Identität zu machen, was in der patriarchalischen Kultur in den Personen von Frauen abgespalten und als ‚Weiblichkeit' unterdrückt und unterbewertet worden ist: Körpernähe und Naturverbundenheit, Gefühlsbetontheit und Sinnlichkeit, Spontaneität und assoziativ-bildhaftes Denken etc. Solche Tendenzen können (auch wenn die diese Eigenschaften selbstbewußt lebende Frau sich *nicht* an männlichen Bedürfnissen orientiert) einem Antifeminismus gleichkommen (vgl. Kapitel II.6), weil sie den Dualismus der Geschlechtsrollen akzeptieren. Feminismus heißt, „... daß die Alternative an sich (entweder Frauenrolle oder Männerrolle) schon der Beschiß ist".[7]

Außerdem muß in der Frauensubkultur sehr genau analysiert werden, welche ‚weiblichen' Eigenschaften und Verhaltensweisen als positiv beizubehalten und welche nur Anpassung an weibliche Machtlosigkeit, daher abzubauen sind. Nicht alles, was ‚weiblich‘ ist, ist schon deswegen gut, weil Frauen jahrhundertelang unterdrückt worden sind. Solche negativen ‚weiblichen‘ Dispositionen sind neben der in Kapitel III.1 behandelten ‚Mütterlichkeit‘ (die allerdings in der Frau-Frau-Beziehung seltener vorkommt als in der Frau-Mann- und der Frau-Kind-Beziehung) u. a. die oft ausgeprägte Aggressionsangst, die offene Auseinandersetzungen zwischen Frauen erschwert. Sie entspringt dem übermäßigen Bedürfnis, anderen zu gefallen, und ist Ergebnis der Abhängigkeit.

Das Hauptproblem der Strategie ‚Ausbau der Frauensubkultur‘ ist die Frage, wie von hier aus die Gesellschaft verändert werden soll. Vorausgesetzt, es gelingt den Frauen, innerhalb der Frauensubkultur in der gewünschten Weise miteinander umzugehen – was sicher nur graduell der Fall ist. Wie dringen diese veränderten Verhaltensformen in die Gesamtgesellschaft, in die gemischtgeschlechtlichen und die männlich dominierten Institutionen? Viele der Eigenschaften und Verhaltensweisen, die als ‚weiblich‘ gelten, waren in der Vergangenheit mit sozialer Ohnmacht verbunden. Die Erfahrung hat gezeigt, daß sozialer Aufstieg von Frauen (‚Gleichberechtigungsstrategie‘) mit einer weitgehenden Anpassung an männliche Verhaltensweisen, also Dominanz- und Wettbewerbsverhalten, Rücksichtslosigkeit, ausgeprägte emotionale Kontrolle usw., verbunden war. Wenn ‚weibliche‘ Eigenschaften „Sklaveneigenschaften“ sind, wie z. B. auch Mathilde Vaerting 1921 vermutete,[8] dann sind sie möglicherweise nur im ‚Weiberghetto‘ lebbar.

In diesem Punkt setzt die dritte Hauptstrategie ein: individuelle Veränderung des persönlichen Umfeldes. Den Feministinnen, für die die Frauensubkultur Bezugsgruppe ist, die aber in gemischtgeschlechtlichen Beziehungsnetzen leben und mit Männern arbeiten, kommt bei der Veränderung der Gesellschaft eine wichtige Rolle zu. Sie können wahrscheinlich nicht so radikal sein wie die Feministinnen, die ganz in der Frauensubkultur leben, denn sie müssen sich immer wieder mit einer – mehr oder minder feindlichen – Umwelt arrangieren. Da es ein besonderes Merkmal der Frauenunterdrückung (im Gegensatz zur Unterdrückung der Arbeiter, der Neger etc.) ist, daß Frauen in engen emotionalen und zum Teil auch sexuellen Beziehungen mit dem ‚Klassenfeind‘ leben, sind auch die privaten Beziehungen zwischen Frauen und Männern der Ort, an dem die entscheidenden Konflikte ausgetragen werden.

Die Frauen, die mit einem Bein in der Frauensubkultur, mit dem anderen in der normalen patriarchalischen Gesellschaft stehen, müssen versuchen, die in den Frauengruppen erlernten ‚weiblichen‘ Verhaltensweisen und Werte in die Beziehungsnetze, in denen sie leben und arbeiten, einzubringen. Das gelingt ihnen nur dann, wenn sie die Merkmale der androgynen Persönlichkeit besitzen, d. h. situationsspezifisch ‚weibliches‘ oder ‚männliches‘ Verhalten aktualisieren können. Obwohl sie – im Gegensatz zu den Frauen in der feministischen Alternativkultur – ständig in Gefahr sind, sich dadurch korrumpieren zu lassen, daß sie Männern gefallen wollen, müssen sie lernen, ‚weibliches‘ Verhalten nur da zu zeigen, wo es nicht ausgebeutet wird, d. h. wo es von anderen auch mit ‚weiblichem‘ Verhalten erwidert wird. Sie müssen lernen, ‚weibliches‘ Verhalten von Männern einzufordern – wenn nötig auf aggressiv-männlichem Weg: indem sie gegebenenfalls dem männlichen Partner die emotionale Unterstützung versagen. Auf diese Weise werden die Beziehungen verändert, und die ‚weiblichen‘ Qualitäten (im Sinne des positiv bewerteten Sozialverhaltens, z. B. Sensibilität, Einfühlung, Zärtlichkeit, Emotionalität) hören auf, mit Schwäche und Abhängigkeit verknüpft zu sein. Sie hören auch auf, ‚weibliche‘ Eigenschaften zu sein und werden zu menschlichen.

Diese dritte Strategie kann nur so lange praktiziert werden, wie es eine autonome Frauensubkultur gibt, in der Frauen die nötige emotionale Unterstützung für den langwierigen und energieverschlingenden privaten Grabenkrieg in den Beziehungen zu Männern erhalten können, und in der es auch Modelle für ein mögliches alternatives Leben unabhängig von Männern gibt.

Die Strategie der ersten Gruppe (‚das wollen wir auch – das können wir auch‘) wird wirkungslos und formal, bleibt bloßes Kurieren an Symptomen, wenn die Strategien der beiden anderen

Gruppen nicht hinzukommen. Diese wiederum sind aufeinander angewiesen: keine ist ohne die andere langfristig möglich. Auch Radikalfeministinnen können nicht erwarten, daß die gesamte weibliche Bevölkerung sich aus heterosexuellen Bezügen zurückzieht und in die Frauensubkultur abwandert; also sind sie für die Verbreitung feministischer Ideen und die Durchsetzung ‚weiblicher‘ Verhaltensweisen in den patriarchalischen Institutionen auf die Zwischenläuferinnen angewiesen. Deren innovative Impulse müßten aber bald erlahmen, wenn nicht die Lebensmodelle der radikalen Frauen in der Subkultur existierten: „Wir brauchen Steine, mit denen wir werfen, und Steine, mit denen wir bauen. Es ist nicht immer möglich, beides gleichzeitig zu machen".[9]

Dieser Strategie wird von zwei Seiten Widerstand entgegengebracht. Der Protest von rechts, von konservativer Seite, richtet sich dagegen, daß der Bereich der privaten Beziehungen zum Kampfplatz der Geschlechter gemacht wird. In Kapitel II.5 wurde gezeigt, daß konservative Kräfte im Gegensatz zu linken, den Reproduktionsbereich, die Familie, stets als zu schützenden Intimbereich betrachten, in den sich auch der Staat nur begrenzt einmischen darf.[10] Den Feministinnen wird vorgeworfen, in diesen einzigen Bereich, in dem der Mensch sich noch geborgen fühlen könne, Unsicherheit hineinzutragen. Die Kooperation zwischen den Geschlechtern wird beschworen, der Verlust an menschlicher Wärme beklagt, wenn nun auch die Frauen berechnend nur das gäben, was sie wiederbekämen. Die feministische Sichtweise hingegen ist: Genau weil der Bereich des Privaten so wichtig ist, muß die Veränderung hier beginnen und von ihm ausgehen. Was sich in den Institutionen des öffentlichen Lebens abspielt, muß nicht unbedingt die Beziehungen der Menschen zueinander im Privatbereich verändern. Die Familie ist in ihrer Kompensationsfunktion für die Entfremdung, den Streß des äußeren Lebens bereits extrem überlastet; sie darf nicht länger nur eine Kompensationsfunktion haben. Gerade weil heute immer mehr Menschen in der Familie, in der Freizeit, in ihren privaten Beziehungen Glück, Selbstverwirklichung, den Sinn des Lebens suchen, dürfen die Umgangsformen in diesem Bereich nicht schief, nicht asymmetrisch sein. Wenn es

Menschen schon im Privatbereich nicht gelingt, gleichgewichtige Beziehungen aufzubauen, die nicht von der Ausbeutung anderer leben, dann wird es ihnen in anderen Institutionen erst recht nicht gelingen.

Der Protest von links gegen das feministische Strategiemodell ist grundsätzlicher; er wurde in Kapitel II.4 schon angedeutet. Aus marxistischer Sicht setzt der Feminismus an der falschen Stelle ein: Zunächst müssen die Produktionsverhältnisse verändert werden – erst wenn das Privateigentum abgeschafft ist, können sich die Umgangsformen der Menschen untereinander und der Charakter der Institutionen ändern. Demgegenüber meint der feministische Grundsatz ‚Das Private ist politisch' nicht nur, daß die scheinbar privaten Erfahrungen, Biographien von Frauen in ihrer gesellschaftlichen Bedingtheit gesehen werden müssen. Er meint auch, daß Veränderungen im Privatbereich politische Auswirkungen haben (müssen). Wenn von Männern in den Familien gefordert wird, die Hälfte der Hausarbeit zu leisten und sich im selben Ausmaß wie die Frauen um ihre Kinder zu kümmern, dann können die Institutionen nicht bleiben wie sie sind.

Die Bedingungen des Familienlebens sind nicht einfach nur Reaktion auf die jeweiligen Produktionsverhältnisse – daß dieser Zusammenhang so einseitig und direkt nicht besteht, zeigt die Arbeitsteilung in den Familien der DDR, die sich trotz Abschaffung des Privateigentums und Frauenberufstätigkeit nicht wesentlich von der der westlichen Industrieländer unterscheidet. Seit der Trennung von Produktionsbereich und Reproduktionsbereich, Arbeitsleben und Familie, haben vielmehr beide Bereiche eine Eigenentwicklung genommen. Sie stehen dabei in einem Spannungsverhältnis wechselseitiger Abhängigkeit, und so verläuft die Beeinflussung keineswegs nur in einer Richtung.

Hier soll die These aufgestellt werden, daß die Produktionsverhältnisse die Bedingungen der Reproduktion determinieren, solange von der Arbeit das Überleben abhängt und diese Arbeit fast die gesamte wache Zeit ausfüllt; die verbleibende Zeit steht dann unter dem Zwang einer raschen und möglichst effektiven Regeneration. Sobald aber eine Gesellschaft eine gewisse materielle Sättigung erreicht hat, äußerlich erkennbar an sinkender Arbeitszeit (bei gleichbleibender oder gar wachsender Produktivität, die einen gleichbleibenden oder wachsenden Wohlstand ermöglicht), beginnt der Reproduktionsbereich, eine Eigengesetzlichkeit zu entwickeln. Die menschlichen Beziehungen machen sich von den Zwängen der Produktion frei. Immaterielle Ziele wie Selbstverwirklichung, persönliches Glück, individuelle Entfaltung werden zunehmend außerhalb der Arbeit gesucht. Sie setzen zwar einen bestimmten Wohlstand, nicht aber seine weitere Steigerung voraus. Die Menschen verbringen nun einen so großen Teil ihrer wachen Zeit außerhalb des Arbeitsplatzes, in der Familie und den privaten Beziehungen, daß die dort gelernten Verhaltensweisen, Einstellungen und Motivationen sich wiederum prägend auf ihr Verhalten am Arbeitsplatz auswirken können, an den sie nun andere Ansprüche stellen.

Der Feminismus verkörpert die Revolte des Reproduktionsbereichs gegen die Bedingungen des Produktionsbereichs. Es ist kein Zufall, daß es – obgleich das Phänomen der Frauenunterdrückung uralt ist – erst in der hochindustrialisierten und im Übergang zur nachindustriellen Gesellschaft Frauenbewegungen gibt.

Der Feminismus greift die vielleicht älteste Form der Arbeitsteilung zwischen den Menschen an, die am tiefsten verwurzelte Form der Ausbeutung des Menschen durch den Menschen. An einen Abbau der Geschlechtsschranken kann überhaupt erst gedacht werden, wenn die sozialen Klassenunterschiede durch einen allgemein verbreiteten Wohlstand bis zu einem gewissen Grad nivelliert und für den Lebensverlauf irrelevanter geworden sind als die Geschlechtsunterschiede. Im Mittelalter waren sich die Lebensbedingungen von Bauer und Bäuerin, trotz der scharfen Trennung der Geschlechtsrollen, immer noch ähnlicher als die von Bauern und Adligen. In den meisten Ländern der Welt haben die Klassengegensätze noch eine größere Bedeutung für den Lebensverlauf als das Geschlecht. In der Gegenwart der westlichen Industrieländer wird das Leben eines Mittelschichts- oder Unterschichtsangehörigen aber weit mehr durch Geschlecht als durch Schicht geprägt; insbesondere der Lebensverlauf der Frauen wird durch die ihnen zugeschriebene Pflicht zur Haushalts- und Kinderarbeit weitgehend vereinheitlicht, auch wenn sich ihre Arbeit in anderen Arten von Wohnungen mit unterschiedlich komfortabler Haushaltsausstattung vollzieht. Das Leben der Bauersfrau und das der Adligen in der vorindustriellen Gesellschaft verlief deswegen so ganz anders, weil die Reproduktionspflichten, die Pflege und Erziehung der Kinder, einen äußerst geringen Anteil am Alltag von beiden hatte – ihre Alltagsbeschäftigungen waren wesentlich von der Schichtzugehörigkeit geprägt.

In der spätindustriellen Gesellschaft haben sich die Lebensbedingungen von Frauen der Mittelschicht und der Unterschicht einander angeglichen. Mit der Freistellung der bürgerlichen Frau von der Produktionsarbeit erhielt zu Beginn der Industrialisierung die Hausfrauen- und Mutterrolle ihre emotionale Seite: Die Frau des Hauses war verantwortlich für das Gedeihen der Kinder, sie hatte die Atmosphäre der Wärme und Behaglichkeit herzustellen, die den heimkehrenden Mann empfing. Dies war die Kernaufgabe der Mittelschichtsfrau, denn für die eigentliche, die handgreifliche Hausarbeit standen Dienstmädchen zur Verfügung. Für die Frauen der Arbeiterschicht gab es zunächst nur die physische Reproduktionsarbeit: Sie mußten den arbeitenden Mann bedienen und sich um die Kinder kümmern, mehr schlecht als recht, soweit dies neben der eigenen Erwerbsarbeit möglich war. Mit dem Verschwinden der Dienstmädchen aus dem Mittelschichtshaushalt wuchs der bürgerlichen Frau neben der psychischen die Verpflichtung zur physischen Reproduktionsarbeit zu; in ähnlicher Weise begannen die Arbeiterfrauen die Verpflichtung zur emotional-psychischen Reproduktionsarbeit in ihre Rolle zu integrieren, als in der Unterschicht allmählich das Ideal der Mittelschichtsfamilie nachgeahmt wurde und mehr und mehr auch Arbeiterfrauen zumindest zeitweilig von der Produktionsarbeit freigestellt wurden. – Mit dem abnehmenden Einfluß des Produktionsbereichs haben die dominanter werdenden Bedingungen des weiblichen Lebenszusammenhangs die Ähnlichkeiten zwischen den Frauen verschiedener Schichten in den Vordergrund treten lassen.

Gegenüber der vor- und frühindustriellen Gesellschaft ist also in der gegenwärtigen spät- bzw. nachindustriellen Gesellschaft die Bedeutung des Reproduktionsbereichs gestiegen. Zwischenmenschliche Beziehungen, vorher überlagert von den Zwängen existenzsichernder Erwerbsarbeit, gewinnen – während die Freizeit größer wird – um ihrer selbst willen Bedeutung. In dieser Situation erfahren die Frauen, die sich in den letzten zweihundert Jahren zu ‚Expertinnen für Mitmenschlichkeit‘ entwickelt haben, einen Zuwachs an Macht.

Im öffentlichen Bereich werden sich die hochentwickelten Gesellschaften erstmals in vollem Umfang des Rohstoffmangels, der Grenzen von Technik und Naturbeherrschung bewußt. Angesichts des Zweifels, ob ein kontinuierlich fortgesetztes Wirtschaftswachstum möglich und überhaupt begrüßenswert sei, rücken soziale Probleme als die eigentlichen Menschheitsprobleme in den Mittelpunkt: Probleme der friedlichen Konfliktbewältigung, Verteilungsprobleme, Probleme der Kooperation. Vor diesen Problemen kapituliert das ‚männliche‘ Prinzip, das möglicherweise in früheren Jahrhunderten, in den Zeiten der Expansion, der Welteroberung und Naturbeherrschung durchaus adäquat war. Jetzt aber werden ‚weibliche‘ Fähigkeiten überlebenswichtig. – Diese Einsicht ist nicht nur in der Frauenbewegung, sondern in sehr unterschiedlichen kultur- und fortschrittskritischen Kreisen verbreitet, ob es sich nun um den Club of Rome oder die alternativen Bewegungen handelt.[11]

Die spätindustrielle Gesellschaft entwickelt sich mehr und mehr zur Dienstleistungsgesellschaft. Der warenproduzierende (sekundäre) Sektor, der auf dem Höhepunkt der Industrialisierung die Mehrzahl der Arbeitskräfte beschäftigte, verliert allmählich an Bedeutung; stattdessen dehnt sich der (tertiäre) Dienstleistungssektor aus. In diesem Bereich arbeiten die meisten erwerbstätigen Frauen. In den vergangenen zweihundert Jahren hat die weibliche Erwerbstätigkeit bezeichnenderweise eine andere Entwicklung durchgemacht als die männliche: Während die Männer im Verlauf der Industrialisierung erst vom primären Sektor (Landwirtschaft) in den sekundären übergewechselt sind und in der Gegenwart vom sekundären in den tertiären Sektor abwandern, führte bei den arbeitenden Frauen die Hauptlinie der Entwicklung vom primären direkt in den tertiären Bereich. Auf dem Umweg über den Beruf des Dienstmädchens im 19. Jahrhundert (vgl. Kapitel I.1) stieg die größte Zahl der erwerbstätigen Frauen sofort in die um die Jahrhundertwende neu entstehenden Angestellten- und sozialen Berufe ein.[12] Die ursprünglich ‚traditionelle‘ Haltung der Frauen, die der Arbeit an den Maschinen die Arbeit mit Menschen vorzogen, wird in der Gegenwart plötzlich eine ‚moderne‘ Orientierung, denn das Wesen der Dienstleistungsgesellschaft besteht darin, daß der Umgang zwischen Mensch und Mensch wichtiger ist als der Umgang des Menschen mit der Maschine. Mit zunehmender Automation werden die mechanischen und die Routinearbeiten noch weiter in den Hintergrund treten. Für die neuen Dienstleistungsberufe sind andere Fähigkeiten wichtig, die in unserer Sozialisation bisher nur unzureichend vermittelt werden, über die Frauen aufgrund ihrer ‚weiblichen‘ Sozialisation und der Bedingungen ihres Lebenszusammenhangs aber noch eher verfügen als Männer.[13] – Auch unter diesem Gesichtspunkt kommt den Frauen also im sozialen Wandel eine Schlüsselrolle zu.

Möglicherweise hat in unserer Gesellschaft in den letzten Jahrzehnten bereits ein ‚Feminisierungsprozeß‘ begonnen. Sicher unterscheidet sich der Umgangsstil in den heutigen gemischt-geschlechtlichen Büros von dem der rein männlichen Kontore und Schreibstuben des vorigen Jahrhunderts – auch wenn Frauen meist nur in untergeordneten Positionen arbeiten. Das Anwachsen des Frauenanteils an den Lehrerinnen war von tiefgreifenden Veränderungen des Schulwesens begleitet: der Erziehungsstil ist weniger autoritär, die Strafen weniger drakonisch, der Geist weniger militärisch als zu den Zeiten rein männlicher Dominanz in den Schulen. Es mag gewagt sein, diese Entwicklungen ausschließlich auf die ‚professionalisierte Weiblichkeit‘ zurückzuführen – diese Behauptung läßt sich noch nicht belegen. Zumindest aber laufen beide Phänomene zeitlich parallel.

Umgekehrt können die zu beobachtenden Demokratisierungstendenzen in der Familie, der Abbau des Leitbildes der patriarchalischen zugunsten der partnerschaftlichen Ehe, auf die Zunahme der

Frauenerwerbstätigkeit zurückgeführt werden. Das Zusammenarbeiten von Männern und Frauen außerhalb der Familie ist nicht ohne Auswirkung sowohl auf die Struktur der öffentlichen Institutionen wie auf die der Familie geblieben – wenn auch die ‚Vermenschlichung' wie die erste Frauenbewegung sie erhoffte, noch nicht weit fortgeschritten ist.

Auch auf anderen Ebenen zeigen sich Symptome einer beginnenden ‚Feminisierung' der Gesellschaft. Psychologische Untersuchungen haben gezeigt, daß in den letzten Jahrzehnten bei Männern und Frauen zunehmend ähnliche Idealbilder von Mann und Frau entstehen, Idealbilder, in deren Mittelpunkt die sogenannten ‚weiblichen' Eigenschaften stehen (liebesfähig, warmherzig, kinderlieb, sanft, emotional u. ä.).[14] Als Reaktion auf die Frauenbewegung sind Männeremanzipationsgruppen entstanden, in denen ‚weibliches' Sozialverhalten explizit angestrebt wird; die Männeremanzipationsliteratur der letzten Jahre kritisiert die traditionelle Männerrolle. Zugegeben: von solchen Strömungen sind bisher nur winzige Minderheiten der männlichen Bevölkerung berührt, aber ihre bloße Existenz ist symptomatisch. Während der ersten Frauenbewegung gab es zwar pro-feministische Männer, die sich ebenfalls für die Sache der Frauen einsetzten, aber keine Gruppen, die die Ideen der Frauenbewegung kritisch auf die eigene Männerrolle bezogen.

# Schlußbemerkungen

Die Entstehung der ersten Frauenbewegung wurde von Zeitgenossen weitgehend auf den Frauenüberschuß im 19. Jahrhundert und auf die wirtschaftliche Not der ledigen Frauen zurückgeführt. Aber es hatte auch im Mittelalter Phasen gegeben, in denen die Zahl der Frauen die der Männer weit übertraf und in denen viele Frauen in Armut lebten, ohne daß sich eine Frauenprotestbewegung entwickelt hätte. Obwohl die Frauenunterdrückung ein uraltes Phänomen ist, haben erst die sozioökonomischen Bedingungen der Industrialisierung und das Gedankengut der Aufklärung – die natürlich miteinander in Beziehung stehen – die Voraussetzungen zur Frauenbewegung geschaffen. Die ersten Anzeichen der Frauenbewegung in Deutschland im 19. Jahrhundert zeigten sich, als die Charakteristika einer industriellen Gesellschaft sich ausgebildet hatten: die Trennung von Familie und Arbeitsleben, die Rolle der bürgerlichen Hausfrau. Obwohl die erste Frauenbewegung über ihre konkreten Forderungen nach Zugang zu Bildung und Beruf, nach juristischer Gleichstellung und politischen Rechten hinaus auch utopische Ziele von Gesellschaftsverbesserung und Weltveränderung hatte, war ihre eigentliche Blütezeit vorüber, als sich um die Jahrhundertwende genügend Erwerbsmöglichkeiten für die ledigen Frauen aufgetan hatten.

Die gegenwärtige Frauenbewegung kann weder auf Frauenüberschuß, noch auf eine konkrete Notsituation der Frauen zurückgeführt werden. Sie tritt in Ländern auf, in denen die formale Gleichberechtigung weitgehend gewährleistet ist, in denen Frauen ein relativ hohes Ausmaß an sozialer Bewegungsfreiheit haben. In allen diesen hochindustrialisierten Ländern erlebt aber eine große Zahl von Frauen die Widersprüche in den Anforderungen, die im Familien- und im Erwerbsleben an sie gestellt werden, das Auseinanderklaffen dieser Bereiche. Im Gegensatz zur ersten Frauenbewegung hat die gegenwärtige nur sehr wenige konkrete Forderungen, dafür aber mehr radikale utopische Vorstellungen, die gewisse Ähnlichkeiten mit denen anderer alternativer Bewegungen aufweisen. Die Neue Frauenbewegung muß also im Zusammenhang mit der Umstrukturierung der industriellen zur nachindustriellen Gesellschaft gesehen werden. Ihre Wertvorstellungen sind postmaterialistische: Selbstverwirklichung, Bedürfniserfüllung in zwischenmenschlichen Beziehungen u. ä. stehen im Vordergrund.

Möglicherweise ist die gegenwärtige Frauenbewegung, nach einer knapp zehnjährigen Geschichte, schon über ihren Höhepunkt hinaus. Ein Indikator dafür könnte die Tatsache sein, daß feministische Ideen sich in einen weiten Umkreis um die eigentliche Frauenbewegung ausgebreitet haben; viele andere gesellschaftliche Gruppierungen – z. B. die Parteien – setzen sich schon wieder reagierend mit der Frauenfrage auseinander; die Kommerzialisierung des Feminismus – z. B. auf dem Literaturmarkt – ist in vollem Gange, so daß ein Punkt der Sättigung bald erreicht sein könnte. Auch in der fast drei Generationen umfassenden ersten Frauenbewegung gab es nur zwei Jahrzehnte einer eigentlich lebhaften Auseinandersetzung. In der Gegenwart trägt der Stand der Informationstechnologie zu einer viel schnelleren Verbreitung von Ideen bei und so ist die Wahrscheinlichkeit, daß einer raschen Entstehung der Neuen Frauenbewegung ein relativ rascher Zerfall folgt, nicht gering.

Dennoch ist die Frauenbewegung auf jeden Fall mehr als eine soziale Mode. Sie muß als Ausdruck einer gesellschaftlichen Entwicklungstendenz verstanden werden, die sich wahrscheinlich auch ohne Frauenbewegung (möglicherweise langsamer) fortsetzen wird. Die Frauenbewegung ist Teil eines nun schon zwei Jahrhunderte andauernden sozialen Individualisierungsprozesses. Im Zuge dieser Individualisierung haben nicht nur die Frauen sich von den scheinbar „natürlichen" Zwängen ihrer biologischen Reproduktionsfunktion freigemacht (was sich außer in der veränderten Sexualmoral auch im steten Fall der Geburtenrate äußert), sondern der Reproduktionsbereich selbst, der Bereich der zwischenmenschlichen Beziehungen, hat sich zunehmend von den Zwängen des Produktionsbereichs abgelöst. Dabei hat er seinen Charakter verändert; während die bloß biologische und physische Reproduktion immer unwichtiger wurde, sind die sozialen Beziehungen Selbstzweck geworden.

Feminismus als Utopie ist die Hoffnung, daß die Menschen nicht nur außerhalb jener Stunden, die sie mit ihrer Erwerbsarbeit zubringen, nach Selbstverwirklichung suchen, sondern daß es ihnen gelingt, diese Stunden nach denselben Prinzipien zu gestalten, die sich für die privaten zwischenmenschlichen Beziehungen entwickelt haben.

# Anmerkungen

(Für die vollständigen bibliographischen Angaben, soweit sie nicht in den Anmerkungen enthalten sind, vgl. Literaturverzeichnis).

## Zur Fragestellung und zum eigenen Erkenntnisinteresse

1 Auf diesen Mangel machten die Soziologen J. A. und Olive Banks 1964 aufmerksam.
2 Historische Texte aus der ersten Frauenbewegung werden themenzentriert in der Reihe ‚Die Frau in der Gesellschaft – Frühe Texte‘ von Gisela Brinker-Gabler seit 1979 herausgegeben. – Wiederaufgelegt wurden u. a. Mary Wollstonecrafts ‚Verteidigung der Rechte der Frauen‘ von 1792 (1975), John Stuart Mills Essay ‚Die Hörigkeit der Frau‘ von 1869 (1976), Theodor Gottlieb von Hippels ‚Über die bürgerliche Verbesserung der Weiber‘ von 1828 (1977), sowie zahlreiche Arbeiten aus der ersten Frauenbewegung, fast alle nach 1975.
3 Für die erste Frauenbewegung gibt es eine solche Vergleichsstudie: Richard J. Evans, The Feminists, London 1977.
4 Besonders häufig gelesen werden bei uns Simone de Beauvoir (1949), Germaine Greer (1970), Kate Millet (1970), Juliet Mitchell (1971), Shulamith Firestone (1970).

## I.1. Die soziale Situation der Frauen im 19. Jahrhundert

1 Zur Familien- und Arbeitssituation der Frauen im vorindustriellen Europa vgl. Branca 1978, Mitterauer und Sieder 1977, Shorter 1977, Vann 1977.
2 Zur Frauenarbeit im 19. Jh. allgemein vgl. Branca 1978, Gerhard 1978, McBride 1977.
3 Weber-Kellermann 1974, S. 141 ff.; Schneider 1978, S. 269 f.
4 Branca 1978, Otmüller 1978, Weber-Kellermann 1974, S. 118 ff.

5 Schulte 1979, S. 216.
6 Pope 1977.
7 Shorter 1977.


## I.2. Die erste Frauenbewegung

1 Louise Otto 1843, zitiert nach Twellmann 1976, S. 4; die Arbeit von Twellmann wurde hauptsächlich bei der Darstellung der Geschichte des ADF zugrundegelegt.
2 Twellmann 1976, S. 18.
3 Louise Otto, zitiert nach Bäumer 1950, S. 336f.
4 Cohn 1896, S. 21.
5 Zitiert nach Bäumer und Lange 1901, S. 46.
6 Zitiert nach Bäumer und Lange 1901, S. 64f.
7 Bardenheuer 1918, S. 7.
8 Von 1000 Gasthörerinnen des Jahres 1902 hatten nur 70 das Abitur (nach Angaben von Zahn-Harnack 1928, S. 185).
9 O. Sommer 1888, zitiert nach Zahn-Harnack 1928, S. 186.
10 Für die Darstellung des radikalen Flügels und die Geschichte des BDF (1894–1933) wurde hauptsächlich zugrunde gelegt: Evans 1976.
11 Abolitionismus: von *abolish* = abschaffen; ursprünglich die Anti-Sklaverei-Bewegung.
12 Vgl. Zahn-Harnack 1928, S. 29ff.; Evans 1976, S. 136f.
13 In England wird das Stimmrecht schon 1866 von John Stuart Mill (als Einzelgänger) im Unterhaus gefordert; 1868 entsteht die erste Stimmrechtsgesellschaft; in den USA ist die Stimmrechtsforderung schon in den ‚Declaration of sentiments‘, 1848, enthalten.
14 Vgl. Twellmann 1976, S. 202ff.
15 Vgl. Zahn-Harnack 1928, S. 276f.
16 Zitiert nach Zahn-Harnack 1928, S. 298.
17 Vgl. Bardenheuer 1918, S. 92.
18 Freudenberg 1911, S. 216.
19 Vgl. Bernays 1920, S. 41.
20 Zahn-Harnack 1928, S. 81.
21 Thönnessen 1969, S. 5.
22 Vgl. Lion 1926, S. 19ff.
23 Hedwig Dohm, die aber nicht zum ADF gehörte, sondern eine

radikale publizistische Einzelgängerin innerhalb der Frauenbewegung war, forderte das Wahlrecht schon 1876 in ihrer Schrift ‚Der Frauen Natur und Recht‘.

24 Bardenheuer 1918, S. 61f.
25 Braun 1911, S. 183.
26 Zetkin 1928, S. 204.
27 Zur Entwicklung der sozialistischen Frauenemanzipationstheorie von Marx/Engels/Bebel bis zur Rätebewegung vgl. Bölke 1975.
28 Mörsdorf 1958, S. 227
29 Aus einem Aufsatz von 1925, zitiert nach Zahn-Harnack 1928, S. 22.
30 Vgl. Zahn-Harnack 1928, S. 23.
31 Mörsdorf 1958, S. 227.
32 Vgl. Lion 1926, S. 10.
33 Alice Salomon 1908, S. 475, konstatiert eine größere Übereinstimmung zwischen dem gemäßigten Flügel des BDF und der konfessionellen Frauenbewegung als zwischen dem gemäßigten und dem radikalen Flügel.
34 In einem Aufsatz von 1915, zitiert nach Gersdorff 1969, S. 19.
35 Wortlaut des Telegramms vgl. Evans 1976, S. 211.
36 Vgl. Evans 1976, S. 220.
37 Lange 1922, S. 4.
38 Vgl. Reicke 1929, S. 58.
39 Lange 1924, S. 146.
40 Vgl. Zahn-Harnack 1928, S. 82ff.
41 Vgl. Handbuch deutscher Frauenorganisationen, hrsg. vom Deutschen Frauenrat, 3. Aufl. 1975.

I.3. Die soziale Situation der Frauen im 20. Jahrhundert

1 Zum Fraueneinsatz im Krieg vgl. Gersdorff 1969.
2 Däubler-Gmelin 1977, S. 29.
3 Jurczyk 1976, S. 21.
4 Ausnahmen waren Käthe Schirmacher, die für die Deutsch-Nationalen, und Adele Schreiber, die für die Sozialdemokraten kandidierten, vgl. Reicke 1929, S. 54.
5 Reicke 1929, S. 57.
6 Zahn-Harnack 1928, S. 321.

7 Zahn–Harnack 1928, S. 211.

8 Für Einzelheiten vgl. Schwägler 1970, S. 77ff.

9 Jurczyk 1976, S. 36.

10 Zahn–Harnack 1928, S. 204, 206.

11 Zahn–Harnack 1928, S. 89.

12 Jurczyk 1976, S. 31, 39.

13 Friedrich Zahn 1918, zitiert nach Jurczyk 1976, S. 28.

14 So etwa die von Guida Diehl 1917 gegründete ‚Neulandbewegung‘ (Koonz 1977, S. 453) oder der von Elisabeth Zanders 1923 gegründete Deutsche Frauenorden (Winkler 1977, S. 38).

15 Lauer 1932, S. 11.

16 Mason 1976, S. 130.

17 Für nähere Angaben vgl. Mason 1976, S. 129ff.

18 Lauer 1932, S. 35.

19 Winkler 1977, S. 40.

20 Für die Ausführungen über die Frauenarbeit während des Dritten Reichs wurde weitgehend die Arbeit von Winkler 1977 zugrundegelegt.

21 Koonz 1977, S. 459.

22 Koonz 1977, S. 462; für die Angaben über die Familien- und Bevölkerungspolitik wurde ansonsten Mason 1976 zugrundegelegt.

23 Mason 1976, S. 150ff.

24 Winkler 1977, S. 55 und Keifer 1978, S. 92.

25 Winkler 1977, S. 57.

26 Den statistischen Angaben über die Frauenarbeit in der Bundesrepublik liegt die Arbeit von Däubler-Gmelin 1977 zugrunde.

27 51% aller Angestellten, 40% aller Arbeiter, 15% aller Beamten, 20% aller Selbständigen und 70% aller mithelfenden Familienangehörigen waren 1975 Frauen, vgl. Däubler-Gmelin 1977, S. 62, 63, 67.

28 Däubler-Gmelin 1977, S. 72.

29 Zwischen 1961 und 1970 hat die Teilzeitarbeit um 83% zugenommen, vgl. Jurczyk 1976, S. 112; die Arbeit von Jurczyk liegt den Angaben über die Familienpolitik der Bundesrepublik zugrunde.

30 Das Dreiphasen-Modell wurde von Myrdal und Klein 1960 entwickelt, zur Kritik vgl. Dennebaum 1970.

31 Vgl. Däubler-Gmelin 1977, S. 47.

32 Vgl. Zweiter Familienbericht des Bundesministeriums für Jugend, Familie und Gesundheit 1975, S. 23.

33 Zu diesem Ergebnis kamen sowohl Schelsky 1953 als auch Wurzbacher 1954 und Neidhardt 1964.
34 Nach einer Umfrage von Pross 1975, S. 142 ff.
35 Vgl. Branca 1978.
36 Vgl. Korczak 1979.
37 Vgl. Sigusch und Schmidt 1973.

## I.4. Die Neue Frauenbewegung

1 Frauenjahrbuch 1975, S. 15; vgl. ebd. S. 10–48 für die Geschichte
der Weiberräte.
2 Zu Problemen der Absetzung von Feministinnen aus der Linken
vgl. auch Kursbuch 35/1974 („Die Sache der Frauen') und Thürmer-Rohr 1978.
3 Linnhoff 1974, S. 39 f.
4 Frauenjahrbuch 1975, S. 41.
5 Zu Aktivitäten von Frauengruppen in insgesamt 20 Städten bis
1975 vgl. Frankfurter Frauenzentrum (Hg.), Frauenkampf gegen
den § 218, Frankfurt 1975.
6 Linhoff 1974, S. 54–58.
7 In den Jahren 1976/77 wächst z. B. die Mitgliederzahl des Frauen-
forums Bonn von ca. 50 auf ca. 200 Frauen.
8 Allen 1972, S. 63 f.; in diesem Falle wird – abweichend von den
Ankündigungen in der Einleitung – auf amerikanische Literatur
zurückgegriffen, weil das Papier von Allen schon 1972 in der Über-
setzung vorlag und von vielen SE-Gruppen als Unterlage benutzt
wurde; ebenso das Papier von Wagner 1973, S. 143–159.
9 Frauenjahrbuch 1975, S. 195.
10 Allen 1972, S. 66.
11 Allen 1972, S. 64.
12 Allen 1972, S. 69.
13 Sarachild 1974, S. 26.
14 1975 wurde in mehreren Städten gegen den Film ‚Die Geschichte
der O.' protestiert; 1978 löste die Klage von ‚Emma' gegen ‚Stern'
in verschiedenen Orten Unterstützungsaktionen aus; seit einigen
Jahren finden regelmäßig wiederkehrende Demonstrationen zur
Walpurgisnacht (30. 4./1. 5.) unter dem Motto ‚Frauen holen sich
die Nacht zurück' in größeren Städten statt (vgl. das Umschlagbild
dieses Buches).

15 Frauenjahrbuch 1977, S. 125.
16 Buchetmann und Ostermann 1977, S. 62.
17 BIFF – Beratung und Information für Frauen im Frauenzentrum Berlin-West (Hg.), Anfänge einer feministischen Therapie, Berlin 1975, S. 2.
18 Frauenjahrbuch 1977, S. 180–202.
19 Frauen helfen Frauen e. V. (Hg.), Für ein Frauenhaus in Bonn, Selbstdruck, Bonn 1978, S. 20.
20 Berliner Frauenhaus für mißhandelte Frauen e. V. (Hg.), Erster Erfahrungsbericht, Frauenselbstverlag, Berlin 1978.
21 Frauenzentrum München (Hg.), Extrajournal Gewalt gegen Frauen, Frauenoffensive, München 1976.
22 Vgl. Courage 2/1978, 6/78, 1/79, 5/79, jeweils S. 2 und 11/1978, S. 22.
23 Bei ,Emma' wurde auf Protest der Leserinnen eine schon gestartete Reklame-Serie von Marlborough-Zigaretten rückgängig gemacht, vgl. 11/1978, S. 3, 6–7.
24 Selbstdarstellung der Frauenoffensive vgl. Emma 1/1978, S. 8–12.

## II.1. Die allgemeinen Ziele der ersten und der zweiten Frauenbewegung

 1 Reicke 1929, S. 6.
 2 Bernays 1920, S. 109.
 3 Becker 1910, S. 1.
 4 Zahn-Harnack 1928, S. 10f.
 5 Lange 1924, S. 18.
 6 Ehrlich 1979, S. 85.
 7 Linhoff 1974, S. 10.
 8 Linhoff 1974, S. 10.
 9 Frauenjahrbuch 1976, S. 77.
10 Lange 1922, S. 10.
11 Frauenjahrbuch 1976, S. 106.

## II.2. Die Sozialstruktur der Frauenbewegung

1 Evans 1976, S. 145.
2 Evans 1976, S. 93, 96, 107.
3 Die Zahlen stammen aus folgenden Quellen: Frauenjahrbuch 1975, S. 39 und 41; Adressenlisten in: Frauenjahrbuch 1976 und 1977, Frauenkalender 1975, 1976, 1977, 1979, Linhoff 1974, Frauenhandbuch, 2. Aufl. 1974.
4 Verheiratet waren z. B. Louise Otto-Peters, wenn auch nur kurz; Henriette Goldschmidt, Lina Morgenstern, Hedwig Dohm, Minna Cauer, Lily Braun, Marianne Weber, Agnes v. Zahn-Harnack.
5 Die Lebensdaten sind dem Lexikon ‚Große Frauen der Weltgeschichte' (hg. von Erwin Angermayer u. a.), Wiesbaden: Löwit o. J. entnommen.
6 Diese Angaben beruhen auf eigenen Beobachtungen und auf deskriptiven unveröffentlichten Studien über Frauengruppen in Bochum und Gießen, 1975, sowie in Bonn, 1977. Sie werden von den Ergebnissen einer Leserinnenumfrage der Zeitschrift ‚Courage' (Nr. 11/1978, S. 22–29) gestützt.
7 Freudenberg 1911, S. 252.
8 Bernays 1920, S. 27.
9 Otto 1866, S. 93.
10 Bardenheuer 1918, S. 39.
11 Evans 1976, S. 94, 128.
12 Linhoff 1974, S. 66 f.
13 Krechel 1976, S. 12.
14 Frauenjahrbuch 1976, S. 49.


## II.3. Sexualität, Familie und Beruf: Die Verklammerung des weiblichen Lebenszusammenhangs

1 Der Ausdruck ‚Glas-Wasser-Theorie' stammt von der Kommunistin Alexandra Kollontai, die der sexuellen Bedürfnisbefriedigung keine größere Bedeutung als dem Trinken von Wasser bei Durst beimessen wollte (vgl. ‚Die neue Moral und die Arbeiterklasse' 1920).
2 Stöcker 1905, S. VI.

3 Becker 1910, S. 123.

4 Lange 1924, S. 85.

5 Stöcker 1903 (in 1905), S. 105.

6 Lange 1924, S. 79.

7 Gnauck-Kühne 1904, S. 149.

8 Gnauck-Kühne 1904, S. 150.

9 Vgl. Evans 1976.

10 Gnauck-Kühne, 1904.

11 Gnauck-Kühne 1904, S. 9.

12 Key, 1909.

13 Zahn-Harnack 1928, S. 76.

14 So etwa Bücher 1882, Riehl 1855; Gegner der Frauenarbeit wollen die Frauenfrage auf andere Weise lösen: durch ,Junggesellensteuern', die alle nicht heiratenden Männer bestrafen würden, durch Auswanderungsprämien für Frauen, mit denen gleichzeitig dem Frauenüberschuß in der alten wie dem Frauenmangel in der neuen Welt abgeholfen wäre u. a. m.

15 Salomon 1908, S. 456 ff.

16 Vgl. Braun 1901.

17 Weber 1906, S. 5.

18 Vgl. Salomon 1908, Freudenberg 1911, Lange 1924.

19 Bebel 1879 (1974, S. 520).

20 Vgl. Bäumer 1904, Salomon 1908, Becker 1910.

21 Weber 1906, Freudenberg 1911, Zahn-Harnack 1928.

22 Key 1909, S. 137.

23 Freudenberg 1911, S. 158 ff.

24 Eine wichtige Rolle spielten dabei Kate Milletts Buch ,Sexus und Herrschaft' (1970, deutsch: 1975) und Alice Schwarzers ,Der kleine Unterschied und seine großen Folgen', 1975.

25 Vgl. Krechel 1976, S. 88–97.

26 Ella Mensch setzt sich 1907 mit der Schrift eines Dr. Hammer über die ,weibweibliche Liebe' in der Frauenbewegung auseinander; sie weist sehr empört den Vorwurf zurück „. . . daß diese Minderwertigen eine Rolle in der Frauenbewegung spielen könnten" (S. 75). In ähnlicher Weise distanziert sich Ellen Key von den Lesbierinnen: „. . . es ist ja möglich, daß sie in jener unreinen Gestalt, die die Männer meinen, existieren. Ich bin ihnen nie begegnet, vermutlich weil man im Leben selten dem begegnet, womit auch keine Fiber unseres Wesens irgendeine Affininität hat" (1909, S. 78).

27 Frauenjahrbuch 1976, S. 97.
28 John Kenneth Galbraith, zitiert nach Schwarzer 1975, S. 214.
29 Schwarzer 1975, S. 228.
30 Krechel 1976, S. 115–123.
31 Dessai 1979.
32 Frauenjahrbuch 1976, S. 81–93, hier S. 83. Zu ‚Lohn für Hausarbeit‘ vgl. auch Bock 1978, S. 128–144.
33 Krechel 1976, S. 126; Schwarzer in Emma 5/1977, S. 3, vgl. auch Schwarzer 1975, S. 222–225.
34 Bernays 1920, S. 88.
35 Lange 1924, S. 125.
36 Zahn-Harnack 1928, S. 35.

## II.4. Frauenbewegung und Linke:
## Die Sozialismus-Feminismus-Diskussion

1 Lion 1926, S. 27.
2 Menschik 1971, S. 60.
3 So z. B. bei Lüders 1904.
4 Salomon 1908, S. 450.
5 Zetkin 1907 (in 1973, S. 17, 20).
6 So argumentieren sowohl Twellmann 1976 als auch Evans 1976.
7 Linhoff 1974, S. 38.
8 Frauenjahrbuch 1976, S. 64–76.
9 Doormann 1979, S. 37–49.
10 Krechel 1976, S. 41.
11 Krechel 1976, S. 42.
12 Frauenhandbuch 1974, S. 28.
13 Menschik 1977, S. 11.
14 Zetkin 1928, S. 227.
15 Bölke 1975, S. 21.
16 Vgl. beispielsweise Doormann 1979.
17 Menschik 1971, S. 80.
18 Schwarzer 1977, zitiert nach Menschik 1977, S. 11.
19 Krechel 1976, S. 43.
20 Frauenjahrbuch 1976, S. 68.
21 Doormann 1979, S. 45.
22 Vgl. Menschik und Leopold, 1974.

23 Menschik 1978, S. 27.

24 Menschik 1978, S. 33.

25 Dessai 1979, S. 49 f.

26 Tröger 1978, S. 39.

27 Menschik 1978, S. 28.

28 Tröger 1978, S. 39.

29 So zitiert Doormann 1979, S. 39, die englische Feministin Juliet Mitchell „Lohn für Hausarbeit ist die einzige politische Forderung der Radikalfeministinnen"; es müßte aber wohl heißen: ‚einzige politische Forderung auf dem Hintergrund eines bestimmten Politikbegriffs', und deswegen noch lange nicht eine von *allen* ‚Radikalfeministinnen' geteilte Forderung.

30 Frauenjahrbuch 1976, S. 80 f.

31 Doormann 1979, S. 61.

32 IMSF-Informationsbericht Nr. 31, 1978, S. 181.

33 Haug, 1972, S. 60.

34 Doormann 1979, S. 69.

35 Menschik 1971, S. 149.

36 Haug 1972, S. 60.

37 Doormann 1979, S. 41.

38 Doormann 1979, S. 42.

II.5 Frauenbewegung und Rechte:
Der alte und der neue Weiblichkeitsmythos

1 Frauenjahrbuch 1976, S. 91.

2 Bernays 1920, S. 54.

3 Vgl. Bäumer 1904, Salomon 1908, Lange 1924.

4 Lange 1924, S. 10, 14.

5 So z. B. Koepcke 1973, Lück 1979.

6 Mayreder, 1907.

7 Key 1909, S. 176.

8 Gnauck-Kühne 1904, S. 124.

9 Zitiert nach Lück 1979, S. 159, Anm. 10.

10 Mason 1976, S. 148.

11 Vgl. Evans 1976, S. 236.

12 Mason 1976, S. 180.

13 Frauenjahrbuch 1976, S. 85; Emma 5/1977, S. 3.

14 De Beauvoir, ,Spiegel'-Interview mit Alice Schwarzer, Spiegel 15/1976.
15 Titel wie ,Mutterfrust und Mutterlust', ,Bewußt fruchtbar sein' u. v. a. m.
16 Petersen 1979, S. 18f.
17 Kahn-Ackermann 1979, S. 26.
18 Delphy 1978, S. 38.
19 Frauenjahrbuch 1976, S. 68.

## II.6. Erscheinungsformen des Antifeminismus damals und heute

 1 Vgl. Twellmann 1976, S. 67–73.
 2 Möbius 1900; Weininger 1902.
 3 Vgl. Evans 1976, S. 175–182, für die Geschichte des ,Deutschen Bundes zur Bekämpfung der Frauenemanzipation' und die Aktivitäten des Deutsch-Nationalen Handlungsgehilfenverbandes.
 4 Dohm 1902 (1976, S. 5–11).
 5 Blüher 1916 und 1921 (in 1928).
 6 Ruge 1912, S. 27.
 7 Eberhard 1927, S. 581.
 8 Glage 1927, S. 5.
 9 Brügelmann 1907.
10 Eberhard 1927.
11 Blüher 1921 (in 1928, S. 171).
12 Eberhard 1927, S. 616.
13 Eberhard 1927, S. 619.
14 Glage 1927, S. 5.
15 Ruge 1912, S. 33.
16 Boelicke 1909, S. 15.
17 Glage 1927, S. 30.
18 Eberhard 1927, S. 617.
19 Key 1909, S. 101.
20 Braun 1913, S. 57.
21 Braun 1913, S. 58, Hervorhebung von mir, H. S.
22 Freudenberg 1911, S. 116.
23 Gnauck-Kühne 1904, S. 157.
24 Gnauck-Kühne 1904, S. 145.
25 Gnauck-Kühne 1904, S. 121.

26  Boelicke 1909, S. 15.
27  Gnauck-Kühne 1904, S. 9.
28  Boelicke 1909, S. 12.
29  Diese Haltung ist am besten an der Zeitschrift ‚Konkret' zu verfolgen.
30  Spiegel, Nr. 27, 30. 6. 1975.
31  Spiegel, Nr. 49, 29. 11. 1976.
32  Spiegel, Nr. 16, 11. 4. 1977.
33  Spiegel, Nr. 16, 9. 4. 1979, anläßlich einer ausführlichen Buchbesprechung von Doormann 1979, die die Frauenbewegung sehr einseitig aus linker Perspektive kritisiert.
34  Vilar 1971, S. 23.
35  Hans Habe, zitiert nach Emma 4/1977, S. 5.
36  Spiegel-Leserbrief, Nr. 28 vom 5. 7. 1976.
37  Blüher 1916 (in 1928, S. 110).
38  Vgl. Spiegel Nr. 35, 24. 8. 1975; Zeit Nr. 14, 25. 3. 1977; Zeit-Magazin vom 15. 2. 1979.
39  Aus ‚Bild', zitiert nach Frauenkalender 1975, ‚Meine liebe Frau' (Juni 75).

## II.7. Die Neue Frauenbewegung und andere alternative Bewegungen

1  Hollstein 1979, S. 40.
2  Leineweber und Schibel 1978.
3  Lothar Baier, Eine neue zweite Kultur, in: Süddeutsche Zeitung, 30. 6. 1979; Carol Ehrlich u. a., Anarcha-Feminismus, Berlin 1979; Cornelia Frey, Über die Hintertreppe in ein anderes Leben. Vierteilige ‚Zeit'-Serie über die Alternativszene in Westberlin, in: Zeit Nr. 23–26, 1. 6. bis 22. 6. 1979.
4  Kraushaar 1978, S. 50.
5  Kraushaar 1978, S. 51.
6  Hollstein 1979, S. 53.
7  Marcuse 1974, S. 89.
8  Maria Frisé, Die bessere, die weibliche Welt. Wie sich die neue Frauenbewegung verändert und was sie erreicht hat, in: FAZ, 6. 1. 1979.
9  Lange 1924, S. 10.

10 Lange 1922, S. 11.
11 Zahn-Harnack 1928, S. 78.
12 Vgl. Strecker 1908, Freimuth 1881.
13 Scheler 1915 (in 1972, S. 204).
14 Scheler 1915 (in 1972, S. 202).
15 Simmel 1919.
16 Marcuse 1974, S. 87.

### III. Ansätze zu einer Theorie des Feminismus

1 Janssen-Jurreit 1976, S. 707.
2 De Beauvoir 1974, S. 461.
3 Krechel 1976, S. 11.
4 So Doormann 1979 und Menschik 1971 und 1977.

### III.1. Die feministische Zielkonzeption: Abbau der Geschlechtsrollendifferenzierung

1 Vgl. Schenk 1979, S. 118–121.
2 Vgl. Shorter 1977.
3 Vgl. Richter 1979.
4 Frauenjahrbuch 1976, S. 106.
5 Krechel 1976, S. 132.
6 Zahn-Harnack 1928, S. 28.
7 Becker 1910, S. 5.
8 Schwarzer 1975, S. 218.
9 Bernays 1920, S. 88.
10 Die Zahl der Arbeiten, die die Mutter-Kind-Beziehung problema-
tisieren, ist in letzter Zeit sprunghaft gestiegen – auch das kann als
Symptom für die wachsende Belastung dieser Beziehung gedeutet
werden.
11 Zur Diffusität der Rollenerwartungen an die Mutter vgl. Schenk
1979, S. 163–165. In A. Millers Buch ‚Das Drama des begabten
Kindes‘ (1979) wird das Problem einer Beziehung zwischen Mutter
und Kind thematisiert, in der die Mutter das Kind für das Erbringen besonderer Leistungen liebt.

12 Koepcke 1979, S. 246.
13 Maureen Green, zitiert nach Dessai 1979, S. 75.

III.2. Theorie der feministischen Revolution

1 Ein Maß zur Erfassung psychischer Androgynität wurde 1974 von der amerikanischen Sozialpsychologin Bem entwickelt.
2 Janssen-Jurreit 1976, S. 156.
3 Zu Theorien des Geschlechtsrollenerwerbs vgl. Schenk 1979, S. 65–104.
4 Frauenjahrbuch 1976, S. 77 f.
5 Zahn-Harnack 1928, S. 27 f.
6 Dieser Ansatz wird von den Soziologinnen Holter 1971 und Dixon 1976 vertreten.
7 Frauenjahrbuch 1976, S. 78.
8 Vaerting 1921 (Neudruck: 1975); ähnlich wird dieser Zusammenhang auch von der amerikanischen Soziologin Hacker gesehen, die schon 1952 auf Ähnlichkeiten in den Charaktereigenschaften aufmerksam machte, die sowohl Frauen als auch Negern zugeschrieben werden.
9 Frauenjahrbuch 1976, S. 99.
10 Eine Ausnahme wird möglicherweise gemacht, wenn der Nachwuchs durch die Geburtenunwilligkeit der Frauen gefährdet ist, wie bei der Familienpolitik des Dritten Reichs.
11 Vgl. die Referate der Frankfurter Römerberggespräche 1979; vgl. auch Kapitel II.7.
12 Branca 1978.
13 Diese Idee wird ausführlich von Gartner und Riessman in ihrem Buch ‚Der aktive Konsument in der Dienstleistungsgesellschaft‘ (1978) erörtert.
14 Diese Ergebnisse zeigten sich u. a. bei einer Leserumfrage der Zeitschriften ‚Psychology Today‘ (USA) und ‚Psychologie heute‘ (BRD) 1976; vgl. Schenk und Langenheder 1977.

# Literaturverzeichnis

Allen, Pamela, Der Freiraum, in: Arbeitskollektiv der sozialistischen Frauen Frankfurt (Hg.), Frauen gemeinsam sind stark, Frankfurt: Verlag Roter Stern 1972, S. 63–69

Bäumer, Gertrud, Die Frau in der Kulturbewegung der Gegenwart, Wiesbaden: Verlag Bergmann 1904

Bäumer, Gertrud, Gestalt und Wandel. Frauenbildnisse, Berlin–Grunewald 1950

Bäumer, Gertrud und Lange, Helene (Hg.), Handbuch der Frauenbewegung, Bd. 1, Die Geschichte der Frauenbewegung in den Kulturländern, Berlin: W. Moeser 1901

Banks, J. A. und Banks, Olive, Feminism and social change. A case study of a social movement, in: Zollschan, George K. und Hirsch, Walter (Hg.), Social change, New York: Wiley 1976, S 680–702

Bardenheuer, Rita, Woher und Wohin. Geschichtliches und Grundsätzliches aus der Frauenbewegung, Leipzig: Verlag Naturwissenschaften 1918

Beauvoir, Simone de, Das andere Geschlecht (Original: 1949), Reinbek: Rowohlt 1968

Beauvoir, Simone de, Alles in Allem, Reinbek: Rowohlt 1974

Bebel, August, Die Frau und der Sozialismus (Original: 1879), 9. (63.) Aufl., Berlin: Dietz Verlag 1974

Becker, Liane, Die Frauenbewegung. Bedeutung, Probleme, Organisation, Kempten und München: Köselsche Buchhandlung 1910

Bem, Sandra L., The measurement of psychological androgyny, in: Journal of Consulting and Clinical Psychology, 1974, 42, 2, S. 155–161

Bem, Sandra L., Sex role adaptability: one consequence of psychological androgyny, in: Journal of Personality and Social Psychology, 1975, 31, S. 634–643

Bernays, Marie, Die deutsche Frauenbewegung, Leipzig und Berlin: Teubner: 1920

Blüher, Hans, Der bürgerliche und der geistige Antifeminismus (Original: 1916), in: Philosophie auf Posten. Gesammelte Schriften

1916–1921, Heidelberg: Niels Kampmann Verlag 1928, S. 97–123

Blüher, Hans, Frauenbewegung und Antifeminismus (Original: 1921), in: Philosophie auf Posten. Gesammelte Schriften 1916–1921, Heidelberg: Niels Kampmann Verlag 1928, S. 169–201

Bock, Gisela, Wir glauben nicht, daß Arbeit uns frei macht. Frauenarbeit und Frauenbewegung, in: alternative, 1978, 120/21, S. 128–144

Boelicke, Walter, Kritik der Frauenbewegung, Berlin: Borussia Druck- und Verlagsgesellschaft 1909

Bölke, Gundula, Die Wandlung der Frauenemanzipationstheorie von Marx bis zur Rätebewegung, Hamburg: Verlag Association 1975

Branca, Patricia, Women in Europe since 1750, London: Croom Helm 1978

Braun, A., Die Ziele der modernen Frauenbewegung, Berlin: Trowitzsch u. Sohn 1913

Braun, Lily, Die Frauenfrage. Ihre geschichtliche Entwicklung und ihre wirtschaftliche Seite (Original: Leipzig 1901), Berlin und Bonn: Dietz Verlag 1979

Braun, Lily, Memoiren einer Sozialistin. Kampfjahre, München 1911

Brot und Rosen (Hg.), Frauenhandbuch Nr. 1. Abtreibung, Verhütungsmittel, 2. üb.arb. und erw. Aufl., Berlin: Frauenselbstverlag im Gehrhardt Verlag 1974

Brügelmann, Wilhelm, Die Frauenbewegung im besonderen und die soziale Bewegung im allgemeinen, Leipzig: Thieme 1907

Buchetmann, Gerda und Ostermann, Renate, Frauentherapie. Erst einmal zornig werden, in: Psychologie heute, 1977, 12, S. 62–66

Bücher, K., Die Frauenfrage im Mittelalter (Original: 1882), 2. verb. Aufl., Tübingen: Verlag der Lauppschen Buchhandlung 1919

Cohn, Gustav, Die deutsche Frauenbewegung. Eine Betrachtung über deren Entwicklung und Ziele, Berlin: Verlag Gebr. Paetel 1896

Däubler-Gmelin, Herta, Frauenarbeitslosigkeit oder: Reserve zurück an den Herd, Reinbek: Rowohlt 1977

Delphy, Christine, Was an der ‚neuen Weiblichkeit' frauenfeindlich ist, in: Emma, 1978, 6, S. 38–40

Dennebaum, Eva-Maria, Berufstätigkeit und Lebensphasen verheirateter Frauen, unveröff. Diss., Köln 1960

Dessai, Elisabeth, Auf dem Weg in die kinderlose Gesellschaft, Reinbek: Rowohlt 1979

Dixon, Ruth B., Measuring equality between the sexes, in: Journal of Social Issues, 1976, 32, 3, S. 19–32

Dohm, Hedwig, Die Antifeministen, Berlin: Ferdinand Duemmlers Verlagsbuchhandlung 1902

Doormann, Lottemi, Keiner schiebt uns weg. Zwischenbilanz der Frauenbewegung in der Bundesrepublik, Weinheim: Beltz 1979

Eberhard, E. F. W., Feminismus und Kulturuntergang. Die erotischen Grundlagen der Frauenemanzipation, 2. umgearb. Aufl., Wien und Leipzig: Braunmüller 1927

Ehrlich, Carol, Sozialismus, Anarchismus und Feminismus, in: Anarcha-Feminismus, Berlin: Libertad Verlag 1979, S. 71–115

Evans, Richard J., The feminist movement in Germany 1894–1933, London: Sage 1976

Firestone, Shulamith, Frauenbefreiung und sexuelle Revolution (Original: 1970), Frankfurt: Fischer 1975

Frauenjahrbuch 1975, Frankfurt: Verlag Roter Stern 1975

Frauenjahrbuch 1976, München: Frauenoffensive 1976

Frauenjahrbuch 1977, München: Frauenoffensive 1977

Freimuth, W., Streitfragen. Zeitgemäße sociale und literarische Betrachtungen, 1. Heft: Die Frauenbewegung in Deutschland, München: Wilhelm Köhler 1881

Freudenberg, Ika, Die Frau und die Kultur des öffentlichen Lebens, Leipzig: C. F. Amelangs Verlag 1911

Gartner, Alan und Riessman, Frank, Der aktive Konsument in der Dienstleistungsgesellschaft. Zur politischen Ökonomie des tertiären Sektors, Frankfurt: Suhrkamp 1978

Gerhard, Ute, Verhältnisse und Verhinderungen. Frauenarbeit, Familie und Rechte der Frau im 19. Jahrhundert, Frankfurt: Suhrkamp 1978

Gersdorff, Ursula von, Frauen im Kriegsdienst 1914–1945, Stuttgart: Deutsche Verlagsanstalt 1969

Glage, Max, Die Kirche und die Frauenemancipation, Schwerin/Mecklenburg: Verlag Friedrich Bahn 1927

Gnauck-Kühne, Elisabeth, Die deutsche Frau um die Jahrhundertwende, Berlin: Otto Liebmann 1904

Greer, Germaine, Der weibliche Eunuch (Original: 1970), Frankfurt: Fischer 1974

Hacker, Helen Mayer, Women as a minority group, in: Social Forces, 1951/52, 30, S. 60–69

Haug, Frigga, Emanzipation durch kritische Theorie? Nachwort zur 6. Aufl. der Frauenhefte, in: Das Argument, 22, H. 3, 7. Aufl. 1972, S. 59–68

Hollstein, Walter, Die Gegengesellschaft. Alternative Lebensformen, Bonn: Verlag Neue Gesellschaft 1979

Holter, Harriet, Sex roles and social change, in: Acta Sociologica, 1970/71, 13/14, S. 2–12

IMSF – Institut für marxistische Studien und Forschungen (Hg.), Wirtschaftskrise und Frauenemanzipation in der BRD, Informationsbericht Nr. 31, Frankfurt 1978

Janssen-Jurreit, Marielouise, Sexismus. Über die Abtreibung der Frauenfrage, München: Hanser 1976

Jurczyk, Karin, Frauenarbeit und Frauenrolle. Zum Zusammenhang von Familienpolitik und Frauenerwerbstätigkeit in Deutschland von 1918–1975, Frankfurt: Aspekte Verlag 1976

Kahn-Ackermann, Susanne, ‚Leben außerhalb der Lüge ist Ekstase‘. Das Interesse an spirituellen Büchern, in: Courage, 1979, 6, S. 26/27

Keifer, Ellen, Frauendiskriminierung im Nationalsozialismus, in: Vorgänge, 1978, 32, 2, S. 91–98

Key, Ellen, Die Frauenbewegung, Frankfurt a. M.: Literarische Anstalt Rütten und Loening 1909

Koepcke, Cordula, Die Frau und die Gesellschaft, München/Wien: Günter Olzog Verlag 1973

Koepcke, Cordula, Frauenbewegung. Zwischen 1800 und 2000. Was sie war, was sie jetzt ist und was sie werden soll, Heroldsberg b. Nürnberg: Glock und Lutz 1979

Koonz, Claudia, Mothers in the fatherland. Women in Nazi Germany, in: Bridenthal, Renate und Koonz, Claudia (Hg.), Becoming visible. Women in European history, Boston: Houghton Mifflin Co. 1977, S. 445–473

Korczak, Dieter, Neue Formen des Zusammenlebens. Erfolge und Schwierigkeiten des Experiments ‚Wohngemeinschaft‘, Frankfurt: Fischer 1979

Kraushaar, Wolfgang, Thesen zum Verhältnis von Alternativ- und Fluchtbewegung am Beispiel der Frankfurter Szene, in: Kraushaar, Wolfgang (Hg.), Autonomie oder Getto? Kontroversen über die Alternativbewegung, Frankfurt: Verlag Neue Kritik 1978, S. 8–67

Krechel, Ursula, Selbsterfahrung und Fremdbestimmung. Bericht aus der Neuen Frauenbewegung, 2. üb.arb. Aufl., Darmstadt und Neuwied: Luchterhand 1976

Lange, Helene, Steht die Frauenbewegung am Ziel oder am Anfang? 2. Aufl., Berlin: Herbig 1922 (Sonderabdruck aus: Die Frau, Nov. 1921)

Lange, Helene, Die Frauenbewegung in ihren gegenwärtigen Problemen, 3. umgearb. Aufl., Leipzig: Quelle und Meyer 1924

Lauer, Amalie, Die Frau in der Auffassung des Nationalsozialismus, Köln: Verlag Görreshaus 1932

Leineweber, Bernd und Schibel, Karl-Ludwig, Die Alternativbewegung. Ein Beitrag zu ihrer gesellschaftlichen Bedeutung und politischen Tragweite, ihren Möglichkeiten und Grenzen, in: Kraushaar, Wolfgang (Hg.), Autonomie oder Getto? Kontroversen über die Alternativbewegung, Frankfurt: Verlag Neue Kritik 1978, S. 95–128

Linnhoff, Ursula, Die Neue Frauenbewegung. USA – Europa seit 1968, Köln: Kiepenheuer und Witsch 1974

Lion, Hilde, Zur Soziologie der Frauenbewegung. Die sozialistische und die katholische Frauenbewegung, Berlin: Herbig 1926

Lück, Margret, Die Frau im Männerstaat. Die gesellschaftliche Stellung der Frau im Nationalsozialismus, Frankfurt: Peter Lang 1979

Lüders, Else, Der ‚linke Flügel'. Ein Blatt aus der Geschichte der deutschen Frauenbewegung, Berlin: Loewenthal 1904

Marcuse, Herbert, Marxismus und Feminismus, in: Jahrbuch Politik 6, Berlin: Wagenbach Verlag 1974, S. 86–95

Mason, Tim, Zur Lage der Frauen in Deutschland 1930 bis 1940: Wohlfahrt, Arbeit und Familie, in: Gesellschaft. Beiträge zur Marxschen Theorie 6, Frankfurt: Suhrkamp 1976

Mayreder, Rosa, Zur Kritik der Weiblichkeit, Verlag Eugen Diederichs 1907

McBride, Theresa M., The long road home: women's work and industrialization, in: Bridenthal, Renate und Koonz, Claudia (Hg.), Becoming visible. Women in European history, Boston: Houghton Mifflin Co. 1977, S. 280–295

Mensch, Ella, Bilderstürmer in der Frauenbewegung, Berlin: Hermann Seemann Nachf. 1907

Menschik, Jutta, Gleichberechtigung oder Emanzipation? Die Frau im Erwerbsleben der Bundesrepublik, Frankfurt: Fischer 1971

Menschik, Jutta, Feminismus. Geschichte, Theorie, Praxis, Köln: Pahl Rugenstein 1977

Menschik, Jutta, Familie in der DDR – sozialistische Theorie und kleinbürgerliche Praxis? in: Berliner Hefte, 1978, 7, S. 26–34

Menschik, Jutta und Leopold, Evelyn, Gretchens rote Schwestern. Frauen in der DDR, Frankfurt: Fischer 1974

Mill, John Stuart, Die Hörigkeit der Frau und andere Schriften zur Frauenemanzipation (Original: 1869), Frankfurt: Syndikat 1976

Miller, Alice, Das Drama des begabten Kindes und die Suche nach dem wahren Selbst, Frankfurt: Suhrkamp 1979

Millett, Kate, Sexus und Herrschaft. Die Tyrannei des Mannes in unserer Gesellschaft (Original: 1969), München: Deutscher Taschenbuch Verlag 1974

Mitchell, Juliet, Women's Estate, Harmondsworth: Penguin 1971

Mitterauer, Michael und Sieder, Reinhard, Vom Patriarchat zur Partnerschaft. Zum Strukturwandel der Familie, München: Beck Verlag 1977

Möbius, P. J., Über den physiologischen Schwachsinn des Weibes, Halle an der Saale 1900

Mörsdorf, Josef, Gestaltwandel des Frauenbildes und Frauenberufs in der Neuzeit, München: Max Hueber 1958

Myrdal, Alva und Klein, Viola, Die Doppelrolle der Frau in Familie und Beruf, Köln und Berlin: Kiepenheuer und Witsch 1960

Neidhardt, Friedhelm, Die Familie in Deutschland, Opladen: Leske 1964

Otmüller, Uta, Die Dienstbotenfrage. Zur Sozialgeschichte der doppelten Ausnutzung von Dienstmädchen im deutschen Kaiserreich, Münster: Verlag Frauenpolitik 1978

Otto-Peters, Louise, Das Recht der Frauen auf Erwerb, Hamburg 1866

Petersen, Karin, Die ängstlichen Netze der eigenen Beschränktheit, in: Courage, 1979, 6, S. 18–20

Pizzey, Erin, Schrei leise, Stuttgart: Deutsche Verlagsanstalt 1976

Pope, Barbara Corrado, Angels in the devil's workshop: Leisured and charitable women in 19th century England and France, in: Bridenthal, Renate, und Koonz, Claudia (Hg.), Becoming visible. Women in European history, Boston: Houghton Mifflin Co. 1977, S. 296–324

Pross, Helge, Die Wirklichkeit der Hausfrau, Reinbek: Rowohlt 1975

Reicke, Ilse, Die Frauenbewegung. Ein geschichtlicher Überblick, Leipzig: Reclam 1929

Richter, Horst-Eberhard, Der Gotteskomplex, Reinbek: Rowohlt 1979

Riehl, Wilhelm Heinrich, Die Naturgeschichte des deutschen Volkes als Grundlage einer deutschen Socialpolitik, Bd. 3: Die Familie, Stuttgart und Tübingen 1855

Ruge, Arnold, Das Wesen der Universitäten und das Studium der Frauen, Leipzig: Felix Meiner 1912

Salomon, Alice, Literatur zur Frauenfrage. Die Entwicklung der Theorie der Frauenbewegung, in: Archiv für Sozialwissenschaft und Sozialpolitik, 26. Band 1908, S. 451–500

Sarachild, Kathy, Wie können wir Frauen bewußter machen?, in: Linnhoff, Ursula, Die Neue Frauenbewegung. USA – Europa seit 1968, Köln: Kiepenheuer und Witsch 1974, S. 25–28

Scheler, Max, Vom Sinn der Frauenbewegung (Original: 1915), in: Vom Umsturz der Werte. Abhandlungen und Aufsätze, 5. Aufl., Bern: Francke Verlag 1972, S. 197–211

Schelsky, Helmut, Wandlungen der deutschen Familie in der Gegenwart, Dortmund 1953

Schenk, Herrad, Androgyne Utopie? Feminismus ist mehr als Emanzipation, in: Merkur, 1977, 351, S. 645–659

Schenk, Herrad, Der verschleierte Sexismus. Veränderte Erscheinungsformen der Frauendiskriminierung in Vergangenheit und Gegenwart, in: Vorgänge, 1978, 32, S. 35–45

Schenk, Herrad, Die Problematik der Akzentuierung des ‚Weiblichen‘ am Beispiel der Idee der ‚Mütterlichkeit‘ in der ersten Frauenbewegung, in: Soziologische Analysen. Referate beim 19. Deutschen Soziologentag, Dokumentation der Technischen Universität Berlin (Hg.), 1979

Schenk, Herrad, Geschlechtsrollenwandel und Sexismus. Zur Sozialpsychologie geschlechtsspezifischen Verhaltens, Weinheim: Beltz Verlag 1979

Schenk, Herrad und Langenheder, Werner, Wie männlich ist der Mann?, in: Psychologie heute, 1977, 2, S. 51–57

Schneider, Lothar, Arbeits- und Familienverhältnisse in der Hausindustrie (Heimarbeiterfamilie), in: Rosenbaum, Heidi (Hg.), Seminar: Familie und Gesellschaftsstruktur. Materialien zu den sozioökonomischen Bedingungen von Familienformen, Frankfurt: Suhrkamp 1978, S. 269–284

Schulte, Regina, Sperrbezirke. Tugendhaftigkeit und Prostitution in der bürgerlichen Welt, Frankfurt: Syndikat 1979

Schwägler, Georg, Soziologie der Familie. Ursprung und Entwicklung, Tübingen: J. C. B. Mohr (Paul Siebeck) 1970

Schwarzer, Alice, Der ‚kleine Unterschied' und seine großen Folgen, Frankfurt: Fischer 1975

Schwarzer, Alice, Hausfrauenlohn? in: Emma, 1977, 5, S. 3

Shorter, Edward, Die Geburt der modernen Familie, Reinbek: Rowohlt 1977

Sigusch, Volkmar und Schmidt, Gunter, Jugendsexualität, Stuttgart: Enke 1973

Simmel, Georg, Weibliche Kultur, in: Philosophische Kultur, Leipzig: Kröner 1919, S. 254–295

Stöcker, Helene, Die Liebe und die Frauen (Aufsätze von 1893–1905), München: J. C. C. Bruns Verlag 1905

Strecker, R., Zur Frauenbewegung, Darmstadt: Albert Kuhlmann 1908

Thönnessen, Werner, Frauenemanzipation. Politik und Literatur der Sozialdemokratie zur Frauenbewegung 1863–1933, Frankfurt: Europäische Verlagsanstalt 1969

Thürmer-Rohr, Christine, Linke Politik – Frauenpolitik, in: Berliner Hefte, 1978, 7, S. 3–11

Tröger, Annemarie, Fragen an unkritische Kritiker. Gedanken zu sozialistischen Übergangsgesellschaften, in: Berliner Hefte, 1978, 7, S. 34–40

Twellmann, Margrit, Die deutsche Frauenbewegung. Ihre Anfänge und Entwicklung 1843–1889, Kronberg: Athenäum 1976

Vaerting, Matilde, Die weibliche Eigenart im Männerstaat und die männliche Eigenart im Frauenstaat (Original: 1921) Berlin: Frauenzentrum Berlin 1975

Vann, Richard T., Toward a new lifestyle: Women in preindustrial capitalism, in: Bridenthal, Renate und Koonz, Claudia (Hg.), Becoming visible. Women in European history, Boston: Houghton Mifflin Co. 1977, S. 192–216

Vilar, Esther, Der dressierte Mann, Gütersloh: Bertelsmann 1971

Wagner, Angelika, Bewußtseinsveränderung durch Emanzipationsgesprächsgruppen, in: Schmidt, Hans-Dieter u. a., Frauenfeindlichkeit. Sozialpsychologische Aspekte der Misogynie, München: Juventa 1973, S. 143–159

Weber, Marianne, Beruf und Ehe. Die Beteiligung der Frau an der Wissenschaft, Berlin-Schöneberg: Buchverlag der Hilfe 1906

Weber-Kellermann, Ingeborg, Die deutsche Familie. Versuch einer Sozialgeschichte, Frankfurt: Suhrkamp 1974

Weininger, Otto, Geschlecht und Charakter (Original: 1902), Wien: Braumüller 1947

Winkler, Dörte, Frauenarbeit im ‚Dritten Reich‘, Hamburg: Hoffmann und Campe 1977

Wollstonecraft, Mary, Verteidigung der Rechte der Frauen, (Original: 1792), Zürich: Ala Verlag 1975

Wurzbacher, Gerhard, Leitbilder gegenwärtigen deutschen Familienlebens, Stuttgart: Enke 1954

Zahn-Harnack, Agnes von, Die Frauenbewegung, Berlin: Deutsche Buchgemeinschaft 1928

Zetkin, Clara, Der Kampf um das Frauenwahlrecht soll die Proletarierin zum klassenbewußten politischen Leben erwecken, Resolution vom Internationalen Sozialistenkongreß in Stuttgart 1907, in: IMSF – Institut für Marxistische Studien und Forschungen (Hg.), Arbeiterbewegung und Frauenemanzipation 1889 bis 1933, Frankfurt/Main: Verlag Marxistische Blätter 1973, S. 13–22

Zetkin, Clara, Zur Geschichte der proletarischen Frauenbewegung Deutschlands (Original: 1928), Frankfurt: Verlag Roter Stern 1971

*Weitere Bände zum Thema ‹Frau und Emanzipation›*
*in der Beck'schen Schwarzen Reihe*

Hannelore Schröder (Hrsg.)

## Die Frau ist frei geboren

Texte zur Frauenemanzipation
Band I: 1789–1870. 1979. 256 Seiten. (BSR 201)

Die erste systematische Textdokumentation zur Geschichte der Frauenemanzipation in Frankreich, den USA, England und Deutschland seit der
Französischen Revolution.

Band II: 1870–1933.
*Erscheint im Herbst 1980*

*Annette Degenhardt,*
*Hans Martin Trautner (Hsrg.)*

## Geschlechtstypisches Verhalten

Mann und Frau in psychologischer Sicht.
1979. 310 Seiten mit Tabellen und Übersichten. (BSR 205)

*Roland Eckert (Hrsg.)*

## Geschlechtsrollen und Arbeitsteilung

Mann und Frau in soziologischer Sicht.
1979. 308 Seiten. (BSR 206)

*Norbert Bischof / Holger Preuschoft (Hrsg.)*

## Geschlechtsunterschiede ·
## Entstehung und Entwicklung

Mann und Frau in biologischer Sicht
1980. Etwa 250 Seiten (BSR 207)

## Verlag C. H. Beck München

# Beck'sche Schwarze Reihe

## Die zuletzt erschienenen Bände

Verlag C. H. Beck München